DIE NORMANNEN

DIE NORMANNEN

Trevor Rowley

Magnus Verlag

... für meine Mutter

Aus dem Englischen von Hans-Bernd Seppi

Die englische Originalausgabe erschien 1999 unter dem Titel „The Normans“
bei Tempus Publishing Ltd., Stroud.

Umschlag nach einem Motiv des Teppichs von Bayeux, Grafik-Design Müller, Essen

ISBN 3.88400-017-9

Inhalt

Danksagung

Allen denen, die mir geholfen haben, dieses Buch aus der Taufe zu heben, sei hiermit in der gebührenden Form gedankt: Peter Kemmis Betty, der mich ermuntert hat, es zu schreiben, und der mir die Gelegenheit verschafft hat, nach Frankreich und Italien zu reisen; Esther Paist, die mir bei der normannischen Musik geholfen hat, und den Kollegen in Oxford und anderswo, die mit mir über die verschiedenen Sichtweisen der normannischen Welt gesprochen haben; Liz Miller und Sheila Lester für das Manuskript und Mélanie Steiner für die Pläne und Grundrisse.

Der Abdruck der Abb. 40 und 42 erfolgt mit freundlicher Genehmigung des 'Cambridge Committee on Aerial Photography' und des 'Ministry of Defence'.

Vorwort zur deutschen Auflage

Obwohl das Interesse an den Normannen in England und Frankreich sicherlich ein anderes, direkteres ist, wird die Geschichte dieses faszinierenden Volkes auch für den deutschen interessierten Leser ein wichtiges Thema sein. Denn die Normannen waren keine umherziehenden Räuber, die Teile der europäischen Küsten verwüsteten, sondern ein Volk, das aus der Vermischung mit fränkischer Bevölkerung im Norden Frankreichs entstand, in Verbindung mit der angelsächischen Bevölkerung die englische Nation bildete, in weiterer Unstetigkeit Süditalien und Sizilien eroberte, aber zugleich auch für die Christenheit von den Moslems zurückgewann, und nicht zuletzt an vorderster Front zusammen mit Fürsten und Kriegern anderer westlicher Nationen an den ersten Kreuzzügen zur Befreiung des Heiligen Landes teilnahm. Sie sind Teil der europäischen Geschichte und eine Nation Europas.

Für diese Ausgabe wurde der Text, auch da, wo er sich speziell an den englischen Leser wendet, nicht wesentlich verändert. Lediglich die Namen wurden, wo es eine deutsche Entsprechung gibt, im Text und auf sämtlichen Karten eingedeutscht. Die zusätzliche Übersichtskarte am Anfang des Textes soll dem Leser die Orientierung in den Handlungsschauplätzen erleichtern und die beiden Stammtafeln die Übersicht bei den etwas unübersichtlichen Genealogien der Herrscherhäuser ermöglichen.

Auf eine Bibliographie der zumeist englischsprachigen oder französischen Literatur wurde verzichtet. Es seien nur einige wenige auf Deutsch erschienene Titel erwähnt, die als Ausgangspunkt für eine weitere Vertiefung dienen können, sowie die wichtigste periodisch erscheinende Zeitschrift:

Erich Graf Oxenstierna, *Die Wikinger*, 1959, Nachdruck Essen 1999
W. Vogel, *Die Normannen und das Fränkische Reich*, 1906, Nachdruck 1973
J.J. Norwich, *Die Wikinger im Mittelmeer*, (aus dem Englischen) Wiesbaden 1968
J.J. Norwich, *Die Normannen in Sizilien*, (aus dem Englischen) Wiesbaden 1971

R. Allen Brown, *Anglo-Norman Studies*, Woodbridge, 1979 ff.

Newcastle
Durham
York
Lincoln
Chester
Derby
Nottingham
Shrewsbury
Leicester
Stamford
Norwich
Worcester
Warwick
Ely
Bedford
Hertford
Gloucester
LONDON
Bristol
Canterbury
Sandwich
Winchester
Dover
Hastings
Exeter
Isle of Wight
FLANDERN
Amiens
Rouen
Rheims
Bayeux
Caen
VEXIN
St Denis
NORMANDIE
PARIS
CHAMPAGNE
Dol
Chartres
Bellême
BRETAGNE
MAINE
Rennes
Le Mans
Orléans
Angers
ANJOU
Blois
BURGUND
Tours
POITOU
BERRY
Poitiers
Cluny
AQUITANIEN

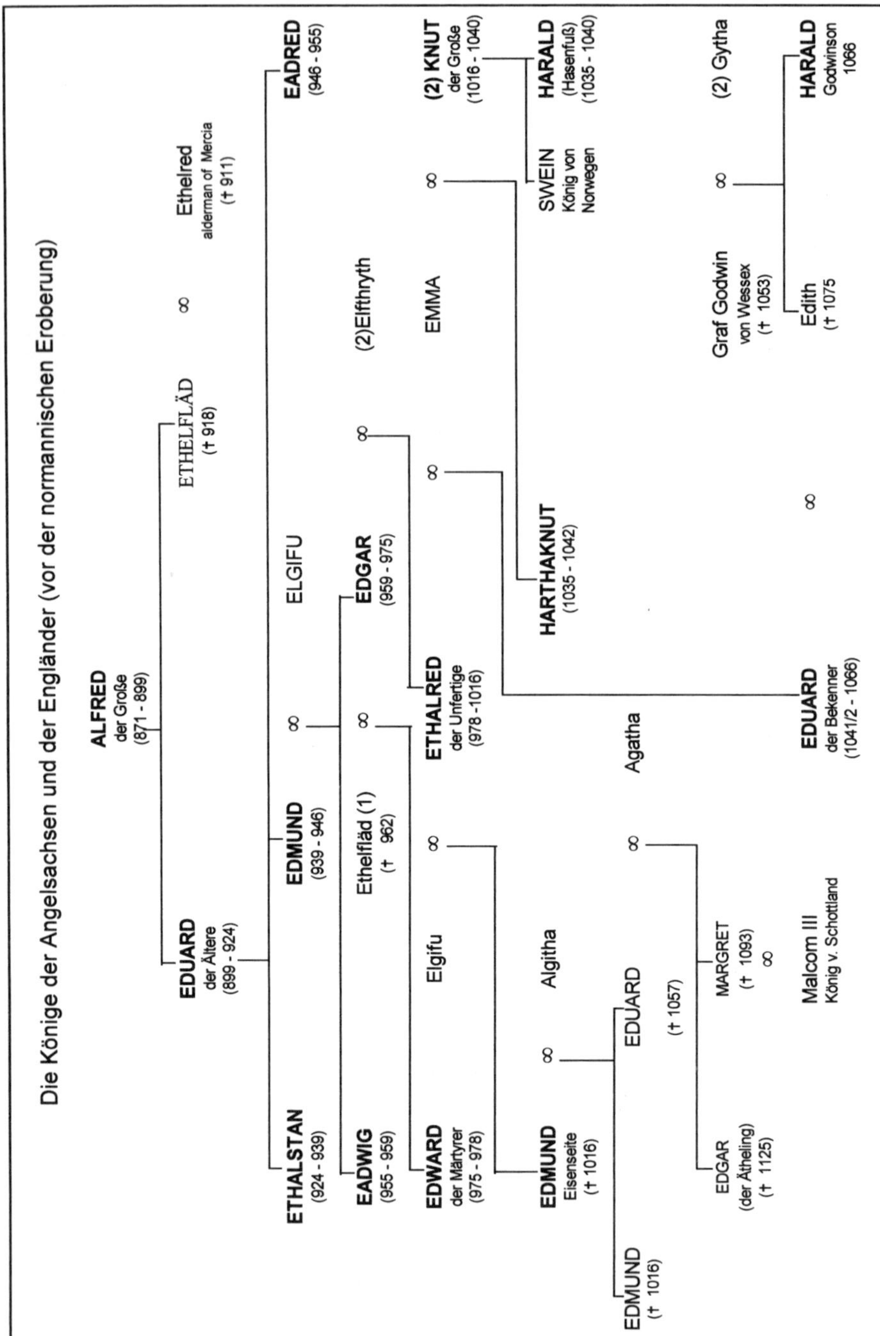
Die Könige der Angelsachsen und der Engländer (vor der normannischen Eroberung)
ALFRED der Große (871 - 899)
EDUARD der Ältere (899 - 924)
ETHELFLÄD († 918)
∞
Ethelred alderman of Mercia († 911)
ETHALSTAN (924 - 939)
EDMUND (939 - 946)
∞
ELGIFU
EADRED (946 - 955)
EADWIG (955 - 959)
Ethelfläd (1) († 962)
∞
EDGAR (959 - 975)
∞
(2)Elfthryth
EDWARD der Märtyrer (975 - 978)
Elgifu
∞
ETHALRED der Unfertige (978 -1016)
∞
EMMA
∞
(2) KNUT der Große (1016 - 1040)
HARTHAKNUT (1035 - 1042)
SWEIN König von Norwegen
HARALD (Hasenfuß) (1035 - 1040)
EDMUND Eisenseite († 1016)
∞
Algitha
EDUARD († 1057)
∞
Agatha
EDUARD der Bekenner (1041/2 - 1066)
∞
Edith († 1075)
Graf Godwin von Wessex († 1053)
∞
(2) Gytha
HARALD Godwinson 1066
EDMUND († 1016)
EDGAR (der Ätheling) († 1125)
MARGRET († 1093)
∞
Malcom III König v. Schottland

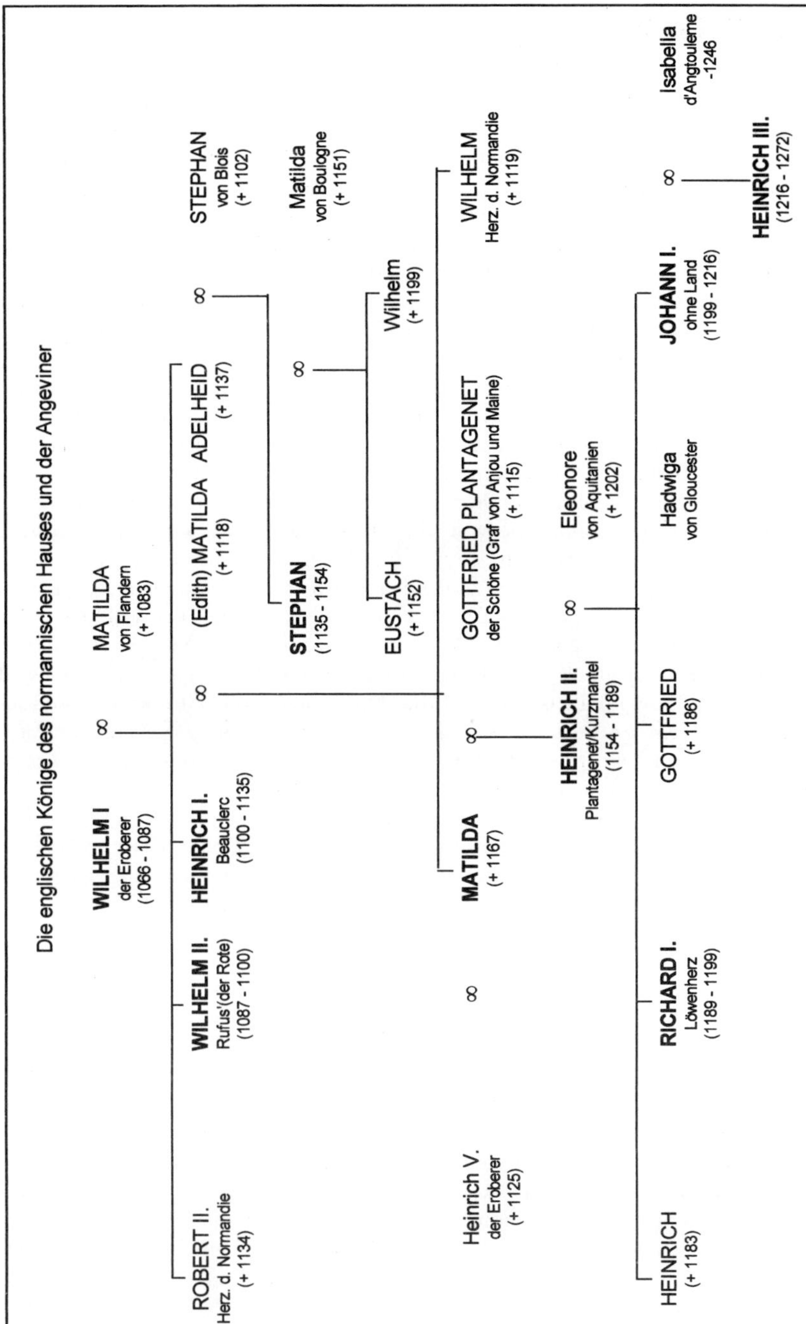
Die englischen Könige des normannischen Hauses und der Angeviner
WILHELM I
der Eroberer
(1066 - 1087)
∞
MATILDA
von Flandern
(+ 1083)
ROBERT II.
Herz. d. Normandie
(+ 1134)
WILHELM II.
Rufus'(der Rote)
(1087 - 1100)
HEINRICH I.
Beauclerc
(1100 - 1135)
∞
(Edith) MATILDA
(+ 1118)
ADELHEID
(+ 1137)
∞
STEPHAN
von Blois
(+ 1102)
STEPHAN
(1135 - 1154)
∞
Matilda
von Boulogne
(+ 1151)
EUSTACH
(+ 1152)
Wilhelm
(+ 1199)
Heinrich V.
der Eroberer
(+ 1125)
∞
MATILDA
(+ 1167)
∞
GOTTFRIED PLANTAGENET
der Schöne (Graf von Anjou und Maine)
(+ 1115)
WILHELM
Herz. d. Normandie
(+ 1119)
HEINRICH II.
Plantagenet/Kurzmantel
(1154 - 1189)
∞
Eleonore
von Aquitanien
(+ 1202)
HEINRICH
(+ 1183)
RICHARD I.
Löwenherz
(1189 - 1199)
GOTTFRIED
(+ 1186)
Hadwiga
von Gloucester
JOHANN I.
ohne Land
(1199 - 1216)
∞
Isabella
d'Angtouleme
-1246
HEINRICH III.
(1216 - 1272)

Zum Geleit

Wenn in der englischsprachigen Welt von den Normannen die Rede ist, dann geschieht dies zumeist im Zusammenhang mit Wilhelm dem Eroberer und seinem Sieg über Harald von England 1066 in der Schlacht von Hastings. Aber wie die Normandie entstanden ist und was die Normannen in anderen Teilen Europas vollbrachten, besonders im südlichen Italien und in der Levante, das ist alles wenig bekannt, wenn man von Normannenverehrern und Gelehrten, die ihr Spezialgebiet behandeln, einmal absieht. Es ist daher die erklärte Absicht dieses Buches, auch den Durchschnittsleser mit der Geschichte der Leistungen und Erfolge der Normannen vertraut zu machen, und zwar nicht nur in der Normandie und in England, sondern auch im Mittelmeerraum, um so die Rolle der Normannen in der Geschichte des Mittelalters zu beschreiben und den Stellenwert, den sie dort einnehmen, zu verdeutlichen.

Auf den ersten Blick scheint die normannische Geschichte trügerisch einfach zu sein: jener Landstrich, dem bestimmt war, einstmals als Normandie bekannt zu werden, wurde den Wikingern im frühen 10. Jahrhundert vom Westlichen Karolingerreich abgetreten, woraufhin er sich schnell zum mächtigsten Fürstentum im nördlichen Frankreich entwickelte. Ihre Energie, ihre Rücksichtslosigkeit und ihre Verwaltungskunst befähigten die Normannen gleichermaßen, die fränkischen Nachbarn zu unterwerfen und in einigen Fällen auch ihrem Gebiet einzuverleiben und schließlich sogar in einem Eroberungszug in England ein übermächtiges vereinigtes angelsächsisches Königreich zu besiegen. Außerdem schafften es die Normannen, die Römer und Byzantiner in Unteritalien und die Sarazenen in Sizilien aufs Haupt zu schlagen, wodurch sie ein mächtiges mittelmeerisches Gebilde errichteten, nämlich das „Königreich Beider Sizilien". Dieses Königreich diente als Sprungbrett für die Eroberung von Malta sowie eines ausgedehnten Streifens entlang der nordafrikanischen Küste. Normannen aus Nordwesteuropa und aus Italien nahmen am 1. Kreuzzug teil, was sie in die Lage versetzte, sich im großen Stil im Heiligen Land niederzulassen und in der Levante als Kreuzfahrer das Königreich von Antiochien zu gründen. Normannische Heere unternahmen, allein oder mit Verbündeten, auch Feldzüge in Spanien, auf dem Balkan und in der Ägäis und waren sogar imstande, Konstantinopel, im Herzen des Reiches von Byzanz, zu belagern. Das Ausmaß der normannischen Erfolge hat einige Wissenschaftler bewogen, von einem Normannenreich zu reden, das sich mit Unterbrechungen in west-östlicher Richtung von Wales nach Syrien und in nord-südlicher Richtung von Schottland bis nach Tunis erstreckte **(1)**.

Soweit also das nackte Gerüst der normannischen Geschichte zwischen 900 und 1200 n. Chr. Doch birgt jede der erwähnten Aussagen zahlreiche Fragen und Vorbehalte in sich, die wir schon ansprechen müssen, um die Wesensart und die Natur der normannischen Welt umfassend zu verstehen. Um mit dem Namen anzufangen: der Terminus „Normanne" ist ganz einfach die französische Bezeichnung für einen Skandinavier und wurde den Bewohnern jener Provinz in Frankreich verliehen, die im 10. Jahrhundert von den Wikingern übernommen wurde – die *Terra Northmannorum* oder die *Northmannia.* Nach der herkömmlichen Auffassung waren die Normannen, die mit Wilhelm England eroberten, im wesentlichen Wikinger, die zum christlichen Glauben übergetreten waren. Es liegen jedoch wichtige Indizien vor, die nahelegen, daß die Normandie zu Beginn des 11. Jahrhunderts im Grunde genommen ein fränkisches Fürstentum war, das sich in vielen Punkten nicht von seinen Nachbarn unterschied. Ebenso stehen ernste Fragen nach dem wikingischen Charakter der frühen Normandie im Raum, und zwar besonders nach der Anzahl der Skandinavier, die überhaupt ins Herzogtum übergewechselt waren, um dort zu siedeln. Aus heutiger Sicht hat nur eine relativ kleine Zahl von Skandinaviern im 10. Jahr-

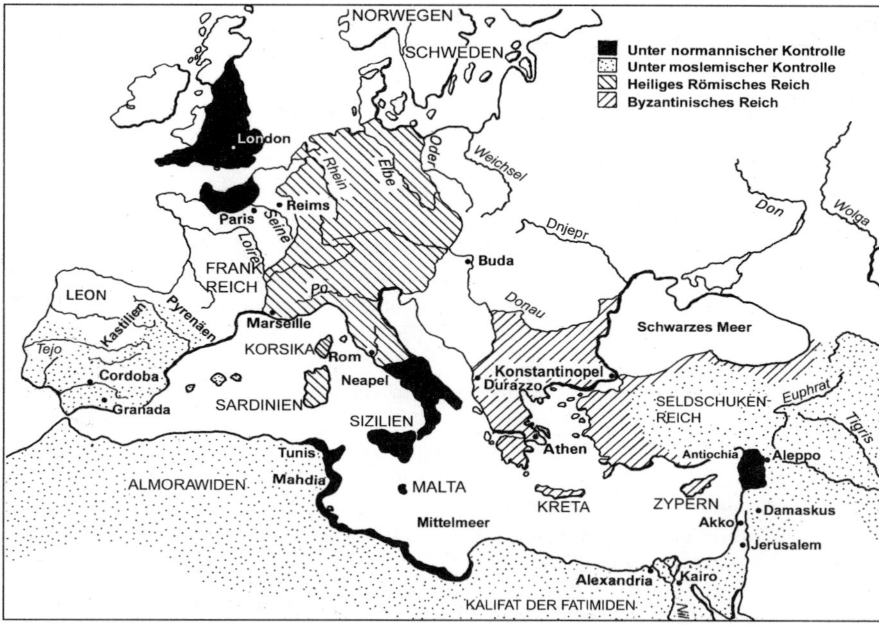

1 *Die größte Ausdehnung der normannischen Besitzungen im 12. Jahrhundert*

hundert die Zügel der Macht von den Franken übernommen, und obwohl es auch später noch begrenzten Zuzug von Wikingern in die Normandie gegeben hat, ist der von früheren Historikern angenommene Umfang bei weitem nicht erreicht worden. Bis zur Mitte des 11. Jahrhunderts lassen sich lediglich geringe Spuren der Wikingerkultur in der Normandie nachweisen, und obwohl zumindest Wilhelm in direkter Linie von einem Wikinger-Heerführer, nämlich Rollo, abstammte, hatten nur wenige Ritter und ihr Gefolge, die die Engländer bei Hastings besiegten, Wikingerblut in ihren Adern. In erster Linie sind die Wikinger von den Franken aufgesogen worden, und das Ergebnis dieser Kulturmischung waren die Normannen.

Nichtsdestoweniger ist es eine unbestreitbare Tatsache, daß König Harald von England im Jahre 1066 von Wilhelm, dem Herzog der Normandie, in der Schlacht von Hastings besiegt und getötet wurde und Wilhelm den englischen Thron bestieg. Aber auch hier muß man in Frage stellen, wie lange die Eroberung von England in die Zeit danach hineingewirkt hat. Die unmittelbare Wirkung der normannischen Übernahme des angelsächsischen England war dramatisch, zuweilen brutal. Die direkte Folge der militärischen Niederlage war zunächst die völlige Übereignung des Landbesitzes von den angelsächsischen Häuptlingen an die Ritter vom Kontinent. Das Buch von Domesday aus dem Jahre 1086 gibt uns in seinem düsteren und sorgfältigen Protokoll eine anschauliche Darstellung, auf welche Weise der Besitz von England den Angelsachsen entwunden wurde und in die Hände der Normannen gelangte. Unbesehen bescheinigt das Buch von Domesday eine friedliche und wohlorganisierte Übereignung des Landes der Sachsen an die Normannen; aber natürlich war die ganze Sache sehr heikel, und vor Ort kam es häufig zu Blutvergießen, Leid und Unordnung. Bis 1086 war den Sachsen von ursprünglich 10 000 Besitztümern lediglich eine Handvoll geblieben. Wahrscheinlich trifft es zu, daß Sachsen auf den Gütern oft als Vögte weitermachten und damit wohl häufig auch noch eine beachtliche Kontrolle ausübten, aber die politische und militärische Wirklichkeit war, daß die Normannen obsiegt hatten und über die Beute verfügen konnten. Dementsprechend wurde auch im Bereich der Kirche die sächsische Führung umfassend durch Normannen und deren Parteigänger ersetzt. Trotzdem war im Grunde die normannische Bevölkerung in England sogar noch dünner gesät als die skandinavische Bevölkerung der Normandie. Hinzu kam, daß die Normannensippschaften, die mit Wilhelm nach England gekommen waren, dort im Handumdrehen anglisiert wurden, so daß es keine hundert Jahre nach der Eroberung weit angebrachter erscheint, von einem anglo-normannischen als von einem normannischen England zu reden.

Selbst aus der Entfernung ist es für Engländer nicht einfach, die Normannen rein sachlich zu betrachten. Die englische Haltung zur normannischen Eroberung legt nach wie vor eine Mischung aus Faszination, Bewunderung und Ungläubigkeit an den Tag. Faszination gegenüber der bedeutsamen Tatsache der letzten Eroberung Englands vom Festland aus, Bewunderung denen gegenüber, die das Unternehmen gewagt haben, und Ungläubigkeit gegenüber der Tatsache, daß die Streitmacht jenes winzigen Herzogtums es vermocht hatte, die Engländer, die doch auf ihrem eigenen Boden kämpften, zu überwinden.

Die Einstellung zur normannischen Eroberung Englands und der nachfolgenden Besetzung war in den letzten Jahrhunderten beträchtlichen Schwankungen unterworfen. Die Vorstellung eines „Normannischen Jochs“ war generationenlang ein fester Bestandteil der volkstümlichen englischen Überlieferung. Sir Henry Spellman (gest. 1641) führte ebenso wie Sir Robert Cotton (gest. 1631) manchen ungesetzlichen Mißbrauch auf die Normannen und ihr Feudalsystem zurück, ein Motiv, das im 19. Jahrhundert von Autoren wie Charles Kingsley und George Burrow begeistert aufgegriffen und weiterentwickelt wurde. Nach der damals herrschenden Auffassung hatten die Angelsachsen vor 1066 als freie und gleiche Bürger gelebt, die von repräsentativen Einrichtungen regiert wurden. Dann sei die Eroberung durch die Normannen schuld daran gewesen, daß den Engländern diese Freiheiten vorenthalten wurden und sich die Tyrannei eines fremden Königs und fremder Grundbesitzer etablieren konnte. Derartige Theorien waren bekanntlich fast im gesamten Mittelalter im Schwange und trugen erheblich zur Popularität von Eduard dem Bekenner, als englischer König und Heiliger zugleich, und König Alfred bei, dem die Rolle eines nationalen Unabhängigkeitssymbols zufiel. Thomas Paine (1737–1809) ging noch einen Schritt weiter und lastete alle Schwierigkeiten, die England nach 1066 durchgemacht hatte, dem „französischen Bastard und seinen Banditen“ an.

Im Viktorianischen Zeitalter herrschte eine Strömung vor, die die Eroberung durch die Normannen mit einem gewissen Wohlwollen betrachtete und in ihr den Beginn der bestehenden Monarchie sah. Nach 1930 hatte die Art der Betrachtung ein weiteres Mal gewechselt und Gelehrte wie Sayles legten nun nahe, daß die Eroberung allenfalls eine kleinere Störung gewesen sei, die den Fortbestand der angelsächsischen Gesellschaft und ihrer Einrichtungen nicht wesentlich unterbrochen habe. Diese Einstellung stabilisierte sich im Verlauf des Zweiten Weltkriegs angesichts einer neuen Bedrohung der Britischen Inseln vom Festland, und einige Wissenschaftler wie etwa Sir Frank Stenton, der die Eroberung durch die Normannen zuvor als einen Wendepunkt gesehen hatte, sangen nun das Hohe Lied der Kontinuität. In jüngster Zeit hat sich die gegenläufige Auffassung in Meinungsverschiedenheiten zwischen Archäologen und Historikern verfestigt. Die Archäologen hängen dem Gedankenbild einer kulturellen Entwicklung ohne Brüche an und tun sich schwer mit der Vorstellung, die Eroberung durch die Normannen habe außer einem relativ kleinen Teil der Gesellschaft sonst eigentlich alles in Mitleidenschaft gezogen. Einige Historiker wiederum, Allen Brown zum Beispiel, stellen die normannischen Errungenschaften mit Nachdruck in einen europäischen Maßstab, doch andere sind da vorsichtiger und heben die betont anpassungsfähige Natur der normannischen Gesellschaft hervor, die sich in England in einer Vermischung der Angelsachsen und Normannen und in Italien in einem normannisch-arabisch-byzantinischen Gemeinwesen geäußert hat. Vor kurzem haben Wissenschaftler die Redewendung von der „Adeligen Diaspora" gebraucht, um die Geschehnisse in Europa zwischen dem 10. und dem 13. Jahrhundert zu beschreiben, als Ritter und Adelige aus dem Herzland des ehemaligen Karolingerreiches Länder am Rande der Christenheit in England, Spanien, Italien und Griechenland erobert und besiedelt hatten.

Obwohl viele der Zeugnisse für die normannische Eroberung Englands von der Geschichtsschreibung erbracht werden, liegen doch genügend physische Beweisstücke vor, um dem Archäologen die einzigartige Gelegenheit zu verschaffen, die Invasion Britanniens zusammen mit einer Fülle von dokumentarischen Belegen zu erforschen. Allgemein ist man sich einig, daß die normannische Eroberung Englands von einer verhältnismäßig kleinen Streitmacht bewerkstelligt wurde, von insgesamt nicht mehr als 10.000 Mann, und obwohl es in ihrem Gefolge einige Wanderbewegungen vom Festland nach England gegeben hat, hat es eine größere Bevölkerungsbewegung niemals gegeben. In einigen Bereichen wie der Kriegführung und der Kirche gab es grundlegende Änderungen, wohingegen in anderen wie der bäuerlichen Siedlung die unmittelbare Wirkung der Eroberung gegen Null tendierte (nur im Norden von England scheinen nach der Invasion viele Dörfer gegründet worden zu sein).

Und die Normannen in Südeuropa? Die normannische Machtübernahme in Unteritalien unterschied sich sehr von der Eroberung Englands. Sie stand unter der Führung von normannischen Söldnertruppen, die in erster Linie für byzantinische Fürsten gefochten hatten. Eine langwierige Angelegenheit, die sich über mehr als ein Jahrhundert hinzog, bis Roger dann zum ersten König von Sizilien ausgerufen wurde. Politik und Kultur im normannischen Sizilien hoben sich in nahezu sämtlichen Belangen von der in den normannischen Gebieten Nordwesteuropas ab. Während die Normannen in England zu Engländern wurden, nahmen die Normannen in Italien lediglich Merkmale der Römer, Byzantiner und sogar der Araber in sich auf. Auch in Südeuropa war die Zahl der normannischen Siedler relativ gering; gleichzeitig leitete die Eroberung durch die Normannen die Verdrängung der moslemischen Bevölkerung Siziliens durch römische Siedler ein. Die große Leistung der Normannen in Italien war es, Süditalien nach jahrhundertelanger byzantinischer und arabischer Herrschaft dem westeuropäischen Kulturkreis wiedergegeben zu haben.

Bei den Normannen handelte es sich um ausgesprochene Eklektiker, die die Sitten und Gebräuche der von ihnen unterworfenen Völker dergestalt übernahmen und für ihre Zwecke ummodelten, daß sich die normannischen Gesellschaften in den verschiedenen Weltteilen allgemein unterschieden. Tatsächlich führte diese Fähigkeit der Normannen, die kulturellen Merkmale aller besiegten Völker anzunehmen, einen Historiker zu der Frage, ob sie überhaupt eine klare Identität besessen hätten (siehe R.H.C. Davis, *„The Normans and Their Myth"*). Vielleicht ist es das beste, die Normannen als eine Art Katalysatoren zu betrachten, Menschen also, die Gesellschaften, mit denen sie in Verbindung traten, mehr durch ihre bloße Gegenwart veränderten als durch ihre kulturelle Überlegenheit.

Obwohl die Wirkung der Normannen auf die mittelalterliche Welt eine beträchtliche gewesen ist, waren ihre politischen Errungenschaften vergleichsweise kurzlebiger Natur. So erlosch das normannische Herrscherhaus in England genaugenommen schon mit dem Tod von König Stephan im Jahre 1154. Die Normandie selbst ging im Jahre 1204 als unabhängiges Herzogtum unter, als der König von Frankreich die Truppen von König Johann von England schlug und die Normandie in das französische Staatsgebiet aufnahm. Das normannische Königreich Beider Sizilien hatte am Ende des 12. Jahrhunderts ausgespielt, als das Geschlecht von Tankred von dem der Hohenstaufen aus Deutschland abgelöst wurde. Auf dem eroberten Küstenstrich in Nordafrika hielten sich die Normannen nicht einmal 20 Jahre. Am längsten Bestand von allen normannischen Erwerbungen hatte noch Antiochien, dessen Gebiet sich heute die Türkei und Syrien teilen, und das erst 1268 fiel. Doch unterliegt es trotz der kurzen Zeitspanne der normannischen Vorherrschaft nicht dem geringsten Zweifel, daß die Normannen für beträchtliche politische und kulturelle Leistungen verantwortlich zeichneten. Ohne sie hätte die Welt des Mittelalters wesentlich anders ausgesehen.

2 *Die Pfalzkapelle zu Aachen (Aix-la-Chapelle), Hauptstadt des Reiches Karl des Großen, 9. Jahrhundert*

1 *Wikinger, Nordmänner und Normannen – so entstand die Normandie*

Das Herzogtum der Normandie entstand innerhalb des 10. Jahrhunderts in dem Zipfel, der in der Zeit nach den Römern die Bretonische oder Neustrische Mark genannt wurde, ein Gebiet, das den westlichen Rand des zerfallenden Franken- oder Karolingerreiches bildete. Neustrien bedeutete „Neues Westland" im Gegensatz zu Austrasien, was Ostland hieß. Es waren die Bewohner von Neustrien, die im Zusammenhang mit dem Königtum im Westen des Karolingerreiches als erste den Terminus „Francia" gebrauchten. Der Begriff „Frank" geht auf die alte germanische Bezeichnung für jenen Stamm vom Rhein zurück, der das Gebiet des späteren Frankreich für sich erobert hatte. Den ziemlich dürftigen erhaltenen Aufzeichnungen zufolge trägt die Normandie ihren rechtlichen Status seit 911, dem Jahr, in dem ein skandinavischer Kriegsherr namens Rollo oder Hrólfr zum Grafen von Rouen ernannt wurde und von Karl dem Einfältigen, König der Westfranken, das untere Seinetal erhielt. Bevor dies geschehen konnte, hatten die Wikinger im nordwestlichen Frankreich mehr als ein halbes Jahrhundert lang Dörfer, Städte und Klöster geplündert, wie sie auf der anderen Seite des Kanals auch den Osten und die Mitte Englands in schöner Regelmäßigkeit heimgesucht hatten. Beweise für eine wikingische Besiedlung der Normandie zu diesem frühen Zeitpunkt lassen sich nur schwer erbringen, aber es gibt Hinweise auf eine skandinavische Kolonisation in diesem Bereich schon vor 900. Die Franken prägten den Begriff „Normand", womit sie alle Wikinger meinten, und bald verschmolz diese Bezeichnung mit dem Landstrich, den Rollo und seine skandinavischen Nachfolger übernommen hatten.

Das Karolingerreich

Das Karolingerreich erstreckte sich über einen Großteil des heutigen Deutschland und Frankreich; seine größte Ausdehnung hatte es unter Kaiser Karl dem Großen erreicht, nach dem es auch benannt worden ist. Hauptstadt war Aachen (Aix-la-Chapelle) in (dem damaligen, d. Übers.) Westfalen **(2)**. Das Karolingerreich bewahrte manche Verwaltungsstruktur des Römischen Reiches, auf dem es halb und halb gründete, aber es erstreckte sich nach Osten weit über den Rhein hinaus, der in der Römerzeit noch die anerkannte europäische Nordgrenze gebildet hatte. Im späten 8. Jahrhundert sah es beinahe so aus, als ob das Karolingerreich die gesamteuropäische Nachfolge der Römer antreten würde, besonders, nachdem Karl der Große am Weihnachtstag des Jahres 800 von Papst Leo III. zum römischen Kaiser gekrönt worden war. Mit diesem höchst wirkungsvollen Ereignis schlägt die Geburtsstunde jenes ebenso eigenartigen wie langlebigen Gebildes, des Heiligen Römischen Reiches, das nicht nachließ, die Bruchstücke der germanischen Welt während des Mittelalters zusammenzuhalten **(3)**.

Karl war ein ausgesprochener Imperialist, den seine diversen Militäraktionen nach Sachsen führten, ins arabisch besetzte Spanien, wo er die Mark Spanien begründete, nach Oberitalien und weit nach Osteuropa hinein. Die Franken für ihren Teil waren sorgfältig darauf bedacht, das römische Vermächtnis zu erfüllen, und das äußerte sich darin, daß sie nach Aachen Baustile aus Ravenna einführten, wo der spätrömische Kaiserhof Zeugnisse architektonischer und künstlerischer Art hinterlassen hatte, die römischer als römisch waren.

Die Zeit, um dauerhaft Wurzeln zu schlagen, war dem Karolingerreich jedoch nicht beschieden. Schon begann es zu zerfallen. Solch ein ausgedehntes und vielschichtiges Reich zu regieren, war ein äußerst mühseliges Unterfangen und nur teilweise von Erfolg gekrönt; es wurden aber dabei wesentliche Faktoren entwickelt, die den nachfolgenden mittelalterlichen christlichen Königreichen

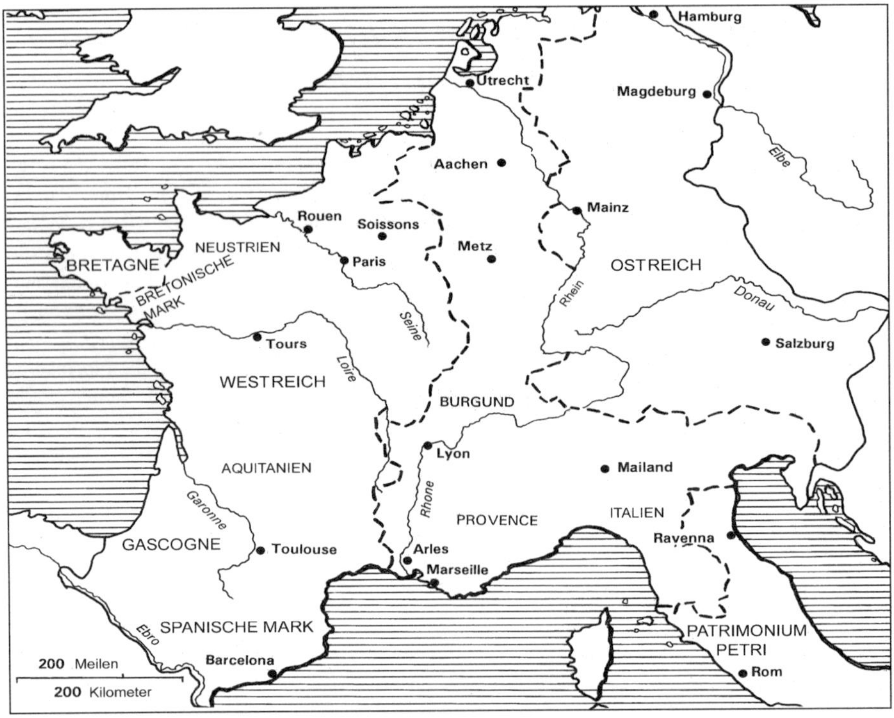

3 *Das Karolingerreich*

als Vorlage dienen konnten. Alles in allem jedoch fehlte es diesem Reich am militärischen Unterbau seines römischen Vorgängers. Auch stellte sich heraus, daß es für die es stützende ländliche Grundbesitzerklasse einfach zu groß war, und bald nach Karl des Großen Tod im Jahre 814 begann der lange, nur zu bekannte Prozeß der Auflösung, das unausweichliche Schicksal aller Imperien, deren Zeit gekommen ist.

Das Karolingerreich setzte sich aus einem Flickenteppich von verschiedenen Fürstentümern zusammen, die von Grafen, Viscounts und Herzögen kontrolliert wurden. Anfänglich waren diese eng mit dem Kaiser verbunden, aus dessen Händen sie ihre Macht direkt verliehen bekamen. In seinen frühen Stadien gab es im Reich nur wenige Erbdynastien, doch seit der Mitte des 9. Jahrhunderts erwies es sich wegen seiner erreichten Ausdehnung als zu schwerfällig, um von einem einzelnen Punkt aus regiert zu werden. Somit wurde es wieder geteilt: in Deutschland, Frankreich und ein Mittleres Königreich, bestehend aus Lothringen, Burgund und der Lombardei. Die Fürstentümer wurden zunehmend mächtig und bildeten bald halbautonome, voneinander getrennte Unterkönigreiche. Fürstentümer wie Burgund, Aquitanien und Septimania um Toulouse erkannten zwar weiterhin die Oberhoheit des Kaisers an, entwickelten aber gleichzeitig ein stetig wachsendes Maß an Unabhängigkeit. Diese Unterkönigreiche standen unter der Herrschaft von Fürsten oder Prinzen (*principes*) und Herzögen (*duces*). Im Laufe des 10. Jahrhunderts begannen die großen Herzogtümer dann in einzelne Grafschaften zu zerfallen. In Nordfrankreich entstanden so zusammen mit der Normandie die Bretagne, Anjou, Maine, Blois und Flandern. Sie alle wurden bedeutende Herrschaften unter der Regentschaft von Grafen. Die königlichen Lande, die rein rechtlich das Rückzugsgebiet des Karolingerreiches ausmachten, schrumpften auf das Gebiet um Paris und Orléans zusammen.

Zusätzlich zu diesem inneren Zusammenbruch sahen sich die Nachfolger des Karolingerreichs von außen im Norden und Westen der Bedrohung durch die Wikinger ausgesetzt, im Westen durch die Bretonen und, in geringerem Ausmaß, durch die Mauren im Süden. Nachdem es ihnen im frühen 8. Jahrhundert gelungen war, in Spanien einen Brückenkopf zu bilden, besetzten die moslemischen Truppen zügig einen Großteil der Iberischen Halbinsel und fielen nördlich der Pyrenäen sogar in Frankreich ein, wo ihr Vormarsch schließlich im Jahre 732 von Karl Martell bei Poitiers gestoppt wurde. Später zogen sich die Mauren aus dem Nordwesten der Iberischen Halbinsel und dem Gebiet südlich der Pyrenäen zurück, um ihre Macht über den Rest von Spanien zu festigen. Obwohl damit der Zugriff der Moslems auf die europäischen Kernländer sich abschwächte, was zum Teil auch auf ihre eigenen Bürgerkriege zurückzuführen war, hatte das auf ihre nach wie vor gesteigerten Aktivitäten im Mittelmeerraum keinen Einfluß, wo sie ihre Kontrolle aller größeren Inselgruppen einschließlich Siziliens aufrechterhielten. Letzteres diente ihnen als Sprungbrett in die von Byzanz recht schwach dominierten Gebiete Unteritaliens. Sie faßten auch bei Fraxinetum Fuß, wo sie sich bis 973 halten konnten.

Die Wikinger

Im Norden waren es die Skandinavier oder Wikinger, welche während des Ersten Wikingerzeitalters der politischen und demographischen Landkarte Westeuropas ihren untilgbaren Stempel aufdrückten. Hierbei sind die Einrichtung des *Danelaw* im nordöstlichen England und die Bildung der Normandie im nordwestlichen Frankreich besonders hervorzuheben. In der Überlieferung werden die Wikinger traditionsgemäß als Seeräuber gehandelt; gnadenlose Barbaren, die sich raubend und sengend einen Weg durch Westeuropa bahnten, all ihr Sinnen und Trachten nur auf Beutemachen und Zerstörung ausgerichtet. Dieses beliebte tiefverwurzelte Vorurteil läßt sich ohne Umwege zu zeitgenössischen kirchlichen Chronisten zurückverfolgen, die, weil sie gleichzeitig die Wächter über zahlreiche leicht fortzutragende Kostbarkeiten waren, häufig zu den ersten Opfern wikingischer Raubzüge gehörten. Darüber hinaus waren die Wikinger ganz einfach ein unwillkommener neuer Mitspieler in einer gedrängt vollen Welt, die ein beträchtliches Maß an rücksichtsloser Gewalttätigkeit, zumal gegen Heiden, schon vorgeführt hatte **(4)**. So muß man es Karl dem Großen höchstselbst zur Last legen, Sachsen verheert zu haben, um es zum Christentum zu bekehren, und ähnliche Beispiele umfassender vorsätzlicher Gewalt ziehen sich auch durch die gesamte normannische Geschichte.

Die Wikinger in Britannien

Die kirchlichen und klösterlichen Besitztümer waren den frühen wikingischen, heidnischen Seebären erklärlicherweise eine leichte Beute. Im Jahre 793 wurde das auf einer Insel vor der Küste Northumbriens gelegene Kloster Lindisfarne geplündert. Alkuin (gest. 804), der erst in Northumbrien Lehrer an der Domschule gewesen war und dann an der Pfalzschule in Aachen lehrte, die er für Karl den Großen gegründet hatte, drückte seinen Schrecken über das Geschehene folgendermaßen aus: „… seit fast 350 Jahren bewohnen wir und unsere Väter dieses höchst liebliche Land, und niemals zuvor ist in Britannien eine Bedrängnis entstanden, wie wir sie jetzt von einer heidnischen Rasse erduldet haben, noch hat sich jemand einen solchen Einfall vom Meer aus vorstellen können." Ferner deutete er an, Karl der Große möge vermittels eines Lösegeldes die Rückkehr „der Knaben" ermöglichen, womit Kinder von Adeligen gemeint waren, die ihre Eltern fürs Kloster bestimmt hatten und die nun nach Dänemark verschleppt worden waren. 794 wurde in Northumbrien ein weiteres Kloster, wahrscheinlich Jarrow, geplündert, und 795

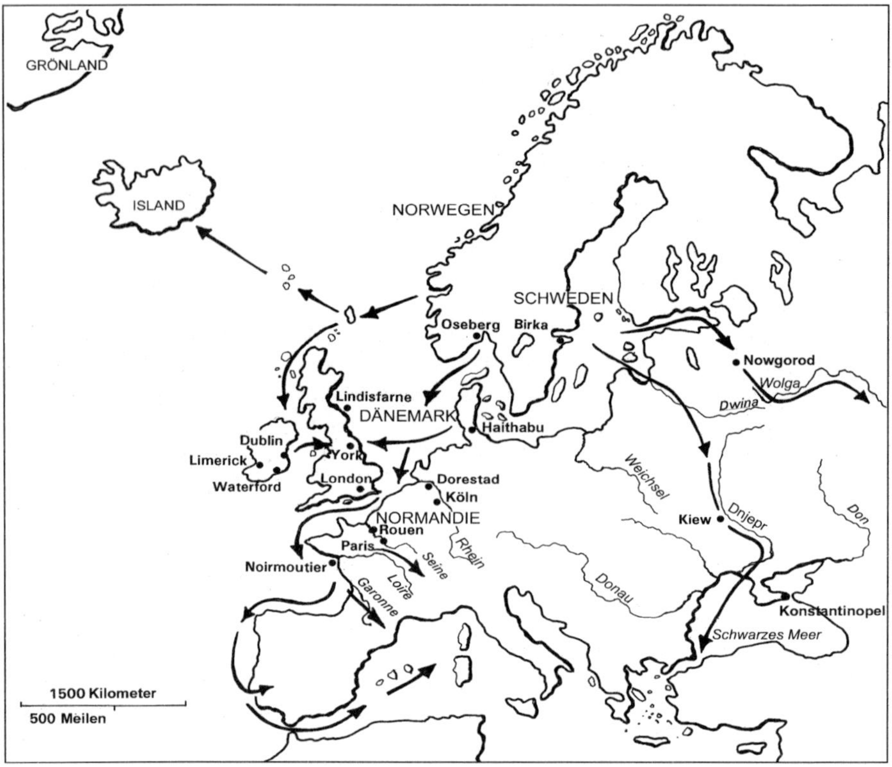

4 *Die Eroberungszüge der Wikinger*

war Iona an der Reihe. In Irland ist der erste Beutezug für das Jahr 795 in der Nähe von Dublin überliefert, und 799 waren die Räuber schon so weit nach Süden vorgedrungen, daß sie die Küste von Aquitanien auf dem europäischen Festland heimsuchten. Obwohl skandinavische Eroberer und Besiedler bereits seit dem 5. Jahrhundert in bescheidenem Umfang in Westeuropa aufgetreten waren, ist der eigentliche Beginn der „Wikingerzeit" in die letzte Dekade des 8. Jahrhunderts zu legen.

Einfache Siedlung und Plündereien wurden oftmals durch den Erwerb von Neuland abgelöst. Auf diese Weise wurden in der zweiten Hälfte des 9. Jahrhunderts Grönland, Island und die schottischen Inseln kolonisiert. Als die Wikinger eintrafen, waren das noch großenteils unbewohnte Gebiete, die ihrer Besiedlung nur wenig Widerstand entgegensetzten. Es war dies ein großer Unterschied zu den Maßnahmen, die in den politisch anspruchsvollen, kultivierten Ländern Westeuropas Anwendung fanden **(Farbtafel 1)**.

Das vordringliche Interesse der Wikinger richtete sich auf Reichtümer, die man wegtragen konnte, in erster Linie Edelmetalle, und das machte Kirchen und Städte besonders anfällig, da die ersteren häufig als Schatzkammern für ihre Umgebung dienten. Die unvermeidliche Folge war, daß die Besuche der Wikinger in England und später in der Normandie anfänglich von Gewalttätigkeiten gekennzeichnet waren. Binnen Jahren wurden derartige Raubzüge durch eine Art „Schutznetz" innerhalb Westeuropas ersetzt, indem den christlichen Königreichen eine

Steuer auferlegt wurde, die den Namen *Dänengeld* erhielt, um die Skandinavier auf diese Weise abzufinden. Fränkische und englische Herrscher leisteten im 9. Jahrhundert bereits *ad hoc*-Zahlungen, aber das geordnete Verfahren wurde in England erst nach der englischen Niederlage bei Maldon in Essex im Jahre 991 zur ständigen Einrichtung. Riesige Geldsummen wurden während der zweiten Hälfte der Regierung von König Ethalred von den Dänen verlangt und auch gezahlt, und das System zur Aushebung von *Geld* wurde unter dem Druck der wachsenden dänischen Forderungen verbessert und verfeinert. Der Zugriff auf *Geld*, um Wikingerflotten und ausgebildete Landeinheiten zu beliefern, führte zu einer Zweideutigkeit im Gebrauch des Wortes, aber der Begriff *Dänengeld* hielt sich in England bis in die Mitte des 11. Jahrhunderts.

Einige Wissenschaftler stellen mehr die wohltuenden Auswirkungen wikingischen Handelns in den Vordergrund: zunächst einmal trafen sie in verhältnismäßig kleiner Zahl ein, und ihr anfängliches Eindringen mündete in späteren Phasen oft in friedlicher Ansiedlung. Die Ausgrabungen im wikingischen York (*Jorvik*) beispielsweise bringen ein blühendes, arbeitsames, friedliches städtisches Gemeinwesen an den Tag, mit Handelsverbindungen nach ganz Westeuropa. Und wirklich agierten die Skandinavier seit dem 11. Jahrhundert politisch und militärisch in viel förmlicheren Bahnen, als ihre Vorgänger es getan hatten, allerdings ohne daß es ihrem schlechten Ruf zunächst nachhaltig Abbruch getan hätte.

Im Jahre 851 machte ein Wikingerheer zum ersten Mal den Versuch, in England, und zwar in Kent, zu überwintern. Vierzehn Jahre später landete 865 das „Große Heer" in Ostengland, und die Dänen fielen mit dem erklärten Ziel, es zu erobern, ins Land ein. Die alten Königreiche Northumbrien und Mercia wurden schnell besetzt, und im nördlichen England entstand ein Wikingerstaat, aus dem schließlich das Königreich York hervorging. Bald waren Ostanglien und weite Teile Northumbriens unter dänischer Herrschaft, und Mercia wurde unter Dänen und Sachsen aufgeteilt. De facto blieb den Engländern nur noch das südlich gelegene Königreich Wessex. Ohne König Alfred den Großen von Wessex (871–899) wäre wohl ganz England von den Wikingern überrannt worden. Doch Alfred schlug die Wikinger bei Edington in Somerset im Jahre 878, und die daraus resultierende Übereinkunft mit ihrem König Guthrum führte zur Verlegung einer bedeutenden Wikingerstreitmacht nach Nordfrankreich. Das ermöglichte es Alfred, eine ambitionierte Verteidigungsstrategie zu verfolgen, mit deren Hilfe er Teile von Mercia mit Einschluß von London annektieren konnte.

Alfred und nachfolgende sächsische Monarchen ersannen und entwickelten Verteidigungssysteme gegen die Wikinger, in erster Linie durch Schiffe, zum zweiten durch eine Reihe von Sperrforts in Flußstädten, den *Burhs*. Einige dieser Festungswerke waren Neubauten wie in Wallingford (Oxfordshire) **(5)** und Wareham (Dorset), andere wie in Bath und Winchester waren wiederverwendete römische Verteidigungsanlagen. Diese *Burhs* aus dem 9. Jahrhundert stellten in ihrer Art den ersten planmäßigen Einsatz örtlicher Schutzbauten seit der Römerzeit dar. In England führte das von Alfred und seinen Nachfolgern erdachte Netz von befestigten Städten dazu, daß das Leben in den Städten wieder aufblühte, weil sie einen sicheren Ort für Handel und Wandel boten. Alfred hatte 886 mit Guthrum Frieden geschlossen. Sein Sohn Eduard der Ältere hatte südlich des Humber alle dänisch besetzten Länder zurückerobert. Diese sächsischen Erfolge in England bedeuteten den entscheidenden Wendepunkt für die Beziehungen der Dänen mit Westeuropa. In erster Linie führte das dazu, daß sie ihre bisherige Handlungsweise einer ernsthaften Überprüfung unterzogen. Den Dänen ging nun auf, daß dem, was sie in England mit ihren herkömmlichen Beutezügen erreichen konnten, enge Grenzen gezogen waren. Somit führte der fortgesetzte militärische Widerstand in England zu einer Abspaltung zahlreicher Wikinger, die über den Kanal gingen, um in Westeuropa ihre Raubzüge weiterzuführen, wobei sie den Druck gegen jene Länder verstärkten, die noch von den fränkischen Königen kontrolliert wurden.

5 *Der sächsische* Burh *in Wallingford, Oxfordshire*

Alfreds Erfolg führte zu einer Fülle von Versuchen, die Wikinger in das westeuropäische Leben einzubinden. Der Vertrag von Wedmore, den Alfred 878 mit Guthrum geschlossen hatte, hatte einen *modus vivendi* mit den Wikingern angestrebt, indem Guthrum und seine Nachfolger ihr Land behalten sollten, sich als Gegenleistung aber verpflichteten, den Frieden zu bewahren und das Christentum anzunehmen. Dieses Muster eines gegenseitigen Kompromisses wurde häufig angewandt, besonders im Frankenreich, um die Wikingerheere zu zügeln. Und diese Art der Übereinkunft war in der Tat gerade für ansässige Machthaber, die von Wikingern bedrängt und umzingelt wurden, eine entscheidende Verbesserung, weil damit, zumindest in der Theorie, dem Landhunger der Wikinger Rechnung getragen wurde, was aber einschloß, daß sie bestehende Grenzen respektieren mußten. Auch wurde der wikingische Wilderer genötigt, sich zum Wildhüter zu wandeln, indem ihm in den eroberten Landen die Verantwortung für erhaltende Maßnahmen übertragen wurde. Dergestalt gab man sich der Hoffnung hin, die Wikinger zu zähmen, daß man sie sogar in die herrschenden kirchlichen und weltlichen Kreise einfügte.

Die Wikinger und das Karolingerreich

In der zweiten Hälfte des 9. Jahrhunderts richteten die Wikinger ihr Augenmerk auf die großen Mündungen der Ströme an der Küste des europäischen Festlands. Besonders angetan hatten es ihnen der Rhein, die Somme, die Seine und die Loire, die ihnen den Zugriff auf das Herzland Westeuropas ermöglichten. Schon vor dem Tode Karl des Großen hatten Wikingerzüge die Küsten der Nordsee entlang dem Reich gewaltige Probleme beschert, denn trotz der Wiederbelebung der militärischen Stärke der Franken, verkörpert durch die wachsende Macht ihrer Kavallerie, war das Reich für einen Seekrieg schlecht gerüstet. Die ersten Wikingerschiffe langten gegen 820 vor den Küsten Frankreichs an, und um die Mitte des 9. Jahrhunderts waren skandinavische Einfälle in Frankreich zu einem jährlich stattfindenden Ereignis geworden. Am Ostersonntag 845 soll einer ihrer Führer, Ragnar, die Seine heraufgekommen sein, um Paris anzugreifen. Nach der Überlieferung hat Kaiser Karl II., „der Kahle", ihm 7000 Pfund Silber gezahlt, damit er mitsamt seiner Beute friedlich entschwand **(Farbtafel 2)**.

Eine konkrete Einbeziehung der späteren Normandie läßt sich im Zusammenhang mit der ersten Einfahrt der Wikinger in die Seinemündung belegen. Die Abteien von Jumièges und St. Wandrille wurden 841 geplündert, und es ist schriftlich festgehalten, daß letztere für die Freilassung der 68 Gefangenen 26 Pfund Silber zahlte. Eine beträchtliche Steigerung erfuhr das wikingische Engagement im Nordwesten Frankreichs, nachdem diese 851 zum ersten Mal im Seinetal überwintert hatten. Angeblich sind zwei Bischöfe von Bayeux von den Wikingern zu Tode gefoltert worden, Suplicius im Jahre 844 und Baltfrid 858, und gegen 855 stürmten diese die Provinzhauptstadt Rouen. Symptomatisch für den angerichteten Schaden ist übrigens, daß die Wikinger imstande waren, die leicht verwundbaren klösterlichen Einrichtungen an der Seine heimzusuchen. Diese stellten die Hauptberichterstatter im Zusammenhang mit den frühen Wikingertaten in dieser Gegend. In der zweiten Hälfte des 9. Jahrhunderts setzten die Berichte aus, als die Klöster nun selbst unterdrückt wurden.

Mehr als ein Jahrhundert lang setzten die Dänen dem Kaiserreich zu; nicht nur in den ungünstiger gelegenen äußeren Gebieten, sondern auch in seinem Kernland, in den Tälern der Ströme, die in die Nordsee flossen, und im Loiretal, wo die fränkische Reichstradition noch am stärksten war. Hier war es, wo die Klöster dicht an dicht gegründet wurden und während zweier Jahrhunderte königlicher Patronage gewaltige Reichtümer anhäuften. Das machte sie in den Augen der Wikinger zu einem unwiderstehlichen Ziel. Die reichsinternen Familienstreitigkeiten nach dem Tode Karl des Großen trugen nicht dazu bei, den Widerstand gegen die neuen Feinde zu bündeln, und selbst der tatkräftige Kaiser Karl der Kahle war 861/62 darauf zurückgeworfen, eine Feindesschar mit der anderen zu bekämpfen. Das Geschick der Eindringlinge auf dem Wasser, ihre überraschenden Angriffe und ihre Fähigkeit, in kleinen Gruppen zu operieren, erschwerten es den Franken außerordentlich, sie anders als örtlich begrenzt zu bekämpfen, und selbst dazu war die fränkische Verwaltung im Grunde schon zu schwach.

Die Antwort der Franken auf die Angriffe der Wikinger war eine andere als die der Angelsachsen. Es gibt beispielsweise wenig Hinweise auf einen von oben gesteuerten Gebrauch von Verteidigungswerken. Einige Erdwerke von rechteckigem Grundriß wie der Grabendamm von Hague, der den Norden der Halbinsel Cotentin schützen sollte, wurden gebaut oder verstärkt, und Erdschutzwerke der einen oder anderen Form und Art wuchsen hier und da aus dem Boden, doch ein planmäßiges Netzwerk von Verteidigungsstätten wie in England konnte bisher nicht nachgewiesen werden. Die Eindringlinge sahen sich hier keinem koordinierten Widerstand gegenüber, wie er sich etwa unter der Schirmherrschaft der Wessex-Dynastie im späteren 9. Jahrhundert entwickelte. Den durchaus energischen Anstrengungen einiger Karolinerkönige zum Trotze wurde ein wirksamer Widerstand in zunehmendem Maße unabhängig von der Monarchie organisiert. Was dies für den Befestigungsbau auf dem Boden der heutigen Normandie im einzelnen tatsächlich bedeutet hat, damit beginnt die moderne Archäologie sich eben erst zu befassen. Die fortgesetzten Einfälle in Verbindung mit der wachsenden Auflösung der fränkischen Macht bewirkten, daß sowohl die Könige als auch lokale Persönlichkeiten, die im Begriffe waren, sich Autorität und Achtung zu verschaffen, die Möglichkeiten politischer Kompromisse zu entdecken begannen, wie sie sich etwa im Vertrag von Wedmore ablesen lassen.

Andere Kolonien der Nordmänner an der unteren Loire und in Irland waren am Ende, bevor sie richtig begonnen hatten. So war die Normandie der bei weitem erfolgreichste Ableger auf dem europäischen Festland, von denen einige sich schon vor 911 mehr schlecht als recht abgemüht hatten. Einer von ihnen hielt sich an der unteren Weser weniger als 30 Jahre von 826 bis 852, und ein anderer um Walcheren in Friesland herum schaffte es nur gut 40 Jahre lang von 841 bis 885. Eine Kolonie bei Nantes, die 919 gegründet worden war, wurde 937 wieder aufgegeben. Nur in England hatte es ihre starke Präsenz im *Danelaw* den Wikingern ermöglicht, eine größere Veränderung in der Geschichte des gesamten Landes einzuleiten, aber auch hier gelang es ihnen nicht, in einer unabhängigen politischen Einheit zu überleben. Einzig die Normandie überstand eine Reihe von politischen und militärischen Krisen und wurde so zu einem der größeren feudalen Fürstentümer im alten fränkischen Königreich.

Die Bretonen

Im Westen wurde das Reich aber noch von anderer Seite bedroht. Flandern war als das Ergebnis einer militärischen Expansion geschaffen worden, die Graf Balduin II. zwischen 883 und 918 durchgeführt hatte. Er hatte von seinem Vater, Graf Balduin I., ein viel kleineres Gebilde übernommen, das diesem von König Karl dem Kahlen verliehen worden war. Von diesem Grundstock aus war es zu einer ernsten Bedrohung des Reiches geworden. Noch höher war die Gefahr anzusetzen, die von der Bretagne ausging. Die Bretagne hatte sich im Frankenreich so gut wie immer einer Sonderrolle erfreut; den Karolingern war es nie ganz gelungen, sie mit Haut und Haaren zu verschlingen. Schon aufgrund ihrer keltischen Abstammung unterschieden sich die Bretonen von den Franken; hinzu kam, daß sie im Keltentum fest verwurzelt waren. Aber ihre enge Tuchfühlung zum Reich bewirkte, daß sie stark von fränkischen Einrichtungen und Gebräuchen beeinflußt waren. Dies galt vor allem für den östlichen Teil ihres Königreichs. Die Bretonische oder Neustrische Mark, unmittelbar im Osten der Bretagne gelegen, war der untaugliche Versuch der Franken, weniger die Wikinger als vielmehr die Bretonen zu befrieden. Dieser Landstrich hatte sich zu Karl des Großen Zeiten von Calais im Norden bis zur bretonischen Grenze im Süden erstreckt; im 9. Jahrhundert, als die Macht der benachbarten Fürstentümer mal im Zunehmen, mal im Abnehmen begriffen war, hatten auch seine Grenzen geschwankt.

Karl der Kahle übereignete die Mark 862 an Robert den Starken mit der ausdrücklichen Vorgabe, die Bretonen in Schach zu halten. Das glückte ihm offensichtlich nicht, und deshalb wurde den Bretonen 867 erlaubt, von den Bezirken Cotentin und Avranchin Besitz zu ergreifen, aus denen die Normandie entstehen sollte. Es verdient festgehalten zu werden, daß die Übereinkunft mit Robert eine bemerkenswerte Ähnlichkeit mit der Bewilligung enthält, die dem Wikinger Rollo späterhin im Jahre 911 zuteil wurde. Sie übertrug alle königlichen Rechte auf Robert, ausgenommen das, Bischöfe zu ernennen. Später rückten die Bretonen sogar noch weiter nach Osten in das Gebiet um Bayeux, aber sie konnten ihren Zugriff auf diese Gegend nicht halten. Ungefähr nach 850 wurde die Lage in Westfranken immer labiler, nicht allein des Drucks wegen, den die Bretonen und Wikinger ausübten, sondern ebenso wegen der Spaltungstendenzen im verfallenden Westreich. Diese Teilungen ermöglichten es den Bretonen, politisch zu reüssieren, so daß ihre Herrscher schließlich den Königstitel annahmen. Zu Anfang reichte die Etablierung der Normandie nicht hin, die Bretonen zu kontrollieren. Deren König Alan II. Barbetorte (936–952) konnte die Normannen sogar bis Rouen zurückwerfen. Die Bretagne blieb bis zur Mitte des 11. Jahrhunderts für das Herzogtum eine ernste Gefahr.

Die Bildung der Normandie

In einem Bericht wird festgehalten, daß Karl III. (dem Einfältigen), König der Westfranken, 897 mit der Begründung davon abgeraten wurde, Grund und Boden an die Wikinger abzutreten, daß es ein Fehler sei, sich mit Heiden zu verbünden. Sollte dieser Bericht zutreffen, so hatte er jedoch bald Anlaß, seine Ansicht zu ändern. Karl hatte den Beinamen „Der Einfältige" (*Simplex*) übrigens nicht wegen Dummheit erhalten, sondern weil er von gutmütiger Wesensart und aufrichtig veranlagt war. Dem Chronisten Dudo zufolge, einem Kanonikus von St. Quentin aus dem frühen 11. Jahrhundert, ging der Entstehung der Normandie ein Sieg Karls über einen zusammengewürfelten Haufen von Kriegern unter dem Kommando des Wikinger-Heerführers Rollo im Jahre 911 bei Chartres voraus. Rollo, der der Überlieferung nach von vornehmer norwegischer Abstammung war, wurde zum Friedensschluß genötigt, trat zum Christentum über und hielt für die Franken im Seinetal gegen die Bretonen und die Wikinger Wacht **(6)**.

6 *Graf Rollo, der wikingische Gründer der Normandie. Standbild in Rouen, 19. Jahrhundert*

Über Rollo liegt nicht viel an gesicherter Erkenntnis vor. Wir sind in großem Maße von Dudo abhängig, der eine Geschichte des Fürstentums der Normandie vorgelegt hat, das älteste überkommene Werk seiner Art. Dudo gibt auch eine Erzählung über Rollos sagenumwobenen Vorgänger als Führer der Nordmänner, Hastings, wieder, doch muß sein Bericht mit äußerster Vorsicht in Bezug auf seinen Wahrheitsgehalt aufgenommen werden. Sicher scheint jedoch, daß Karl und Rollo 911 in St. Clair-sur-Epte im Vexin an der Ostgrenze der Normandie einen Vertrag abgeschlossen haben, in dem den Nordmännern „bestimmte Abschnitte (*pagi*), angrenzend an die Meeresküste, unter Einschluß der Stadt Rouen" übereignet wurden. Nach Dudo erstreckten sich die Grafschaften der Normandie, die zur Erzdiözese Rouen gehörten, annähernd über das gleiche Gebiet, das früher die gallo-romanische Provinz *Lugdunensis Secunda* umfaßt hatte. Die römischen Mauern in Rouen standen noch, wenn auch ihre Lage am Nordufer der Seine nahelegte, daß ein Angriff vom Fluß nicht ungefährlich war. Als Gegenleistung für die Übereignung erklärte Rollo sich bereit, das vereinbarte Gebiet zu schützen, und weiter wird berichtet, daß Rollo und seine Gefolgschaft das Christentum annahmen.

Rollo hatte sein Land vollständig zu eigen erhalten (*in alodo et in fundo*), um nachdrücklich zu betonen, daß die normannischen Großen nach Fug und Recht von den Frankenkönigen unabhängig waren. Dudos farbenprächtige Erzählung beeinhaltet eine Anekdote über Rollos Weigerung, vor Karl das Knie zu beugen. Für ihn war einer seiner Söldner ausersehen, die Zeremonie abzuhalten, und in seinem vergeblichen Versuch, dem König, ohne sich zu bücken, den Fuß zu küssen, brachte er den Monarchen rückwärts zu Fall. Dudo erkennt aber an, daß sowohl Rollo als auch sein Sohn Wilhelm Langschwert es an Ehrerbietung gegenüber dem Frankenkönig nicht fehlen ließen. Er teilt mit, daß Rollo Karls Tochter Gisela zur Frau gegeben wurde, ein Hergang, der von keiner anderen Quelle bestätigt wird.

Lediglich das Gebiet unmittelbar an der Seine, bestehend aus den *pagi* von Talou, Caux, Raumois und Teilen von Vexin und Evrecin, war Bestandteil des ursprünglichen Vertrages. 924 trat Karls Nachfolger, König Ralph, Bayeux und Maine, also die mittlere und südliche Normandie, an Rollo ab. Und 933 empfing Wilhelm I., Rollos Sohn, „die Ländereien der Bretonen, die an der Meeresküste liegen", womit Avranchin und Cotentin gemeint waren; das Land, das die Bretonen sich seinerzeit von der jungen Normandie angeeignet hatten. Damit hatte das Gebiet der Normandie 933 ungefähr dieselbe Ausdehnung wie 1066 (7).

Wie wir gesehen haben, war der Vertrag von St. Clair-sur-Epte nicht der erste Versuch der Karolinger, die Wikinger nicht nur zu zähmen, sondern auch ihre Kraft für die Ziele des Reiches einzuspannen, aber er war es, der die Entstehung des Herzogtums der Normandie in die Wege leitete. Die Übereignung von Ländereien an Rollo und seine Nachfolger kann ohne weiteres als typische Reaktion der demoralisierten herrschenden Klasse Westeuropas auf die Anwesenheit der Wikinger gewertet werden. Der Vertrag von St. Clair-sur-Epte wurde geschlossen zwischen einem Frankenkönig, dessen Nachfolger leicht auf den Gedanken kommen konnten, die ganze Sache rückgängig zu machen, und einem Wikingerführer, der seinerseits für das Benehmen der neuen Siedler nicht geradestehen konnte. Die Normandie wurde innerhalb einer äußerst unstabilen Gesellschaft aus der Taufe gehoben, einer Gesellschaft, die bis zum Halse in einem tiefgreifenden Umwälzungsprozeß steckte. Die Bildung der Normandie war, mit anderen Worten, ein Akt politischer Zweckdienlichkeit, der sich erfüllen konnte oder auch nicht. Die ersten Begründer des Herzoggeschlechtes der Normandie, Rollo (911–931) und sein Sohn Wilhelm Langschwert (931–942), nahmen den Titel eines Grafen von Rouen an. Rollos Enkel Richard I. nahm für sich den Titel eines „Markgrafen der Normannen" in Anspruch und hob auf sein „Königtum" ab. Aber erst 1015 nannte sich Richards Sohn und Nachfolger Richard II. Herzog und Patrizier und beanspruchte die Kirchengewalt sowie das Recht, Grafen zu ernennen.

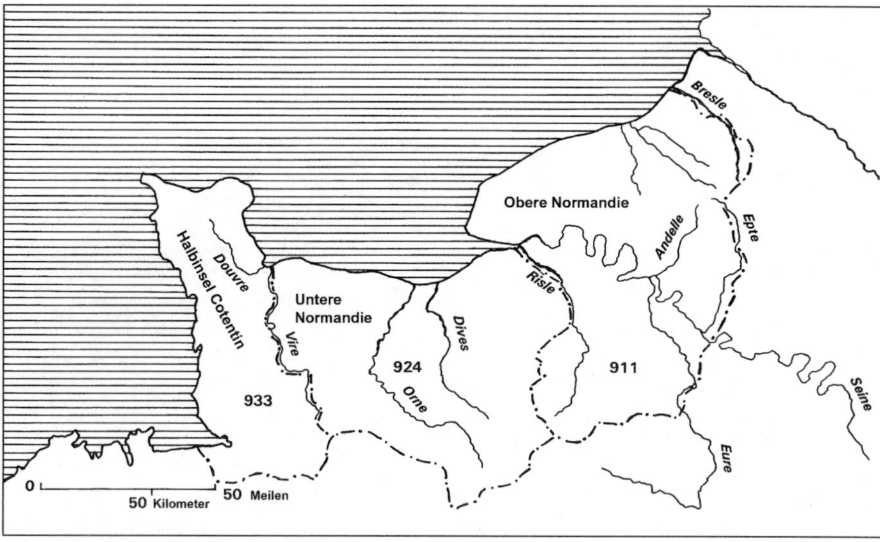

7 *Die Entwicklung der Normandie im 10. Jahrhundert*

Professor le Patourel hat auf den Unterschied zwischen der „Wikingerphase", die von Eroberung, Plünderung und Freibeutertum gekennzeichnet war, und der nachfolgenden „Feudalstufe" gegen Ende des 10. Jahrhunderts hingewiesen, als sich am Horizont das „Herzogtum" abzuzeichnen begann. Die frühen „Herzöge" warfen konkurrierende Gruppen von anderen Siedlern kurzerhand aus ihrem Gebiet heraus, was ihnen beträchtlichen Zugewinn an Land und Gut eintrug. Aber ebenso übernahmen sie die Machtbefugnisse der früheren karolingischen Grafen, die sie ausbauten und sich dadurch Wälder und Forste, das Recht der Münzprägung und Steuererhebung sowie die Burgen sicherten.

Das junge Herzogtum sah sich von Anfang an inneren und äußeren Schwierigkeiten gegenüber. Besonders im Westen war es dem Druck seitens der Bretonen und Skandinavier ausgesetzt. Zudem erhoben sich 925 die Einwohner von Bayeux, das erst 924 unter normannische Herrschaft geraten war. Trotz dieser und anderer Beeinträchtigungen waren die Normannen fast von Beginn an außerhalb ihres Herzogtums aktiv. So ist überliefert, daß Normannen aus Rouen 923 Seite an Seite mit dem Heer Karl des Einfältigen im Gebiet von Beauvais kämpften. 924 plünderten die Normannen Amiens und Arras nordöstlich ihres Herzogtums und stießen im Osten bis Noyon vor, und es gibt immerhin Anzeichen für normannische Tätlichkeiten selbst in der Bretagne. Anscheinend haben die normannischen Befehlshaber ihre Herrschaft zuerst auf solche Gebiete ausgedehnt, die sie zu unterwerfen in der Lage waren, eine Taktik, die Wilhelm der Eroberer später in Wales anwenden sollte. 925 wurde Rollo im Osten bei Eu geschlagen, einer Stelle an der späteren normannischen Grenze. Rollo starb um 931. Nachfolger wurde Wilhelm Langschwert (931–942), sein Sohn **(Farbtafel 3)**. Die Annahme des Christentums war in der ersten Hälfte des 10. Jahrhunderts oftmals eine bloße Äußerlichkeit, die den wikingischen Landhunger nicht unmittelbar zu stillen half. Was Rollo betrifft, so soll er auf dem Totenbett nicht nur wohltätige Gaben an Kirchen, sondern auch Menschenopfer befohlen haben. Die Übertritte zum Christentum nahmen übrigens ein solches Ausmaß an, daß der Erzbischof von Rouen mit Hilfe des Erzbischofs von Reims ein Handbuch für Konvertiten herausgab, das 23 Textstellen umfaßte.

8a *Außenansicht des herzoglichen Schlosses in Fécamp*

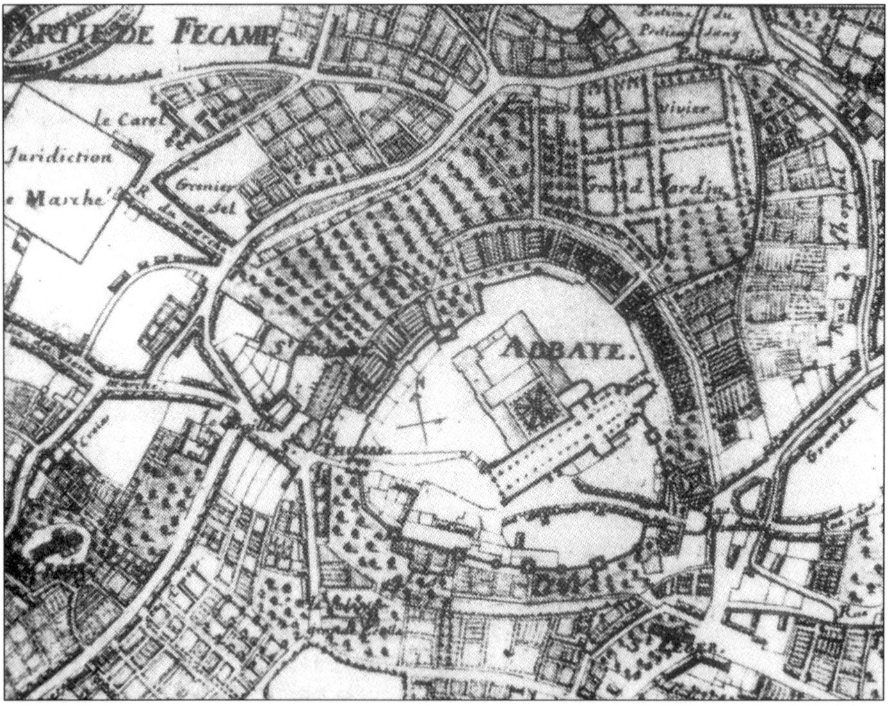

8b *Das Kloster Fécamp und Umgebung, Karte aus dem 18. Jahrhundert*

933 auf 934 scheint es einen Aufstand unter Führung eines reichen Skandinaviers namens Rioul gegeben zu haben, der von Wilhelm niedergeschlagen wurde. Von diesem zweiten Beherrscher der Normandie wissen wir verhältnismäßig wenig, aber sicher ist, daß in seine Regierungszeit die beschleunigte Annahme fränkischer Sitten und Gebräuche fiel. Wilhelm ehelichte eine Christin, Liutgard, Tochter von Graf Herbert II. von Vermandois, die eine Mitgift nach fränkischem Brauch mitbrachte. Ebenso wurde die Münzanstalt von Rouen im Sinne ihrer ehemaligen karolingischen Betreiber wieder ins Leben gerufen. Allerdings wurden die Namen der Frankenkönige durch Wilhelms eigenen Namen ersetzt. Zudem scheint Wilhelm den Bau eines Schlosses in Fécamp in Angriff genommen zu haben, unter Verwendung von Sklaven und nach dem Vorbild befreundeter fränkischer Fürsten im Norden **(8a, b)**.

Verschiedene Besonderheiten der karolingischen Kirche wurden in der ersten Hälfte des 10. Jahrhunderts wieder eingeführt. Ländereien wurden ihr zurückgegeben, und Bayeux wurde wiedergegründet und dem Kloster von Cluny (gegr. 909) unterstellt. St. Ouen, Jumièges, Mont-St.- Michel – sie alle wurden auf die eine oder andere Art begünstigt. Das Kloster St. Ouen in Rouen zum Beispiel erhielt, nachdem es wiedergegründet worden war, nicht nur seine Reliquien zurück, sondern auch seine Landgüter, die ihm von den Wikingern entrissen worden waren. Wilhelm Langschwert überwachte die Restauration des Klosters von Jumièges höchstpersönlich, und Richard I. machte es bei Mont-St.- Michel, St. Wandrille und Fécamp genauso.

Wilhelms Ermordung im Jahre 942 durch Arnulf von Flandern stürzte das junge Fürstentum ins Chaos. Nachfolger war sein kleiner Sohn Richard I. (942–996), Frucht der Verbindung mit seiner bretonischen Geliebten. Zwischen 942 und 946 war die Normandie dem gleichen Druck der Ereignisse ausgesetzt, der schon so viele normannische Fürstentümer zerstört hatte. Skandinavische Kriegsscharen mischten sich gewaltsam ein, und ein gewisser Harald baute sich in Bayeux ein Machtzentrum auf, während sich in der Provinz außerdem eine Gegenbewegung auf die Annahme des christlichen Glaubens bildete, die von einem heidnischen Normannen mit Namen Turmod ausging. Darüber hinaus gab es periodisch auftretende Versuche fränkischer Könige, die Normandie zurückzuerobern, wobei sich König Ludwig IV. besonders hervortat, aber sie waren wegen der tiefsitzenden Rivalitäten im Westlichen Reich meist zum Scheitern verurteilt. Es gab auch noch andere Auseinandersetzungen; diese waren das Ergebnis örtlicher Aufstände in der Normandie sowie Ausfälle gegen die Franken, um Beute zu machen. Nach 965 scheint Richard, nach einem gemeinsamen Angriff von Flandern und Anjou auf Rouen, seine Angriffe auf die fränkischen Könige eingestellt und sich auf die Befriedung der Normandie konzentriert zu haben, eine Taktik, die unzweideutig viel zum Überleben des Fürstentums beigetragen hat. Damit hatte Richard die Turbulenzen zu Beginn seiner Regierungszeit glücklich überstanden und konnte nun daran gehen, seinem Land für den überwiegenden Rest des 10. Jahrhunderts eine verhältnismäßig stabile Regierung zu bescheren.

Das wikingische Vermächtnis

Über das Ausmaß der wikingischen Einwanderung in Frankreich im Laufe des 10. Jahrhunderts hat es schon manche gelehrte Auseinandersetzung gegeben. Obwohl mit Hilfe von Ortsnamen bewiesen werden kann, daß es in festumrissenen Bezirken eine bedeutende Einschleusung gegeben hat, ist die Bevölkerung der Normandie zweifellos überwiegend fränkisch geblieben. Rollo und seine Nachfolger haben Verwaltung und Kultur rasch dem fränkischen Leben angepaßt. Die Sprache der Macht blieb geschlossen die der Karolinger, so etwa *regnum*, *dux*, *comes* und *fidelitas*. Die Normannen sammelten Bündel von Rechtsnormen, die einstmals im Namen der Franken ausgeübt worden waren, und paßten sie ihren eigenen Bedürfnissen an. Solche Rechtsvorschriften waren es, die die Steuer- und Finanzverwaltung der normannischen Herzogsmacht begründeten.

Wie es so üblich war, wurden die neuen normannischen Führer durch Eheschließungen bereitwillig in die fränkische Gesellschaft aufgenommen. Rollo heiratete Poppa, die Tochter des fränkischen Grafen von Bayeux, und Wilhelm Langschwert später die Tochter eines anderen fränkischen Grafen. Die Form der Regierung durch Versammlungen der näheren Umgebung, ein Herzstück der skandinavischen Verwaltung, konnte auf normannischem Boden keine Wurzeln schlagen, doch trotzdem ereignete sich in der Herrenschicht ungeachtet der durchgehenden Beibehaltung bestehender Einrichtungen mancher Bruch.

Die skandinavische Sprache hielt sich im *Danelaw* von England länger als in der Normandie, denn die Einwanderung nach England war größer, und das Angelsächsische und das Skandinavische ähnelten einander. Anders in Nordfrankreich, wo die fränkische Sprache dominierte und bereits eine Art frühes Französisch gesprochen wurde. Wohlbekannt ist die Geschichte von Wilhelm Langschwert, der seinen Sohn nach Bayeux schicken mußte, weil in Rouen kein Skandinavisch mehr gesprochen wurde. Dort galt es nämlich als eine minderwertige Sprache. Bestimmte skandinavische Traditionen überlebten jedoch vor Ort; noch im 11. Jahrhundert hatten die Herzöge das Recht, jemanden in die Verbannung zu schicken (*ullac*), auf Unzucht und Mord wurden besondere Befugnisse in Anwendung gebracht, Gesetze der See hinsichtlich des Zugriffs auf gestrandete Schiffe wurden beibehalten, es gab „partible“ Erbschaften, und die strenge normannische Regierung unterschied scharf zwischen Kriegern und Bauern. Obwohl in einigen Teilen der Normandie noch bis ins 11. Jahrhundert Norwegisch gesprochen wurde, nahmen die Normannen die fränkische Kultur schnell an, und ihre Sprache vereinte nördliche und örtliche Bestandteile, die im täglichen Leben gebraucht wurden.

Aus den Ortsnamen läßt sich ableiten, daß in der Normandie neben den Siedlern, die direkt aus Skandinavien kamen, auch solche Einlaß fanden, die davor zeitweise in anderen Ländern gelebt hatten. So legen Ortsnamen mit angelsächsischem Bezug in der Gegend um Caux die Einwanderung von Skandinaviern und anderen nahe, die eine Zeitlang in England gelebt hatten, während keltische Toponyme im Norden der Halbinsel Cotentin auf eine irisch-skandinavische Besiedlung hinweisen, ein Bewegungsmuster, das dem von Irland nach Nordengland entsprach. Mischformen in den Ortsnamen sind allgemein üblich, wie zum Beispiel skandinavische Personennamen, die in *ville* enden, wie etwa Tocqueville (=Tokis ville) oder Auberville (=Osberts ville). Ein weiterer gebräuchlicher skandinavischer Namensbestandteil war *bec* – Bach. Die größte Dichte an skandinavischen Ortsnamen lag innerhalb von Cotentin und auf der Seeseite der Unteren Normandie vor **(9)**. Die Ortsnamen beweisen eine starke frühe Besiedlung im Bereich der Küste, lassen aber gleichzeitig erkennen, daß die Skandinavier lieber bestehende Dörfer übernahmen, als neue Siedlungen zu gründen. In der Gegend um Bayeux zeigen die Ortsnamen an, daß die Skandinavier es vorzogen, in Randgebieten zu siedeln statt in dicht bevölkerten Abschnitten. Im Anschluß an die einleitende Besiedlungsphase durch die Wikinger hat es offenbar nur eine relativ geringe weitere Kolonisation gegeben. Selbst in den Gebieten mit einer hohen Dichte von skandinavischen Ortsnamen, auf der Halbinsel Cotentin oder um Caux zum Beispiel, übertreffen sie an Zahl die bereits bestehenden fränkischen Namen nicht. Andererseits wurde es zunehmend chic, skandinavische Personennamen zu gebrauchen. Diese Mode hatte weiterhin Bestand, als die Sprache längst nicht mehr gesprochen wurde, und noch im 11. Jahrhundert gab es normannische Adelige, die sowohl einen skandinavischen wie einen französischen Namen trugen, etwa Thorstein und Richard. Viele Normannen nahmen nach Unteritalien skandinavische Namen mit wie Toroldus, Torstenns, Osmundus und Osbernus, aber innerhalb einer Generation wurden diese Namen von solchen karolingisch-deutscher Herkunft abgelöst.

Alle ihre skandinavischen Eigenschaften legten die Normannen nicht ab. So wird berichtet, daß Rollo, bevor er Graf von Rouen wurde, königliches Land übereignet bekam, das er zur Wüste

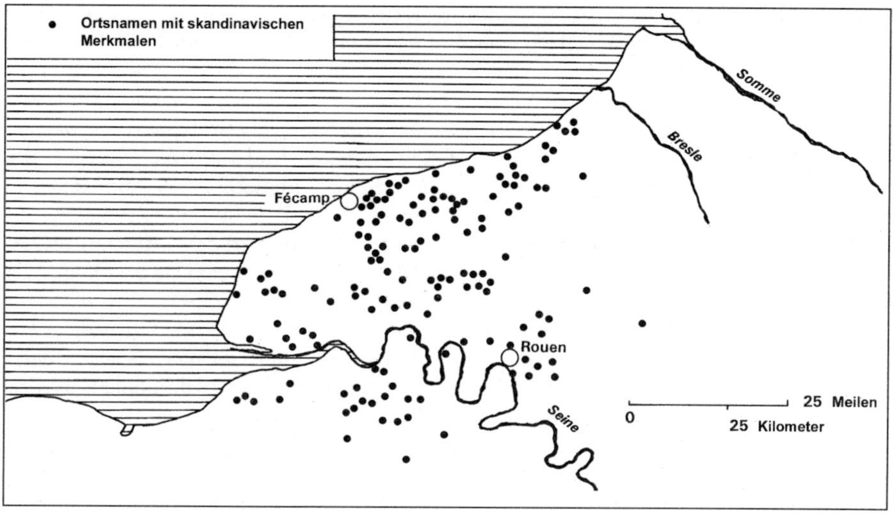

9 *Eine Übersicht der skandinavischen Ortsnamen in der Normandie*

machte und seinen Gefolgsleuten überließ. 935 wurde in Rouen ein Wikingerheer ausgerüstet, um in der Nähe von Therouanne zu plündern und Beute zu machen, und bei mancher Gelegenheit wurde den Wikingern im 10. Jahrhundert von den Normannen gestattet, ihre Häfen als Stützpunkte für Überfälle in England zu benutzen. Es liegen sogar Beweise vor, daß die Normannen Wikinger für ihre Feldzüge angeheuert haben. Im Falle Therouanne ist überliefert, daß die skandinavischen Räuber beim Vorrücken von König Ralphs französischer Streitmacht ihre Gefangenen erdrosselten und versuchten, schnell das Weite zu suchen. Bis etwa 1025 hielten die Normannenherrscher Rouen für wikingische Beutezüge offen und profitierten beträchtlich davon, den Seeräubern notwendige Güter zu verschaffen. Den Rouener Sklavenmarkt hatten sie allerdings bereits um 1000 geschlossen. Der letzte Hinweis auf Sklavenhandel datiert aus dem späten 10. Jahrhundert, als auf den „Seeräubermarkt Rouen" angespielt wurde.

Verbindungen mit dem skandinavischen Norden stellten sich als bemerkenswert langlebig heraus. Herzog Richard II. (996–1027) traf ein Abkommen mit dem dänischen König Sven Gabelbart, um die Verteilung der Beute zu regeln, die letzterer bei seinem Einfall in England nach der Niederlage von Ethalred dem Unfertigen gemacht hatte. Ungefähr zur gleichen Zeit tauchten Männer aus der Normandie auf, um Seite an Seite mit Skandinaviern 1014 in Irland die Schlacht von Clontarf zu schlagen, und ein Ire, der als Sklave nach Corbridge in Northumberland verkauft worden war, fand seine Frau nach einer langen Reise in Le Vaudreuil in der Normandie wieder.

Als Ergebnis der Schenkung, die Rollo 911 beim Flüßchen Epte gemacht worden war, war im Norden Frankreichs ein neues politisches Gebilde entstanden. Wesentlich für das Verständnis der Geschichte dieses Landesteiles ist eine Ahnung von den Wirkungen, die die skandinavische Besiedlung auf die Gesellschaft dieser Provinz gehabt hat. Das betörende Bild einer Wikingergemeinschaft, die ihre Angriffslust anderthalb Jahrhunderte lang bewahrte, ist eine allzu einfache Erklärung für die Ausdehnung der Normannen von 1020 an. Gesellschaftlicher und politischer Wandel setzt jedoch weit mehr voraus. Jene 155 Jahre zwischen 911 und 1066 stellen eine vielschichtige Epoche dar, in der die skandinavischen Siedler die meisten Eigenschaften und Besonderheiten, die sie als Wikinger kennzeichneten, abwarfen und die Bewohner eines wohlgeordneten Fürstentums innerhalb fester Grenzen wurden. Als die Nordmänner Schritt für Schritt die fränkische Kultur übernahmen, betrachteten sie sich selbst allmählich als Franken, obwohl noch 987, als Hugo Capet in Noyen zum König von Frankreich ausgerufen wurde, die Normannen als Dänen bezeichnet wurden. Doch unter einer Szene auf dem Teppich von Bayeux, die wohl in den 1070ern spielt, ist zu lesen: „Hier fielen die Engländer und die *Franken* in der Schlacht.“ Bis zur Mitte des 11. Jahrhunderts hatte sich die Kampftechnik der Normannen so sehr gewandelt, daß sie keine nennenswerte Flotte mehr hatten und für die Invasion von England Schiffe bauen und beschlagnahmen mußten. Wenige Jahre später erwähnte der Geschichtsschreiber Gilbert, daß Bohemund, der Herrscher von Unteritalien, ein Franke sei, weil er aus der Normandie stamme, „die ein Teil von Frankreich ist“.

Mit ihren eigenen Gefolgsleuten hatten Rollo und seine Nachfolger keine Schwierigkeiten. Die wurden ihnen, ähnlich wie in anderen Teilen Europas, von früheren Untergebenen bereitet, die sich eigene Machtpositionen geschaffen hatten. Seit dem Ende des 10. Jahrhunderts wurden in der Normandie Burgen gebaut, woran sich die Militarisierung des Herzogtums ablesen läßt. Mit dem wachsenden Organisationsgrad des einheimischen Adels wurden Privatkriege trotz der starken Stellung der Herzöge immer häufiger.

Während des gesamten 10. Jahrhunderts unterschied sich das normannische Herzogtum nur unwesentlich von seinen Nachbarn, mit der Ausnahme seines skandinavischen Anstrichs vielleicht. Dieses Jahrhundert hat uns nur verhältnismäßig wenig an dokumentarischen, archäologischen und architektonischen Beweisen hinterlassen, und was wir daraus ableiten können, das bietet nicht viel an Anzeichen der dramatischen Erfolge auf der politischen und militärischen Bühne, deren sich die Normandie im 11. Jahrhundert erfreuen konnte. Auf dem politischen Sektor blieb die Normandie dabei, ein sich fortwährend änderndes Netz wechselnder Bündnisse zu knüpfen, dessen Maschen oftmals durch Eheschließungen mit anderen nordfranzösischen Fürstentümern gesponnen wurden. Hier war insbesondere ihr Verhältnis zum Königsgeschlecht der Kapetinger von grundlegender Bedeutung.

Leider tröpfeln die Quellen, die das 10. Jahrhundert vor unseren Augen wiedererstehen lassen, verhältnismäßig spärlich, aber im 11. Jahrhundert werden sie schon ergiebiger, ein Faktum, das die geänderten gesellschaftlichen Bedingungen widerspiegelt. Das Jahr 1000 sah die Normandie noch recht rückständig; unter der Fuchtel reicher Machthaber und mit einer Kirche, die von Reformbewegungen, welche anderswo schon einigen Einfluß entwickelten, weitgehend unberührt war, und mit einem Adel, der sich von Strukturänderungen, die in anderen Gegenden Frankreichs Raum griffen, nicht beeinflussen ließ. Nun trat die Normandie in ein 11. Jahrhundert ein, in dem die bestimmende Macht von den Beherrschern früherer karolingischer Staaten gebildet wurde, deren örtliche Unabhängigkeit sich im Laufe des späten 10. Jahrhunderts durchweg dem harten Wettbewerb einer außergewöhnlich gewalttätigen Welt stellen mußte.

2 *Die Normandie in der ersten Hälfte des 11. Jahrhunderts*

Im Verlauf des 11. Jahrhunderts brach die Normandie ihre starken kulturellen und politischen Verbindungen mit Skandinavien endgültig ab und streckte ihre Fühler nach Südeuropa und dem Mittelmeerraum aus. 1018 gibt es erste Anzeichen einer militärischen Präsenz der Normannen in Unteritalien, und der Zug von Roger de Tosny gegen die Mauren in Spanien fällt ungefähr in denselben Zeitraum. Den Schlußstein für die Bindungen nach Norden scheint die skandinavische Eroberung von England durch Sven Gabelbart und seinen Sohn Knut gesetzt zu haben, als die Normannen sich den Angelsachsen an die Seite stellten, um Ethalred zu unterstützen. Das setzte sich fort, als der englische Thronprätendent Eduard der Bekenner an den Hof Herzog Richard II. in der Normandie ins Exil ging.

Am Ende des 10. Jahrhunderts hatte die Normandie bereits viele Regierungsmerkmale der zeitgenössischen fränkischen Fürstentümer übernommen. Manche karolingische Regierungseinrichtung und Gebietsgrenze hatte die Wikingerperiode überstanden; das hat zum Austausch besonderer Fußnoten zwischen Historikern geführt, die beobachtet haben, daß die frühen Normannenherrscher des Herzogtums bestehende fränkische Einrichtungen ebenso entschieden übernommen hatten, wie sie das später in England und im Mittelmeerraum dementsprechend gehandhabt haben.

Mit der Jahrtausendwende war das Westkarolingische Kaiserreich in sich zusammengebrochen, doch der neue König aus dem Geschlecht der Kapetinger, der in Paris seinen Wohnsitz hatte, war sein legitimer Erbe. Das nordwestliche Frankreich hatte sich zu einem Gebiet mit einer Anzahl so gut wie autonomer Fürstentümer entwickelt: Flandern, Ponthieu, Maine, die Bretagne und die Normandie. Östlich davon lag das in der Entstehung begriffene Königreich der Kapetinger, mit dem diese Fürstentümer von Zeit zu Zeit Bündnisse schlossen. Auf dem Papier schuldeten die eigenständigen Fürstentümer der französischen Krone Treue, aber zu diesem Zeitpunkt entwickelten die meisten von ihnen in Wirklichkeit mehr Macht als die Monarchie selbst. In der ersten Hälfte des 11. Jahrhunderts wurde die Normandie zu einem wohlgeordneten Staatswesen mit einem mächtigen Heer. Ihre Streitkräfte setzten die normannischen Herzöge in die Lage, in der Politik des nordwestlichen Europa erfolgreich mitzumischen und in die Verhältnisse anderer Fürstentümer politisch und militärisch einzugreifen. So wurde die Normandie, indem sie ein nach Bevölkerung und Verwaltung im Grunde karolingisches Gerüst errichtete, im 11. Jahrhundert fähig, Adel, Kirche, Mönchstum und Kultur neu und machtvoll zu entwickeln. „Das führte dazu, daß die Normannen ein neues Staatswesen und eine neue Gesellschaft hervorgebracht hatten, die nicht länger zur skandinavischen Welt gehörten, sondern in der ersten Reihe der militärischen und kulturellen Entwicklung der Franzosen standen“ (Ralph Davis).

Die lange Regierungszeit von Richard I. endete 996, als sein Sohn Richard II. ihm nachfolgte, der erste normannische Herrscher, der sich selbst „Herzog“ nannte. Die Annahme dieses Titels reihte Richard in die kleine auserlesene Schar der fränkischen Herzöge ein. Bezeichnenderweise weigerten sich die Kapetinger so lange, den Titel anzuerkennen, bis sie 1204 selbst „Herzöge der Normandie“ wurden. Herzog Richard II. (996–1027) ehelichte Judith, Tochter von Herzog Conan I. der Bretagne. So wurde mit dem alten Feind ein Bündnis geschmiedet. Richard erwies sich als ein Herrscher, der sowohl in weltlichen als auch in kirchlichen Angelegenheiten als Erneuerer wirkte. In Richards Regierungszeit als Herzog (1026–1027) erwarb die Normandie viel von dem, was ihr in der Zeit der Invasion von England eigentümlich war. Richard II. starb ohne männlichen

Erben, ein Umstand, der einigen Zeitgenossen geradezu verdächtig vorkam.

Der reformfreudige Richard hatte wohl auch die Nachfolgeregelungen einer Änderung unterzogen, und so konnte er von seinem jüngeren Bruder Robert (1027–1035) als Herzog beerbt werden. Robert war der Tochter von König Knut anverlobt, doch er starb auf der Rückreise von einer Pilgerfahrt nach Jerusalem in Nizäa in Kleinasien **(Farbtafel 5)**. Roberts kurze Regierung in Verbindung mit langer Abwesenheit von der Normandie war von politischen und militärischen Störungen sowie Auseinandersetzungen mit der Kirche geprägt, Bedingungen, die sich in den ersten Jahren der Herrschaft seines illegitimen Sohnes und Nachfolgers, Wilhelm II. (1035–1087), weiter verschlechterten. Wilhelms letztendlicher Triumph über Widerstände innerhalb und außerhalb des Herzogtums erlaubte ihm, eines der mächtigsten Fürstentümer Europas zu errichten. Im wesentlichen waren es diese drei Herzöge aus dem 11. Jahrhundert, die eine Normandie formten, welche es sich zutrauen konnte, das angelsächsische England zu besiegen und zu beherrschen. Noch wissen wir vergleichsweise wenig über die ersten beiden Herzöge. Auch unsere Kenntnisse über Wilhelm selbst sind, in Anbetracht seiner üppigen Rolle innerhalb der europäischen Geschichte des 11. Jahrhunderts vielleicht überraschend, nur begrenzt.

Das normannische Heer

Der Aufstieg der Normandie zu einem mächtigen Fürstentum fand bei den Nachbarn Anjou, der Bretagne und Flandern seine Entsprechung. In jedem dieser Proto-Staaten bauten seine Fürsten eine überzeugende Infrastruktur mit Festungen und neu eingerichteten Machtzentren auf. Somit unterschied die Normandie auf den ersten Blick in der ersten Hälfte des 11. Jahrhunderts wenig von ihren Nachbarn. Obwohl der Neuaufbau der staatlichen und kirchlichen Einrichtungen von beträchtlicher Bedeutung zur Bildung ihrer Macht war, war der größte Aktivposten der Normandie ihr Heer. Man kann den Stellenwert eines leistungsfähigen Militärwesens im Rahmen des fränkischen Kosmos gar nicht hoch genug ansetzen, und die normannischen Herzöge hatten ein Gutteil ihres Einflusses der Stärke auf diesem Gebiet zu verdanken. Der Teppich von Bayeux hebt mit seinen Bildern den Stellenwert, den der militärische Organisationsgrad der Normannen innerhalb der Vorbereitungen für die Invasion des Jahres 1066 einnahm, gebührend hervor. Er betont besonders den Vorrang von Ausrüstung und Nachschub – Helme, Rüstungen, Schwerter, Lanzen, Äxte, Wein in Fässern und Schläuchen, und das Aufstellen und Sammeln der Invasionsflotte in der ungewöhnlich kurzen Zeit von acht Monaten **(10)**.

Im 11. Jahrhundert setzte die Normandie, ungeachtet ihres wikingischen Ursprungs, hauptsächlich landgestützte Heere ein. Der Flotte kam nur begrenzte Bedeutung zu, die sich ausdrücklich auf Auseinandersetzungen mit Nachbarländern beschränkte. Es ist allgemein bekannt, daß die normannische Reiterei zum Sieg in Hastings einen wichtigen Beitrag geleistet hat, wie überhaupt die Liebe der Normannen zu ihren Pferden sprichwörtlich war. Auch dies kommt auf dem Teppich von Bayeux gebührend zum Ausdruck. In der normannischen Kavallerie kamen Pferde zum Einsatz, die als *Destrier* bekannt waren und dafür, daß sie einen schwergerüsteten Reiter tragen konnten, ohne ihre Beweglichkeit einzubüßen, und die in einer Reihe von Feldzügen ihre Wirkung entfalteten. Die Normannen richteten ihre Pferde unter kriegsähnlichen Bedingungen ab und führten sogar Streitrösser aus dem arabisch besetzten Spanien oder aus Nordafrika ein, um sie in eigens dafür eingerichteten Anlagen zu züchten **(11)**.

Im 10. Jahrhundert wurde die Normandie von einem Geschlecht von Grafen regiert, doch als Richard II. sich selbst zum Herzog gemacht hatte, ernannte er seinerseits alsbald eine

10 *Militärische Vorbereitungen der Normannen auf die Eroberung von England, wie sie auf dem Teppich von Bayeux beschrieben werden*

Reihe von Grafen, die er sich unterstellte und in militärisch wichtige Abschnitte setzte, beispielsweise nach Avranches auf der Halbinsel Cotentin, um die bretonische Grenze zu bewachen, nach Ivrey in der Grafschaft Blois-Chartres und nach Eu nahe der Grenze zu Flandern. Diese Grafen stammten nicht aus den Reihen des örtlichen Adels, sondern waren ausnahmslos in direkter Linie mit ihm verwandt. Dies trug in hohem Maße zur bemerkenswerten inneren Einheit der Normandie bei, ohne die Rolle, die der ausgedehnte Grundbesitz des Herzogs und seine absolute Macht über die Kirche wegen seines Rechts, Bischöfe zu ernennen und Klöster zu gründen, spielte, zu unterschätzen.

Seit dem späten 10. Jahrhundert rekrutierten die Normannen Söldner mit besonderen Fähigkeiten aus dem Ausland. Als Wilhelm der Eroberer Ritter aus Flandern und der Bretagne, der Picardie und dem Artois in seine Invasionsarmee einreihte, da folgte er nur dem Beispiel seiner Vorgänger. Familien wie die Tosnys und Bellêmes, die fränkischer Abstammung waren, und die Taisons aus Anjou leisteten für die Normannenherzöge Militärdienste. Viele dieser „ausländischen" Ritter gingen rasch im normannischen Adel auf; tatsächlich aber hatten nur wenige der großen Barone, die späterhin in der anglo-normannischen Politik eine bedeutende Rolle spielten, ihre Ländereien in der Normandie vor 1030 erworben. Und in der Mitte des 11. Jahrhunderts gab es, wenn überhaupt, nur wenige normannische Barone, deren Wikingerblut nicht durch Heirat verdünnt gewesen wäre, und viele von ihnen hatten nicht einmal wikingische Vorfahren. Der Standpunkt, daß die Normandie sich im 11. Jahrhundert großenteils durch den Zustrom mächtiger und einflußreicher Persönlichkeiten aus Frankreich und anderen Ländern regeneriert habe, wird von vielen Wissenschaftlern geteilt. Es gibt aber auch einen anderen Befund: daß man die Bedeutung der Hinzuge-

11 *Normannischer Kavallerist aus dem 12. Jahrhundert mit Hochsattel und Steigbügeln*

kommenen zwar nicht herabsetzen wolle, aber viele Familien, die im 11. Jahrhundert an herausragender Stelle gewirkt hatten, bereits im 10. Jahrhundert im Herzogtum ansässig gewesen seien, man ihre Anwesenheit damals aber wegen der Dürftigkeit der frühen Dokumentation nicht belegen könne.

Die normannische Kirche

Die Normannenherzöge betrachteten die Kirche in ihrem Herzogtum als eine weitere Säule ihrer Macht. Nächst dem Heer trug die Kirche am meisten zum Erfolg der Normannen bei. Ganz wie die Neuordnung des normannischen Adels im 11. Jahrhundert das, was später in England geschah, vorwegnahm, so diente die Reform der Kirche der Normandie als ein Muster, das bei der späteren Schaffung des anglo-normannischen England beibehalten wurde. Da die weltlichen und kirchlichen Grenzen im wesentlichen willkürlich gezogen waren, war die Normandie für eine Verschmelzung von Kirche und Staat gut aufgestellt. Eine Nebenwirkung dieser Stärkung der Kirche war, daß sich im frühen 11. Jahrhundert Außenseiter vermehrt von ihr angezogen fühlten. So erlangten die Kirchenmänner der Normandie später im 11. Jahrhundert einen gewaltigen Ruf als Neuerer, deren Gelehrsamkeit europaweite Anerkennung fand.

Obwohl die Skandinavier das Christentum angenommen hatten und begannen, die Klöster, die sie wenige Jahre zuvor ausgeplündert hatten, wiederaufzubauen, sah das bei der normannischen Kirche des 10. Jahrhunderts noch ganz anders aus. Abgesehen von der Ordensgemeinschaft von Mont-St.-Michel an der normannisch-bretonischen Grenze, die ein beträchtliches künstlerisches Geschick im Sammeln und Kopieren von Manuskripten erworben hatte, gab es in der Normandie des 10. Jahrhunderts nur wenige Hinweise auf künstlerische und architektonische Leistungen. Tatsächlich gab es sogar Anzeichen für eine bestimmte Dekadenz. So berichtete der anglo-normannische Geschichtsschreiber Orderic Vitalis, daß die frühen Priester dänischer Abstammung in der Normandie von Waffenhandwerk und Konkubinat nicht lassen konnten und, als kirchlicherseits Reformen eingeführt wurden, eher das erstere als letzteres aufgeben wollten.

Bis 990 war der Rahmen der Diözesen in der Provinz Rouen aufs neue gerichtet. Er umfaßte die sechs Suffraganbistümer von Avranches, Coutances, Bayeux, Sees, Lisieux und Evreux **(12)**. Die Bischöfe von Coutance im fernen Westen konnten sich in ihrer dortigen Kathedralstadt noch für einige Jahrzehnte nicht niederlassen. Den entscheidenden Schritt für die normannische Kirche bedeutete 1001 die Entscheidung von Herzog Richard II., den Kirchenreformen weiter südlich in Burgund für sich eingenommen hatten, die weltlichen Bediensteten in Fécamp durch eine Gemeinschaft von Mönchen zu ersetzen. Fécamp war herzogliches Machtzentrum in der oberen Normandie, wo Richard schon ein Schloß hatte. Der Herzog sah sich nach Unterstützung von außerhalb um, und es gelang ihm, einen berühmten Kirchenreformer in die Normandie zu ziehen, nämlich den Italiener Wilhelm von Volpiano (oder Wilhelm von Dijon), Abt vom Kloster St. Benignus in Dijon. Wilhelm war in der berühmten Benediktinerabtei von Cluny ausgebildet worden, wo er grundlegende Neuerungen eingeführt hatte. Einmal in Fécamp, nutzte er die Abtei als Basis, um die Kirche im gesamten Herzogtum zu kräftigen und zu stärken. Herzog Richard stattete Fécamp mit einer stattlichen Reihe von Landpfarreien aus und verlieh ihm weitreichende Priviligien, darunter auch die Befreiung von jeder äußeren, herzoglichen oder kirchlichen, Amtsgewalt. Fécamp war außerdem mit der Weihe und Einsetzung von Priestern betraut, eine Aufgabe, die es zu einer Ausbildungsstätte für den Klerus und zu einem Mittelpunkt der Evangelisierung machte. Richard hatte schon früher versucht, Mönche von Cluny nach Fécamp zu bringen, aber es war ihm nicht gelungen, und dem Anschein nach hat selbst Wilhelm von Volpiano zuerst Einwände erhoben, weil er erfahren habe, die Normannen würden die Tempel des Herrn lieber verwüsten als erbauen.

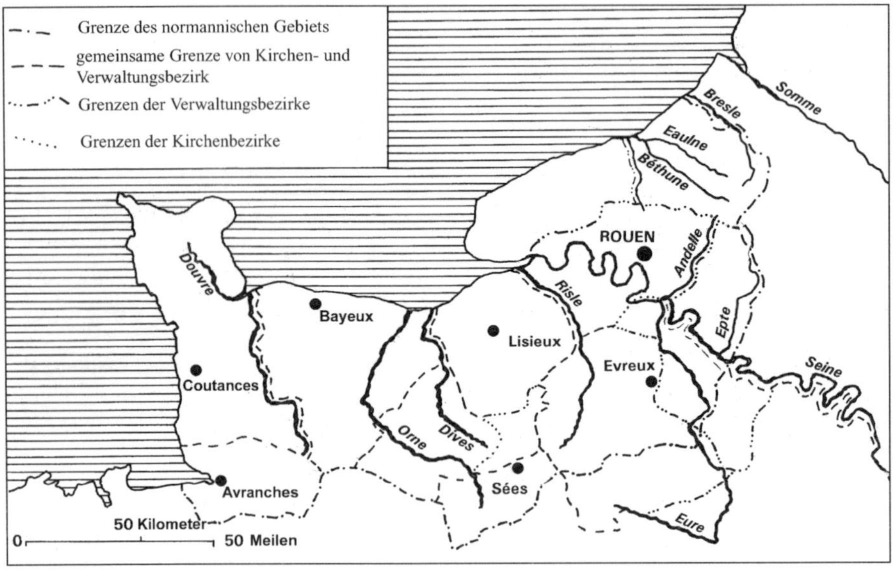

12 *Übersichtskarte mit einem Vergleich der Grenzen der Kirchenbezirke und der römischen Verwaltungsbezirke in der Normandie*

Wilhelms wichtigster Vertreter in der Normandie war ein gewisser Thierry (gest. 1027), der anscheinend mit den Montgomerys in Verbindung gebracht wurde, einer Familie, die zum „neuen Adel" der 1030er und 1040er gehörte. Thierry, der Prior von Fécamp wurde, war 1017 Abt von Jumièges und 1023 von Mont-St.-Michel geworden. Er trug zur Neuordnung der Diözesen von Bayeux und Coutances bei, indem er ihnen Güter verschaffte, die berechtigt waren, Steuern einzuziehen; indem er Stadtpfarreien errichtete und indem er bei der Gründung von neuen Klöstern mithalf **(13)**. Seine Wirkung auf die Qualität des religiösen Lebens in der Normandie war ebenso groß wie die auf den allgemeinen Einfluß der Kirche. Die Zahl der Klöster in der Normandie vermehrte sich von fünf im Jahre 1000 auf über 30 bis 1066, und Wilhelm allein soll zur Gründung von mehr als 20 von ihnen beigetragen haben **(Farbtafel 4)**.

Zusätzlich zu Wilhelm von Volpiano gab es noch andere bedeutende neue Mitglieder für die normannische Kirche aus dem Ausland. Darunter war ein weiterer Italiener, ein Geistlicher mit Namen Lanfranc, der die Abtei Bec von einer Stätte eher zweifelhaften Rufes zu einer der berühmtesten Einrichtungen Europas machte. Lanfranc wurde um 1005 in Pavia geboren und siedelte gegen 1039 in die Normandie über. Er begründete in Avranches eine Schule und trat drei Jahre später in das Kloster von Bec ein, wo er 1045 Prior wurde. Bec übte Anziehungskraft auf Schüler aus ganz Europa aus, die bekanntesten unter ihnen zwei Italiener, Anselm von Lucca, der spätere Papst Alexander II., und Anselm von Aosta. Der letztere zählte zu den größten Geistern des Frühmittelalters und war schließlich von 1093 bis 1109 Nachfolger von Lanfranc auf dem Stuhl des Erzbischofs von Canterbury, obwohl sein Prälatentum in England von politischer Kontroverse sowohl mit Wilhelm Rufus als auch mit Heinrich I. bestimmt war.

Auch andere Klöster wurden ausländischen Äbten unterstellt – Italienern wie Johannes von Fruttuaria Fécamp und Suppo von Fruttuaria Mont-St.-Michel sowie Isembard Teutonicus die Heilige Dreifaltigkeit. Rouen wurde als normannische Hauptstadt zu einem

13 *Das reichverzierte Äußere der Pfarrkirche zu Thaon bei Caen, 12. Jahrhundert*

Renommierzentrum, in dem Wohlstand und die Vorzüge der Gelehrsamkeit und der Geistigkeit zu Hause waren, und das Fäden spann zu den großen Klosterstätten von Burgund, Norditalien und selbst Rom. Lanfranc fungierte als Herzog Wilhelms rechte Hand bei der Weiterentwicklung und Stärkung des Bischofamts und seiner Gestaltung als Werkzeug der Regierung. Lanfranc ernannte und berief Wilhelms Kandidaten für vakante Bischofssitze: im Jahre 1049 Odo, den Halbbruder des Herzogs, nach Bayeux, obwohl der zu dieser Zeit dem Knabenalter kaum entwachsen und weit unter dem kanonisch vorgeschriebenen Mindestalter von 30 Jahren für einen Bischof war; ebenfalls 1049 Hugo nach Lisieux und 1048 Gottfried nach Coutances. Durch diese Ernennungen stellte er die Treue der Bischöfe und eine wirksame politische Kontrolle ihrer Pfründe sicher. Eine Quelle behauptet zudem, daß Lanfranc sich beim Papst für Wilhelm wegen dessen umstrittener Ehe mit Matilda verwendete, aber die oft erzählte Geschichte von seiner Reise nach Rom, um dort des Herzogs Fall vorzutragen, stimmt wohl nicht.

Später sollte Lanfranc als Prior von Wilhelms Abtei von St. Stephan in Caen (1063–1070) eine bedeutende Rolle in dessen Vorhaben spielen, Caen zu einem städtischen Ersatzzentrum von Rouen zu machen **(Farbtafel 6)**. In den 1050er und 1060er Jahren wurden in Mont-St.-Michel, Remy, Jumièges und Caen neue Abteikirchen gebaut. Obwohl diese neuen Kirchen stark an ihre Vorbilder in Burgund erinnerten, bedeuteten sie doch den Beginn eines neuen und eigenständigen normannischen Architekturstils **(14a und b)**. Sinnbild der Wiedererlangung der Bedeutung des Bischofsamts war der Bau neuer Kathedralen, die im Einklang mit dem Bau neuer Klöster und in deren Folge dem Bau neuer Pfarrkirchen sämtlich in Stein und im neuen „normannisch"-romanischen Stil ausgeführt wurden **(15a und b)**. Die Bezeichnung „normannisch" für den neoklassischen Stil in England von nach 1066 bis etwa 1200 gibt es nur in Großbritannien. In der Normandie ist dieser Stil als Romanisch oder, genauer, „Römisch" bekannt, denn in der Tat ist viel Westeuropäisches in ihm enthalten. In Frankreich wird der Terminus „Romanisch" gerne mit den

Nachbildungen der normannischen Architektur aus dem 19. Jahrhundert in Verbindung gebracht, besonders mit den Arbeiten von Viollet le Duc (1814–1879), dem französichen Architekten und Schriftsteller, der unter anderem die Altstadt von Carcassonne und von St. Ouen bei Rouen wiederhergestellt hat.

14a *Die Ostseite der Abteikirche Cerisy-la-Forêt aus dem 11. Jahrhundert*

14b *Innenansicht von Wilhelm des Eroberers Abteikirche St. Stephan in Caen*

Die normannische Gesellschaft

Es war das Auftauchen einer neuen Adelsschicht mit Familien wie den Beaumonts, den Bohuns und den Warennes, die den tatsächlichen Wechsel von der nach-karolingischen Ära zum echten Normannenzeitalter verdeutlichte. In der Mitte des 11. Jahrhunderts wirkte die neugebildete Herrenschicht im Rahmen eines Gebietsfeudalismus. In den mittleren Dekaden des 11. Jahrhunderts, während der Herrschaft von Herzog Wilhelm II. (vor der Schlacht von Hastings auch gerne „Wilhelm der Bankert" genannt), hatten die Normannen die feudale Ordnung aus anderen Teilen Frankreichs übernommen. Leibeigene wurden an ihre Scholle gebunden, Landgüter wurden erblicher Besitz, und die Barone, Bischöfe und Äbte waren als Gegenleistung für erhaltene Ländereien verpflichtet, den Herzog mit einer bestimmten Zahl von Rittern zu versorgen, die ihm bis zu 40 Tage im Jahr dienen mußten.

Der Normannenherzog war in seinem Herzogtum bei weitem der reichste Mann, und die Kontrolle über seine Untertanen und ihre Wirtschaft fiel straffer aus als bei jedem anderen europäischen Fürsten. Die Güter der Barone wurden bewußt klein gehalten. Die Burgen aus Holz und Erde nebst anderen Verteidigungsanlagen durften erst gebaut werden, wenn eine schriftliche Erlaubnis vorlag, und mußten auf Verlangen übergeben werden. In jeder Grafschaft waren die Gerichtsbarkeit, das Heer, das Eintreiben der Steuern und anderer öffentlicher Einkünfte sowie die Wahrung der Ordnung Sache der Viscounts, die unmittelbar vom Herzog ernannt wurden.

Trotz der Breitenwirkung dieses Feudalismus, der auf dem Papier die Bewohner an ihr Land band, war gerade die Beweglichkeit innerhalb der Grenzen von Europa ein bestimmender Wesenszug der fränkischen Gesellschaft des 11. Jahrhunderts. Hier taten sich besonders die Normannen hervor, namentlich von etwa 1025 an, als die herrschende Schicht der Normandie sich gegenseitig bekriegte und durch diese Unruhen im Lande besondere Bedingungen herrschten. Es war dies ein

15a *Ruine der Abteikirche von Jumièges, zeitgleich im 11. Jahrhundert mit Eduard des Bekenners Westminsterabtei gebaut (vgl.* ***Farbtafel 10****)*

15b *Der Westbau der Klosterkirche St. Georg in Boscherville. Die von zwei Türmen eingefaßte schlichte Vorderseite ist bezeichnend für den normannischen Baustil im späten 11. Jahrhundert*

Merkmal der feudalen Umwälzung, die, wie in anderen Gegenden Frankreichs, für den Bau von Burgen und die Unterwerfung ursprünglich freier Landbesitzer stand. Sie rief Umstände hervor, die unzweifelhaft die Wanderung von der Normandie nach Südeuropa und besonders Italien begünstigten. Was anfänglich ein Rinnsal an flüchtigen Verbrechern, unzufriedenen Rittern und Pilgern in den ersten Jahrzehnten des 11. Jahrhunderts war, schwoll nun zu einem Strom von jüngeren Söhnen und deren Gefolge an, begierig, in fernen Gegenden, wo Streitigkeiten zwischen unbedeutenden Nachbarstaaten an der Tagesordnung waren und der Sieger fast alles bekam, Reichtümer zu erbeuten.

Als eine Folge dieser Zeitläufte beruhte die Befriedung des Herzogtums durch Wilhelm den Eroberer nach 1050 auf der Mobilisierung seiner Barone gegen angrenzende Mächte. Die Normannen trugen ihre überlegenen Methoden der Kriegführung wie Kavallerie und Burgenbau in ihre neuen Länder. Wohin sie sich auch wagten, überall führten sie ihre beweglichen Herrschaftseinrichtungen mit sich, um die Geschlossenheit der Krieger zu wahren, die ihre Eroberungspläne durchführten. Wenn die Lords Ländereien gewannen, dann gaben sie fast immer einen großen Teil davon an ihre Vasallen als Belohnung für den Militärdienst weiter, den diese geleistet hatten. Dieser Wehrfeudalismus ermöglichte es Wilhelm, das Herzogtum zu beherrschen und die Normandie bei zahlreichen Gelegenheiten zu mobilisieren.

Das Wachstum der Städte

Eines der Charakteristika für den wirtschaftlichen und politischen Fortschritt im nordwestlichen Frankreich in dieser Zeit war die Entwicklung der Städte. Rouen war die bei weitem größte und blühendste normannische Stadt. Auf dem Gebiet des späteren Frankreich wurde es in der ersten Hälfte des 11. Jahrhunderts an Bedeutung wahrscheinlich nur von Paris übertroffen. Seine Lage am Ufer der schiffbaren Seine bedeutete ebenso direkte Verbindungen mit Paris und dem Inneren Frankreichs wie mit der normannischen Küste und darüber hinaus. Es war kirchliche und weltliche Hauptstadt der Normandie mit eigenem Recht. Seine Münzstätte ging bis auf die Zeit der Karolinger zurück, und im 10. Jahrhundert war es noch das Zentrum des wikingischen Sklavenhandels gewesen. Sein Standortvorteil, dem es seine Bedeutung zu verdanken hatte, war jedoch gleichermaßen auch sein Nachteil. Weil Rouen gegen Angriffe von der Flußseite aus sehr anfällig war, hatten die Normannenherzöge zum Ausgleich andere Machtzentren wie Fécamp und Caen gebildet.

In der Mitte des 11. Jahrhunderts blühte und gedieh das Stadtleben in der Normandie mit Rouen und den Bischofsstädten, von denen fast alle römischen Ursprungs waren, als Grundlage der Verwaltung und des Handels. Mit Bedacht förderte Wilhelm der Eroberer die Entwicklung von Caen zwischen Bayeux und Rouen auf der Insel zwischen dem Zusammenfluß von Orne und Odon. Wilhelm wählte Caen zum Militärstützpunkt, weil es gegenüber Rouen wichtige strategische Vorteile hatte; so war es viel schwerer anzugreifen als die alte Hauptstadt. Auch lag es inmitten eines schmalen Gürtels aus Jurakalkstein, einem hervorragenden Baumaterial, das von Caen aus seinen Weg fand zur Errichtung von Burgen, Kirchen, Klöstern und säkularen Gebäuden in der Normandie und später auch in England **(16a)**.

16a *Die wuchtigen Schutzwälle der Burg von Caen, die auf Wilhelm den Eroberer zurückgehen und bei späteren Gelegenheiten mehrfach abgewandelt wurden*

16b *Die Kirche Zur Heiligen Dreifaltigkeit (Abbaye-aux-Dames) in Caen, für Wilhelms Königin Matilda vor der Eroberung Englands gebaut*

In der Anfangszeit seiner Herrschaft war Wilhelms Zugriff auf die gesamte Normandie unsicher, besonders bis zur Schlacht von Val-ès-Dunes im Jahre 1047. In einem bestimmten Stadium mag er sogar die Kontrolle über seine Hauptstadt Rouen verloren haben, was ihn auf Caen als seine Machtbasis in der Unteren Normandie zurückgeworfen haben könnte. Im ersten Viertel des 11. Jahrhunderts hatte sich eine Traube von Dörfern zu dem zusammengeschlossen, was später Caen werden sollte, und die Bedeutung dieses Ortes trat 1047 deutlich zutage, als er zur Versammlungsstätte für den Rat gewählt wurde, der den Waffenstillstand im Namen Gottes verkündete. Von da an wirkte Wilhelm, der die strategischen und wirtschaftlichen Vorteile der Lage zu schätzen wußte, auf das Wachstum dieser städtischen Anhäufung ein, versah sie mit einer Burg und steinernen Mauern und machte sie zu einer seiner Residenzen. Die Wertschätzung, die er ihr entgegenbrachte, läßt sich heute noch in den beiden großartigen Abteikirchen erkennen, die die Herrlichkeit dieser Stadt überdauert haben, und es hat schon seine Gründe, daß Wilhelm nicht wie seine Vorfahren in Rouen oder Fécamp begraben wurde, sondern in seiner Abteikirche von St. Stephan in Caen. Die Abtei von der Heiligen Dreifaltigkeit in Abbaye- aux-Dames wurde für Wilhelms Herzogin, Matilda, erbaut und sollte ihre letzte Ruhestätte sein. Sie lag hoch über der Stadt an der Westseite der Burg **(16b)**. Diese beiden schönen Abteien beherrschten das Stadtbild und trugen zu Caens Bezeichnung „Athen des Nordens" bei, bevor es im Zweiten Weltkrieg größtenteils zerstört wurde. Obwohl es keine Bischofsstadt war, stieg Caen zur zweiten Stadt der Normandie auf, und sie hat ihr frühes Wachstum in erster Linie Wilhelm dem Eroberer zu verdanken. Der Aufstieg von Caen unter Wilhelms Herrschaft ist ein Zeichen dafür, wie es ihm gelang, dem Herzogtum den Stempel seiner Persönlichkeit aufzudrücken und die Obere und die Untere Normandie letztendlich zu einem einzigen politischen Gebilde zu machen.

Herzog Wilhelm II. (1035–1087)

Wilhelm II., oder Wilhelm der Eroberer, als der er nach der Schlacht von Hastings bekannt wurde, wurde 1027 oder 1028 in Falaise **(Farbtafel 7)**, ungefähr 30 km südwestlich von Caen, geboren. Er war der uneheliche Sohn von Herzog Robert I., der allgemein als Robert der Freigebige oder, noch allgemeiner, Robert der Teufel bekannt ist, und Herlève, der Tochter eines Gerbers, wie man annimmt **(17a und b)**. Roberts Tod im Jahre 1035 auf der Rückreise von einer Wallfahrt ins Heilige Land hatte politische Unordnung zur Folge. Wilhelm war noch minderjährig und außerstande, die Normandie selbst zu regieren, und man räumte ihm nur geringe Chancen ein, bis zu seiner Volljährigkeit als Herzog zu überleben. Er überstand jedoch unter dem Schutz seines Oberherrn, König Heinrich I. von Frankreich, und des Stiefsohns seiner Tante, Graf Balduin V. von Flandern, der gleichzeitig des Königs Schwager war, selbst die Ermordung dreier seiner Leibwächter, aber die ersten zwölf Jahre seiner Herrschaft waren nahezu vollständig von Anarchie erfüllt. Doch diese lange Lehrzeit im Angesicht der Macht sollte ihm zugute kommen. 1047 erstickte er mit Hilfe von König Heinrich I. den letzten nennenswerten Widerstand seiner Barone, indem er sie in der Schlacht von Val-ès-Dunes besiegte. Er hatte zum ersten Mal ein Heer geführt und beherrschte die Normandie jetzt unangefochten **(Farbtafel 8)**.

Obwohl die Schlacht einen Wendepunkt in der Geschichte der Normandie und den Beginn der machtvollen herzoglichen Regierung darstellt, ist über die Einzelheiten der kriegerischen Auseinandersetzung relativ wenig bekannt außer, daß die Führung offenbar auf beiden Seiten keine große Aktivität entfaltete und die Schlacht aus getrennten Kampfhandlungen losgelöster Reiterverbände bestand. Der Aufstand wurde von Nigel, einem Viscount von der Halbinsel Cotentin, und Ranolf, dem Viscount von Basin, geführt. Zu ihnen stießen Lords aus der Unteren Normandie und besonders Großgrundbesitzer aus dem Distrikt Cinglais zwischen Caen und Falaise. Es war eine gefährliche Rebellion, die die Einheit der Normandie ernsthaft bedrohte. Der Biograph des Eroberers, Wilhelm von Jumièges, teilt lakonisch mit, daß „der König und der Herzog, unbekümmert um die Zahl der Feinde, ihnen die Schlacht antrugen und nach zahlreichen Reitergefechten ein großes Gemetzel unter ihren Feinden anhub, die zuletzt in solch heillosen Schrecken versetzt wurden, daß sie ihr Heil in der Flucht suchten und sich in die Fluten der Orne stürzten". Wace, ein normannischer Dichter des 12. Jahrhunderts, gab das Ausmaß des Massakers wieder, indem er schrieb: „Die Mühlräder von Borbillon wurden von toten Körpern angehalten."

Die Niederlage der westlichen Barone in Val-ès-Dunes war ein ausschlaggebendes Moment in der Laufbahn von Herzog Wilhelm. Im Oktober 1047 tagte vor den Toren von Caen ein Kirchenrat, an dem Wilhelm und fast alle hohen Prälaten der Normandie teilnahmen. Auf dieser Versammlung wurde der Waffenstillstand im Namen Gottes, ein karolingischer Militärbrauch, der bislang von den Normannen nicht übernommen worden war, für die Normandie feierlich

17a *Das Königliche Siegel Wilhelm des Eroberers*

verkündet; die Anwesenden schworen auf heilige Reliquien, die zu diesem Zweck auch von St. Ouen in Rouen herbeigebracht worden waren, ihn einzuhalten. Das Abkommen regelte unter anderem, daß Privatfehden von Mittwoch abend bis Montag morgen untersagt waren, ebenso in der Advents- und Fastenzeit sowie zu Ostern und Pfingsten. Diese Bräuche wurden in vielen anderen Gegenden Frankreichs schon oder noch gepflegt. Bezeichnend war jedoch, daß in den Artikeln, über die man sich zu Caen geeinigt hatte, dem König von Frankreich und dem Herzog der Normandie ausdrücklich gestattet war, in den fraglichen Zeiten Krieg zu führen und überhaupt zu diesem Zwecke im öffentlichen Interesse Truppen zu unterhalten. – Dieser Waffenstillstand war einer der Faktoren, die Wilhelm schließlich allmächtig machten und ihm die *pax ducis* durchzusetzen halfen, die er zur gegebenen Zeit in seinem gesamten Herrschaftsbereich begründete.

Im folgenden Jahr 1048 stand Wilhelm König Heinrich in einem siegreichen Feldzug gegen Gottfried Martell von Anjou bei, der in Maine eingefallen war. Mit dem Nachweis seiner militärischen Fähigkeit und seines Vermögens, das Herzogtum zu kontrollieren, war er nun in den Augen von Graf Balduin ein würdiger Gatte für seine Tochter Matilda, doch Papst Leo IX. untersagte

17b *Silberpfennig mit Wilhelm dem Eroberer*

die Heirat und exkommunizierte das Brautpaar. Der förmliche Grund für den päpstlichen Bann war die zu nahe Verwandtschaft zwischen den beiden, aber dies scheint nur ein Vorwand gewesen zu sein. Die wirklichen Gründe des päpstlichen Mißfallens liegen im dunkeln. Das Verbot der Eheschließung wurde erst im Jahre 1059 aufgehoben, nachdem Wilhelm sich als Buße zum Bau der zwei großen Abteien in Caen bereit erklärt hatte, aber zu der Zeit hatte König Heinrich die Unterstützung für Wilhelm zurückgezogen. Heinrich schloß ein Bündnis mit seinem früheren Feind Gottfried Martell, um die Normandie zurückzugewinnen und ihren in seinen jungen Jahren schon so mächtigen Herzog zu vernichten. Die Heere dieses neuen Bundes überfielen das Herzogtum 1053 und abermals 1058, doch nur, um von Wilhelm in den Schlachten von Arques, Mortemer und Varaville besiegt und über die Grenze getrieben zu werden **(Farbtafel 9)**.

Nach diesen Siegen begann Wilhelm mit einer Serie von erfolgreichen und, wie man ihm nachsagt, brutal geführten Feldzügen, die schließlich ganz Maine unter seine Kontrolle brachten. So konnte er seinen Titeln den eines Grafen von Maine hinzufügen. Er unterwarf jetzt auch die Bretagne und beanspruchte über sie die Herrschaft. Die Angelsächsische Chronik bezeichnet Wilhelm als mächtig und weise und „sanftmütig zu den guten Menschen, die Gott lieben", aber als „streng über alle Maßen zu denjenigen, die seinem Willen trotzten". Die 1050er Jahre nutzte er, um seine Macht zu festigen, und entwickelte beträchtliche politische und militärische Fähigkeiten, die ihm später in England sehr zustatten kamen. Leider sind Einzelheiten dieser frühen Periode seiner Laufbahn nur bruchstückhaft verzeichnet, aber sicher ist, daß die Festigung der feudalen Struktur mit einer allgemeinen Straffung der herzoglichen Verwaltung einherging. Das galt besonders für den Militärbereich, so daß das Heer des Normannenherzogs zu den stärksten Heeren Europas zählte. Burgen begannen in Wilhelms militärischer Planung eine besondere Rolle zu spielen – er plazierte sie in unruhige Grenzabschnitte und an weiteren strategischen Stellen, wobei er hartnäckig auf seinem Recht bestand, die Burgen seiner stärksten Barone nach Gutdünken mit Truppen zu belegen. So hatte Wilhelm sich bis 1066 zum Herrn über das nordwestliche Gallien aufgeschwungen, ein mächtiger europäischer Souverän, dem lediglich der passende Titel fehlte. – 1066 bekleidete Wilhelm in der Normandie eine beispiellos starke Position. Der berühmte Historiker und Kenner der Geschichte der Normannen D.C. Douglas kleidet das in folgende Worte:

In den Jahrzehnten, die der Eroberung von England vorausgingen, hatte sich die Weiterentwicklung von Adel und Kirche in der Normandie unter der Regierung von Herzog Wilhelm II. zu einer einzigen politischen Errungenschaft verdichtet. Das kann vielleicht durch die Aussage zusammengefaßt werden, daß ein Mann 1065 das Herzogtum von einem Ende zum anderen durchschreiten konnte, ohne den Zuständigkeitsbereich, sei er weltlich oder kirchlich, einer kleinen Versammlung wechselseitig verbundener Familien mit dem Herzog an der Spitze zu verlassen.

Am Vorabend der Ereignisse von 1066 nahm Wilhelm nicht nur innerhalb der Normandie eine herausragende Stellung ein, sondern er hatte auch mit Erfolg mögliche Widerstände außerhalb der Grenzen der Normandie unterdrückt. Er hatte Maine und Anjou annektiert, auch in der Bretagne erkannte man seine Befehlsgewalt an, und Frankreich, gegen das Wilhelm in der Vergangenheit schon obsiegt hatte, wurde von vergleichsweise schwachen Königen regiert. In den Provinzen im Südwesten und Westen der Normandie war es ruhig, und Flandern im Norden war durch Wilhelms Ehe mit Matilda zum Bundesgenossen geworden. In Anbetracht der unbeständigen militärischen Lage im zeitgenössischen mittelalterlichen nordwestlichen Europa konnte Wilhelm nicht voraussetzten, daß diese für ihn günstigen Bedingungen lange Bestand haben würden. Wilhelm nutzte die Lage, in der er in hohem Maße seines Glückes Schmied war und bei günstiger Gelegenheit sogar den Thron von England gewinnen konnte, weidlich aus. Wahrscheinlich konnte nur ein Herrscher, der über Wilhelms Tatkraft, Zielstrebigkeit und Organisationstalent verfügte, daran gehen, England zu erobern. Ganz sicher aber ist, daß sein Geschick, alle Widerstände sich aufheben zu lassen und das Potential der Normandie und ihrer Nachbarstaaten für die Eroberung Englands voll in die Waagschale zu werfen, für die Geschichte des Erfolges von entscheidender Wichtigkeit war.

Die Normandie, 1066

Als er hörte, daß Harald den Thron von England bestiegen hatte, sandte Wilhelm eine förmliche Protestnote nach England und erklärte seine Absicht, in England einzufallen und die Krone zu beanspruchen, die man ihm seiner Meinung nach versprochen habe. Danach schickte der Normannenherzog eine Abordnung mit der Bitte um Hilfe nach Rom, und obwohl manche in der päpstlichen *curia* eine Invasion als ungerechtfertigt ansahen, setzte sich die Beweisführung des großen Reformators und Archidiakons Hildebrand, des späteren Papstes Gregor VII. von 1073 bis 1085, sowie des gegenwärtigen Papstes Alexander II. durch. Der Papst sah im frommen Herzog jemanden, dem man zutrauen konnte, die Kirche von England, die er selbst als schismatisch betrachtete, mit ihrem Klerus wieder auf den rechten Weg und in die Arme Roms zurückzuführen. Deshalb billigte er die Invasion und ließ der Normandie ein gesegnetes Banner zukommen. Zeitgenössische Chronisten kritisierten die Kirche von England in verschiedener Hinsicht. So zum Beispiel behauptete Orderic Vitalis späterhin, daß es dort keine strenge klösterliche Ordnung gegeben habe und Mönche sich in ihrer Lebensführung nur wenig von weltlichen Gelehrten unterschieden hätten. Ein weiterer Anklagepunkt war, daß sie keine Kutten getragen und kein Gelöbnis abgelegt hätten; weiter, daß sie die Feiertage nicht einhielten und persönlichen Besitz haben durften. In ähnlicher Weise geißelte Wilhelm von Malmesbury die allgemeine Unwissenheit und das lockere Leben der englischen Geistlichen. Die päpstliche Billigung war eine nützliche Waffe, die Wilhelms Propaganda stärkte und ihm die Unterstützung anderer Fürsten sicherte, von denen mancher hoffte, daß der „Englische Kreuzzug" den gefährlichen Herzog stark in Anspruch nehmen und vielleicht sogar seinen ewigen Landhunger stillen würde.

18 *Bäurisch gemeißelte normannische Reiter, Klosterkirche St. Georg, Boscherville*

Wilhelms Absichten auf den englischen Thron hatten einen gewaltigen Aufwand an politischer und strategischer Planung zur Folge. Unerläßlich war, daß er während seiner Abwesenheit ein beträchtliches Heer zum Schutz der Normandie zurückließ. Der beabsichtigte Feldzug war unter seinen Baronen nicht unumstritten. Es hatte einige Überredung gekostet, bis sie sich für eine Operation einspannen ließen, die übers Meer führte und deren Ausgang keineswegs sicher war. Ferner verfügte das Herzogtum nicht wirklich über die notwendige Zahl an Kriegern, um ein zweites Heer für die Invasion in England aufzustellen. Deshalb warben Wilhelms Abgesandte nicht nur im übrigen Frankreich Söldner an, sondern waren auch noch gezwungen, die zugeknöpften normannischen Barone durch Versprechungen von Land, Geld und reichen englischen Bräuten bei Laune zu halten. Nach und nach wurden sie überredet, und im Laufe des Frühlings sammelte sich der normannische Kern von Wilhelms Armee. Truppentransporter wurden in den Häfen versammelt, Boote wurden beschlagnahmt und neue Schiffe gebaut. Die angeworbenen Söldner trafen ein, und zwar nicht nur aus den Provinzen, auf die die Normandie starken politischen Einfluß hatte wie die Bretagne und Maine, sondern ebenso aus Poitou, Anjou, Aquitanien, Flandern und selbst aus weit entfernten Gegenden wie Aragonien und den normannischen Siedlungsgebieten in Unteritalien. Einige dieser Truppen wurden von großmächtigen Baronen mit Lehensverpflichtung wie Eustach von Boulogne geführt, aber die meisten Söldner waren landlose Glücksritter und Abenteurer, die nicht viel hinter sich ließen und ihr Leben ebenso wie viele Normannen für die mögliche Siegesbeute aufs Spiel setzten. Und so betrachtet war der Angriff auf England doch ein wahrhaft „normannisches" Unterfangen **(18)**.

3 *Die Eroberung von England*

England und Kontinentaleuropa

Oft ist der Eindruck vermittelt worden, daß das angelsächsische England kulturell und politisch weitab vom europäischen Festland gelegen habe und die normannische Eroberung seit vielen Jahrzehnten das erste wichtige Zusammentreffen Englands mit dem europäischen Kontinent gewesen sei. Das trifft eindeutig nicht zu, vielmehr muß Wilhelms Eroberung vor dem Hintergrund seit langem bestehender, anhaltender Verbindungen zwischen England und dem europäischen Festland gesehen werden. Demnach war England in der ersten Hälfte des 11. Jahrhunderts politisch so eng mit Europa verbunden wie seit der Römerzeit nicht mehr. Die Unternehmungen der Wikinger waren seit dem späten achten Jahrhundert immer ein wichtiger Bestandteil des englischen Lebens gewesen. Das skandinavische Engagement in England hatte schließlich dazu geführt, daß es im 11. Jahrhundert im vor kurzem vereinigten England vier dänische Könige gab und König Knut England und Dänemark sogar vorübergehend unter einer Krone regierte. Wie sehr die Engländer mit den Skandinaviern verbunden waren, läßt sich in ihrer eigenen Literatur ablesen; *Beowulf* ist beispielsweise ein sächsisches Epos mit einem skandinavischen Helden. Und Eduard der Bekenner, der letzte Däne unter den angelsächsischen Monarchen, liebte es, alte norwegische Geschichten zu erzählen. Jedes Jahr zu Ostern gab er seiner Leibwache die Geschichte von Olaf, dem „größten aller Könige", zum besten.

Die Beteiligung der Angelsachsen an den kontinentaleuropäischen Obliegenheiten ist oft nur spärlich dokumentiert, aber schon in der Mitte des 10. Jahrhunderts gab es Militäraktionen der Sachsen in Frankreich. Ethalstan war Pate und Gönner des verbannten bretonischen Prinzen Alan, der sich sein Erbe 937 von den Wikingern der Loire wiederholte. Zwei Jahre später schickte Ethalstan Schiffe nach Flandern, nachdem er vernommen hatte, daß sein Neffe, Ludwig IV., einzelne Küstenabschnitte bedrohte, und König Edmund, Ethalstans Nachfolger, tat 946 das gleiche. Ethalreds vierter Kodex von etwa 1000, der sich mit der Sammlung von Tributen aus London befaßte, verzeichnet Händler, die aus der Normandie, Flandern, Westfranken, Lothringen und Deutschland gekommen waren. Pfeffer und andere Gewürze wurden aus dem Osten eingeführt und durch Verkäufe englischer Wolle bezahlt, die auch deutsches Silber aus dem Kaiserreich Ottos ins Land brachten. Zusätzlich war England am gewinnbringenden europäischen Sklavenhandel beteiligt. Angelsächsische Handelsleute tummelten sich in den Seine- und Rheinhäfen, und ihre Antipoden vom Festland konnten Geschäfte auf der Themse abschließen.

Im Jahre 1054 sandte Eduard den Bischof Elred von Worcester an den Hof von Kaiser Heinrich II. Besuche dieser Art bewirkten, daß die neuesten Liturgiehandbücher und kirchliche Reformvorlagen den Weg nach England fanden. Als Ethalreds Witwe Emma und später Eduard des Bekenners Witwe Edith der Vorbereitung einer wirksamen politischen Propaganda bedurften, da nahmen sie die Dienste flämischer Mönche in Anspruch. Wenn Eduard der Bekenner einem normannischen Kloster Land in England stiftete, dann folgte er nur Knuts Beispiel: Knut bedachte Fécamp, Eduard Mont-St.- Michel. Bezeichnend war vielleicht, daß beide Stiftungen einen strategisch gelegenen Hafen in Kent betrafen. Möglich, daß einer von Eduards Beweggründen, derartige Verbindungen zum Kontinent zu fördern, darin bestand, zu versuchen, die Frage seiner Nachfolge offen zu halten.

Was die politischen Kontakte mit der Normandie angeht, so schloß König Ethalred im Jahre 991 auf die Bitte von Papst Johannes XV. hin ein schriftliches Abkommen mit Richard I., Herzog der Normandie. Einzelheiten dieses Vertrages sind nicht bekannt, aber es mag mehr um kirchliche Fragen in Form der umstrittenen Nachfolge des Erzbischofs von Reims gegangen sein als um ein gegenseitiges Verteidigungsabkommen. Ethalred sah sich von den Skandinaviern hauptsächlich aus dem Norden und Westen bedroht. Damit meinte er die norwegischen Siedlungen in Irland und auf der Insel Man, weshalb er seine Abwehrmaßnahmen dorthin richtete. Aber nach der Jahrtausendwende schienen der Süden und der Südosten immer anfälliger zu werden. Diese neue Sicht der Dinge mag dazu geführt haben, daß Ethalred eine engere Verbindung mit Herzog Richard II. anstrebte, und so heiratete er 1002 dessen Schwester Emma **(19)**. Bald darauf sandte Ethalred laut Wilhelm von Jumièges Schiffe aus, um skandinavische Freibeuter mit Stützpunkt auf der Halbinsel Cotentin zu bekämpfen, was offenbar ohne die Einwilligung des Normannenherzogs geschah.

England im 11. Jahrhundert

Die Politik des frisch vereinigten englischen Königreichs im 11. Jahrhundert war enorm kompliziert. Sie stand unter zwei Leitmotiven: das erste war die Vorherrschaft der Skandinavier auf dem englischen Thron, verbunden mit laufenden beträchtlichen skandinavischen Militäraktionen in England, das zweite der unerbittliche Prozeß, der die englischen und normannischen Angelegenheiten im Verlauf des Jahrhunderts mehr und mehr verquickte.

Im frühen 11. Jahrhundert gab es in England zwei größere Einfälle der Wikinger. Im Juli 1006 tauchte eine gewaltige Flotte unter Führung eines gewissen Tostig vor Sandwich auf, gewaltige Unordnung hinterlassend, wo immer sie erschien, die Insel Wight, die ihr als Stützpunkt für weitere Unternehmungen in Wessex im Winter 1006 auf 1007 diente, eingeschlossen. Ethalred bat um Frieden und zahlte dem Wikingerheer 1007 die Summe von 36000 Pfund, wodurch es bewogen wurde, dahin zu verschwinden, woher es gekommen war. Zwei Jahre später langte eine riesige dänische Räubergesellschaft unter Führung von Thorkell „dem Langen" in Sandwich an und fuhr fort, das südliche England zu plündern. Der Raubzug gipfelte 1011 in der Belagerung von Canterbury und führte zur Gefangennahme des Erzbischofs Elfheah und schließlich sogar zu seinem Märtyrertod am 19. April 1012 in Greenwich. Zuletzt wurde dem Wikingerheer eine Zahlung in Höhe von 48000 Pfund geleistet, woraufhin es sich ein weiteres Mal zerstreute. Thorkell trat nun in Ethalreds Dienst, aber 1015 half er Knut bei seinem Einfall und wurde von ihm zum Grafen von Ostanglien ernannt. 1019 vertraute Knut während seiner Abwesenheit Thorkell die Regentschaft an.

Der Dänenkönig Sven Gabelbart brachte im Sommer 1013 eine weitere Flotte nach Sandwich und wandte sich nordwärts in das *Danelaw*, wo er Unterstützung erhielt und schließlich als König anerkannt wurde. Das zwang Ethalred, seiner Frau von 1013 bis 1014 in das normannische Exil zu folgen. Möglicherweise war Herzog Richard da bereits in ein wie auch immer geartetes Abkommen mit Sven eingetreten, der seine Absicht, Ethalreds gesamtes Königreich zu erobern, schon 1013 kundgetan hatte. Svens plötzlicher Tod im Februar 1014 bewog Richard, seine Bündnispolitik noch einmal zu überdenken, und Ethalreds Rückkehr nach England wurde, zumindest nominell, durch seinen zehnjährigen Sohn Eduard, den späteren Bekenner, ausgehandelt.

Doch es waren noch keine zwei Jahre vergangen, da waren Ethalred und sein ältester überlebender Sohn König Edmund Eisenseite tot, der letztere möglicherweise auf Knuts Geheiß. Knut, einer von Svens Söhnen, nahm Elgifu, Tochter des ehemaligen Grafen von Northumberland, Elfhelm, zur Frau, und wurde schließlich König von England. Diese Eheschließung war ein wichtiger Akt der Versöhnung, der die Verbindung zwischen Engländern und Dänen besiegelte, aber Knut wurde 1017 zum Bigamisten, als er Ethalreds Witwe heiratete, die aus der Normandie stammende Königin Emma, ohne sein englisches Weib ordnungsgemäß zu verstoßen. Die zwei Söhne, die Emma mit Ethalred hatte, waren in die Normandie zurückgekehrt, und Knut bekräftigte nun durch Emma Ethalreds Verschwägerung mit den Normannen auf wahrhaft wunderliche

19 *Aus dem Leben der verehrungswürdigen Königin Emma. Rechts zwei ihrer Söhne, Alfred und Knut, mit dem späteren König Eduard dem Bekenner. Handschrift aus der Mitte des 11. Jahrhunderts*

Weise. Wenig später drohten Edmund Eisenseites zwei Söhne in die verwickelte Lage einzugreifen. 1017 waren sie noch zu jung gewesen, um ihren Anspruch auf den englischen Thron zu wahren, und hatten statt dessen Zuflucht am Hof des deutschen Kaisers Heinrich II. gefunden. Es war die Existenz dieser angelsächsischen „Äthelinge" (Königssöhne) auf dem europäischen Festland in Verbindung mit den meerübergreifenden Dimensionen von Knuts persönlichen Interessen, die England in der ersten Hälfte des 11. Jahrhunderts in den Brennpunkt mancher fürstlichen Bestrebungen rückte.

Nach dem Tod seines Bruders, des Dänenkönigs Harald, kehrte Knut nach Dänemark zurück, um seine Ansprüche dort zu sichern. Er hielt aber auch die Kontrolle in seinem übrigen Herrschaftsgebiet, das zwei Königreiche umspannte, aufrecht. Aus Steuermitteln mußte eine ständige Flotte unterhalten werden, die in der Nordsee operierte und die Verbindung zwischen den einzelnen Teilen seines Reiches aufrechterhielt. Die meiste Zeit verbrachte Knut in Dänemark, doch gewann er in England immer wieder neue Männer, die ihm zur Seite standen, besonders zu erwähnen Godwin, den er zum Grafen von Wessex ernannte. Nach Knuts Tod im Jahre 1035 war die Frage, wer ihm auf dem englischen Thron nachfolgen würde, gelinde gesagt verwirrend.

Die vier Bewerber um den Thron waren Harald Hasenfuß, Knuts Sohn von seiner ersten Frau aus England, und Harthaknut (Halfaknut), sein Sohn mit Emma, sowie Emmas zwei Söhne, die sie mit Ethalred hatte, Eduard und Alfred. Emma bestimmte ihre beiden Söhne nach England, aber binnen Wochen war Alfred ermordet und sein Bruder Eduard (der Bekenner) überstürzt in die Normandie zurückgekehrt. Als die Lage sich 1035 verschlechterte, war Emma ihrerseits gezwungen, Zuflucht in Flandern zu suchen, und ihre Hoffnung, auf die englische Thronfolge Einfluß nehmen zu können, wurde durch den Tod ihres Neffen, des Normannenherzogs Robert, im gleichen Jahr weiter geschmälert. Das Herzogtum ging nun auf den jungen Wilhelm über, und die Möglichkeit der Normandie, in der englischen Politik eine bedeutende Rolle zu spielen, war, zumindest bis auf weiteres, stark beschnitten.

Harthaknut verlegte 1039 eine dänische Flotte nach Brügge in Flandern, aber der Tod von Harald Hasenfuß im Jahre 1040 machte die geplante Invasion Englands überflüssig. Dort beugte man sich dem Unvermeidlichen und schickte eine Delegation nach Brügge, um Harthaknuts Ansprüche auf die Königswürde anzuerkennen. Kaum in England angekommen, nahm sein Ruf rasch Schaden, als er das anglo-dänische Reich seines Vaters wiederherstellte und empfindliche Steuern einführte, um die Flotte zu finanzieren. Im Laufe des Jahres 1041 war Eduards Stern in England immer weiter im Steigen begriffen, und er wurde einmal mehr aus der Normandie herbeigerufen. Als Harthaknut im nächsten Jahr verstarb, war Eduard sein Nachfolger. Die Zwistigkeiten zwischen den rivalisierenden und nur zu oft kurzlebigen Herrschern und der daraus folgende Reigen der Königsprosse im Exil auf dem Festland hatten aber gerade dort ein vielschichtiges Interesse an der Thronfolge Englands ausgelöst.

Im frühen Teil von Eduards Herrschaft hatten sich die Kontakte zwischen dem Kontinent und England verstärkt, und als Eduard nach England zurückkehrte, brachte er aus der Normandie eine Anzahl Geistlicher und Verwaltungsbeamter mit. Zu diesen gehörte Robert, Abt von Jumièges, der 1044 Bischof von London wurde **(Farbtafel 10)**. 1049 ernannte Eduard Ulf, einen normannischen Priester, der in seinem Hausstand beschäftigt war, zum Bischof von Dorchester, und als Robert von Jumièges 1051 Erzbischof von Canterbury wurde, übernahm Wilhelm, ein weiterer Hauspriester Eduards, die Stelle in London. Eduard lud auch normannische Lords zu sich ein und gab ihnen Ländereien in der Walisischen Mark und in anderen strategisch wichtigen Teilen des Landes. Einige dieser Lords bauten sich auf eigene Faust Burgen, die im England dieser Zeit mehr oder weniger unbekannt waren.

Eduard der Bekenner hatte 1051 Godwins Tochter Edith geheiratet, aber er zerstritt sich, wahrscheinlich von den Normannen ermuntert, mit seinem Schwiegervater und drang auf eine Machtprobe mit ihm. Als Antwort darauf zettelte Godwin einen recht halbherzigen Aufstand gegen seinen König an, der aber fehlschlug, und als Folge dessen mußten er und seine Familie, Königin Edith eingeschlossen, nach Flandern ins Exil. Die Verbindung zwischen Godwins Familie und Flandern wurde noch enger, als Tostig, Sohn Godwins und Halbbruder Harald Godwinsons, um 1051 die Tochter des Grafen von Flandern heiratete. Das Jahr darauf sah den Grafen von Wessex besser vorbereitet. Nun war er in der Lage, sich in England Unterstützung zu verschaffen, auf die er sich auch verlassen konnte. Er kehrte mit Waffengewalt wieder, und diesmal waren es die Normannen, die fliehen mußten. Eduard mußte sich notgedrungen mit seiner kinderlosen Frau versöhnen. Unter den Normannen, die geflohen waren, befand sich auch Erzbischof Robert. Sein vorzeitiger Rücktritt vom Primat in Canterbury provozierte eine *cause celèbre*, weil Eduards Wahl als Nachfolger des Erzbischofs, Stigand, durch die Normannen als unrechtmäßig eingesetzt dargestellt wurde, was zu dessen Exkommunizierung durch eine Reihe von Päpsten führte. Auch Bischof Ulf gab auf, doch Bischof Wilhelm hielt in London die Stellung bis zu seinem Tod. Unterdessen hatte Eustach, der Graf von Boulogne, 1051 England besucht und Eduards verwitwete Schwester Godgifu geheiratet. Diese Verbindung mit Eustach war wohlgeeignet, den Kanal und die Südküste vor den skandinavischen Schiffsverbänden zu schützen, aber Eduard war nicht der einzige, der ein Bündnis über den Kanal hinweg anstrebte. Dem Vernehmen nach hat Herzog Wilhelm England 1051 in dieser Zeit beträchtlicher politischer Unsicherheit besucht, doch gibt es dafür keine stichhaltigen Beweise.

Im Jahre 1052 wurde Eduard gezwungen, Graf Godwin wieder seine Gunst zu schenken, doch bedrückte ihn weiterhin die Frage der Nachfolge. Obwohl es gleich über dem Kanal nicht an fürstlichen Nachfolgekandidaten fehlte, galten Eduards Gedanken seinem langvermißten Verwandten, der vor über 30 Jahren in Deutschland Zuflucht gesucht hatte. Er war sich jedoch über den genauen Verbleib des Äthelings Eduard, dem Sohn von Edmund Eisenseite, und seiner Kinder im unklaren. So wurde Bischof Elred auf der Suche nach ihnen nach Köln geschickt, die erfolgreich aufgespürte Familie kehrte 1057 auch von Osteuropa nach England zurück, doch starb der Ätheling kurz darauf, ohne irgendwelche politischen Früchte geerntet zu haben. Seine Tochter Margret blieb an Eduards Hof, bis sie nach Schottland ging, um den schottischen König zu heiraten. Inzwischen war Edgar, des Äthelings minderjähriger Sohn, von König Eduard offiziell zum „Ätheling" ernannt worden. Ungleich seinem Vater war Edgar der Ätheling jedoch kein Königssohn, er sollte aber noch für einige Jahrzehnte in der englischen Politik eine bedeutungsvolle Statistenrolle spielen.

Wilhelm und der englische Thron

Abgesehen von dem umstrittenen Versprechen, das Eduard der Bekenner ihm hinsichtlich seiner Nachfolge um 1051 gegeben haben sollte, sah Wilhelm seinen Anspruch auf den Thron von England in erster Linie durch die Schwester seines Großvaters, Emma, verkörpert, die an zwei aufeinanderfolgende englische Könige, nämlich Ethalred und Knut, verheiratet worden war. Emma, die Schwester von Herzog Richard II. (996-1027) und Mutter Eduard des Bekenners, hatte für ihren Teil viel dazu beigetragen, Normannen ebenso wie normannische Sitten und Gebräuche an den englischen Hof zu bringen. Knut heiratete Ethalreds Witwe sofort nach seiner Krönung, und sie schenkte später dem rechtmäßigen Thronerben des Skandinavierreiches, Harthaknut, das Leben. Sie war ebenso die Mutter von Harthaknuts Nachfolger, also Eduard dem Bekenner. Natürlich konnte Emma keine Thronansprüche vererben, aber sie war eine Persönlichkeit mit erheblichem Einfluß in der englischen Politik von ihrer ersten Heirat 1002 bis zu ihrem Tod im Jahre 1051. Zu der Zeit, als ihr erster Sohn, Eduard der Bekenner, sich gezwungen sah, nach Winchester zu gehen, um ihren Besitz unter dem Vorwand an sich zu nehmen, ihr angehäufter Reichtum und ihre Macht stellten für ihn eine Bedrohung dar, war sie eine furchterregende alte Dame. Sonderbarerweise war sie dabei gewesen, den Anspruch von Magnus von Norwegen auf den englischen Thron zu unterstützen, den sie dem eigenen Sohn vorzog. Daraufhin wurde sie in Winchester bis zu ihrem Tode rechtskräftig festgesetzt. Ihr Eigensinn erschwert es, zu glauben, daß sie in England einerseits normannische Interessen vertreten und andererseits die englische Politik in der Normandie mit Takt gerechfertigt habe, aber sie steht für das Faktum, daß englische Könige im 11. Jahrhundert erkannt hatten, die Normandie nicht außer acht lassen zu dürfen.

Eduard hatte sein halbes Leben im normannischen Exil zugebracht. Er verließ sich in den ersten Jahren seiner Herrschaft auf die politischen und militärischen Ratschläge seiner Kameraden eben aus der Normandie und hielt zeit seines Lebens die engen persönlichen Bindungen an das Herzogtum aufrecht. Es ist möglich, wenn auch nicht wahrscheinlich, daß die Darstellung eines französischen Geschichtsschreibers, Eduard der Bekenner habe Wilhelm in den frühen 1050er Jahren zu seinem Nachfolger ernannt, zutrifft. Den Normannen zufolge hat Harald Godwinson seine Fahrt in die Normandie, die auf dem Teppich von Bayeux detailliert dargestellt ist, nur

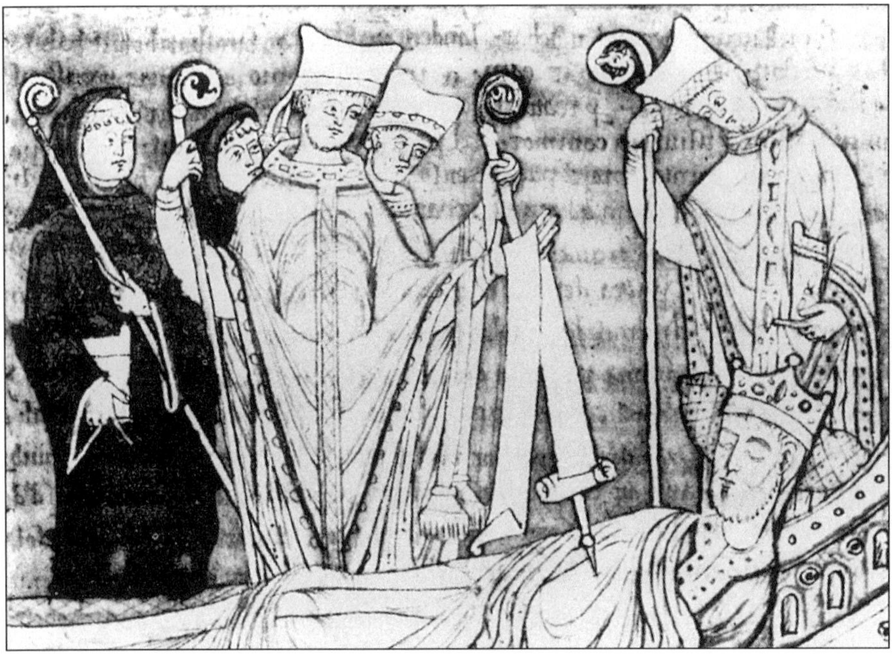

20 *Der Tod Eduard des Bekenners auf einer Handschrift aus dem 12. Jahrhundert*

unternommen, um die Anerkennung zu bestätigen. Harald hatte an der Küste nördlich der Normandie Schiffbruch erlitten und wurde Herzog Wilhelm vom Grafen Guy von Ponthieu übergeben, auf einem der Bilder des Teppichs sogar als Leibeigener. Die Behauptung, Eduard habe Wilhelm durch Harald die Nachfolge beglaubigt, scheint durch das Eingeständnis französischer Geschichtsschreiber, Haralds Anwesenheit in der Normandie sei lediglich die Folge seines Schiffbruchs gewesen, Lügen gestraft zu werden. Wahrscheinlicher ist, daß Harald Wilhelms Absichten auf den englischen Thron erkannte und sich eigenmächtig ein Angebot ausdachte. Wahrscheinlich ist auch, daß Haralds eigene Nachfolge gerade vor Eduards Tod vereinbart worden ist; tatsächlich ist er so schnell gewählt worden, daß es schwerlich anders gewesen sein kann. Eduard der Bekenner starb am 5. Januar 1066, nachdem er Harald auf dem Totenbett als seinen Nachfolger anerkannt hatte **(20)**. In der Morgendämmerung des nächsten Tages wurde er in der neuerbauten Westminsterabtei, die erst acht Tage vorher eingesegnet worden war, zur letzten Ruhe gebettet **(Farbtafel 11)**. Gleich nach der Bestattung, am selben Morgen, wurde Harald vom Witan gewählt und in einem feierlichen Hochamt in der Westminsterabtei inthronisiert. Sobald er von Eduards Tod und Haralds Thronbesteigung wußte, setzte Herzog Wilhelm von der Normandie die diplomatischen und militärischen Vorbereitungen für die Invasion Englands in Gang.

Seit die englischen Monarchen durch eine Wahl ermittelt wurden, hatten die Aussichten der bisherigen Könige von den Gründen abgehangen, die für sie als Anwärter auf die Krone sprachen. Von der Abstammung her war der beste Kandidat der zwölfjährige Ätheling Edgar, der geborene Erbe, Eduards Großneffe, der 1057 von seinem Vater nach England gebracht worden war. Der Witan neigte jedoch dazu, den Kandidaten zu wählen, der die meiste Macht hinter sich hatte und dem man am ehesten zutrauen konnte, das Königreich zusammenzuhalten, und das war in diesem Falle Harald. Sobald der Witan ihn bestimmt hatte, war er der rechtmäßige englische König. In Europa, wo Wilhelm die Gerechtigkeit in eigener Sache bemüht hatte, waren diese aus dem englischen Brauchtum abgeleiteten Feinheiten jedoch unbekannt, so daß Harald ohne Beachtung blieb.

Wie wir gesehen haben, gab es noch eine Anzahl weiterer einflußreicher Kandidaten, die, wie auch Wilhelm, nach dem englischen Thron strebten und sich als Eduards rechtmäßige Nachfolger betrachteten. Möglich, daß die Eile, die Harald bei seiner Wahl an den Tag legte, in der Überzeugung begründet war, er werde bald gezwungen sein, um sein Königtum zu kämpfen. So machte der Dänenkönig Sven, Knuts Neffe, geltend, daß anläßlich Eduards Wahl die Nachfolge ihm, Sven, zugesichert worden sei. König Harald Hadrada von Norwegen, der sein Heer schon für den Einfall in England gesammelt hatte, führte an, daß der kinderlose Harthaknut die Thronnachfolge seinem, Haralds, Vorgänger König Magnus versprochen habe, wodurch der Anspruch auf ihn, Harald, übergegangen sei. Und Harald Godwinsons Halbbruder Tostig, der mit dem König und Graf Harald gestritten hatte und deshalb vor Eduards Tod aufs Festland geflohen war, hatte in Flandern ein Heer ausgehoben, um seinen, Tostigs, Anspruch zu stützen.

Der Teppich von Bayeux

Eine der ergiebigsten Dokumentationen im Zusammenhang mit der Eroberung von England ist der Teppich von Bayeux. Der unbekannte Maler erzählt in einer Serie von Bildern, unterlegt mit lateinischen Bildunterschriften, im Fortsetzungsstil den Wettstreit von Harald Godwinson, Graf von Wessex, mit Wilhelm, Herzog der Normandie, um den englischen Königsthron. Auf den oberen und unteren Rand des Teppichs sind Vogel- und Tierfiguren, Fabelthemen und gelegentlich hintergründige Kommentare zur Hauptgeschichte eingewirkt. Ungeachtet ihrer Bezeichnung als Wandteppich ist die Arbeit in Wirklichkeit eine Stickerei, ausgeführt in farbigen Wollfäden auf einem ausgedehnten Leinenband von ungefähr 230 Fuß Länge und 20 Inches Breite **(Farbtafel 13)**. Es ist die einzige großformatige Nadelarbeit, die aus dem Mittelalter auf uns überkommen ist, und wegen des fast vollständig erhaltenen Zustands des Teppichs mit seinen verwickelten Ausschnitten haben sich Generationen von Wissenschaftlern über ihn gebeugt, um alle Einzelheiten zu prüfen. Gebäude und Bäume dienen dazu, die einzelnen Fortsetzungen zu umrahmen: Tafelszenen, Schiffe auf hoher See, Reiterei in der Schlacht von Hastings, herzögliche und königliche Schlösser, Kirchen, Gesindehäuser und ausgewählte Ereignisse des täglichen Lebens. Auf dem Teppich erscheinen um die 1500 Gestalten von Männern und Frauen, Pferden, Vögeln und Fabeltieren in großer Auswahl sowie Schiffe und Gebäude **(Farbtafel 14)**. Motive aus den Fabeln Äsops und andere Bilder sind zwischen den Rändern verstreut, um die Handlung auf den Tafeln passend zu begleiten. Der Einklang der Bilder läßt zwingend an einen einzelnen Künstler denken, obschon an diesem Werk viele Hände beteiligt gewesen sein müssen. Obwohl es dafür keinen sicheren Beweis gibt, wird allgemein angenommen, daß diese gewaltige Aufgabe von einem einzigen Mann geplant und gestaltet worden sein muß und die Nadelarbeiten von Männern und Frauen gleichermaßen ausgeführt wurden.

Die Geschichte, die auf dem Teppich erzählt wird, beginnt damit, daß Eduard der Bekenner Harald Godwinson auf eine nicht näher erläuterte Mission über den Kanal schickt. Die Überfahrt endet damit, daß Harald von Guy von Ponthieu gefangengenommen wird. Herzog Wilhelm zahlt das Lösegeld, rettet Harald und bringt ihn zum herzoglichen Palast in Rouen, von wo die beiden Männer zu einem Feldzug in die Bretonische Mark aufbrechen. Der Teppich zeigt englische und normannische Truppen erst in Mont-St.-Michel und dann beim gemeinsamen Angriff auf bretonische Burgen in Rennes, Nantes und Dol **(21a und b)**. Nach dem Feldzug schenkt Wilhelm Harald zur Belohnung eine Rüstung und Harald schwört, in einer besonders

21a *Herzog Wilhelm und Graf Harald sammeln ihre Truppen, um Conan in seiner Burg in Dol in den Bretonischen Marken anzugreifen*

wichtigen Szene, auf heilige Reliquien, daß Wilhelm nach Eduards Tod dessen Thronnachfolger sein werde **(22)**. Harald kehrt nach England zurück, erzählt von seiner Reise und bricht nach Eduards Tod seinen Eid, indem er sich selbst auf den englischen Thron setzt **(23)**. Eduard scheint jedoch, gerade noch rechtzeitig, bevor er stirbt, sein Wilhelm gegebenes Versprechen zu widerrufen und Harald als seinen Nachfolger anzuerkennen. Daraufhin sammelt Wilhelm eine Flotte, fährt nach England über und besiegt Harald in der Schlacht von Hastings. Dieser fällt, offenbar durch einen Pfeilschuß mitten ins Auge, gegen Ende der Schlacht. Der Teppich scheint ursprünglich etwas länger gewesen zu sein und erst mit dem Bild von Wilhelms triumphalem Einzug in London und seiner Krönung Ende 1066 geendet zu haben.

Über die Entstehungszeit und Herkunft des Teppichs ist lange gestritten worden; heute ist man sich weitgehend einig, daß er innerhalb von 25 Jahren nach der Eroberung fertiggestellt wurde, wahrscheinlich schon 1077, als in Bayeux die neue Kathedrale eingesegnet wurde. Die näheren Umstände gebieten, in Wilhelms Halbbruder Odo, dem Bischof von Bayeux, den Auftraggeber des Teppichs zu sehen. Odo besaß ausgedehnte Ländereien in Kent und erscheint, zusammen mit einer Anzahl seiner Pächter, bei verschiedenen Gelegenheiten auf dem Teppich. Aufgrund von Stilvergleichen nimmt man an, daß der Teppich in der Abtei St. Augustin in Canterbury gefertigt wurde; auch Odos Landbesitz in Kent untermauert Canterburys Anspruch, daß der Teppich daher stammt.

Die Invasion von 1066

Sofort nach Erhalt der Nachricht von Haralds Thronbesteigung begann Wilhelm mit den Vorbereitungen, um eine Invasionsstreitmacht zu bilden **(24)**. Heer und Flotte waren ursprünglich im Hafen von Dives-sur-Mer versammelt worden, der günstig an der Mündung der Orne gelegen und nicht weit von Caen entfernt war, der wichtigsten Stadt der Unteren Normandie. Harald erwartete die Ankunft der Flotte nicht weit davon und verlegte seine Engländer, um der Landung

21b *Die auf dem Teppich von Bayeux abgebildete Burg von Dol ist spurlos verschwunden, aber dieses seltene Beispiel eines romanischen Bogengangs in einem weltlichen Gebäude hat sich in der Stadt erhalten*

22 *Harald schwört Herzog Wilhelm einen Treueeid auf heilige Reliquien (Teppich von Bayeux)*

zuvorzukommen, von Mai bis September in die Nähe der Insel Wight. Wilhelms Flotte war im August oder noch früher zum Auslaufen bereit, aber widrige Winde hielten sie nach übereinstimmenden Berichten einen Monat lang im Hafen fest. Offenbar ließen Haralds Verteidigungsanstrengungen an der Südküste und auf dem Wasser Wilhelm davon absehen, wie der Bekenner seinerzeit im Jahre 1051 direkt nach Southampton und Winchester in See zu stechen. Als die Flotte schließlich die Anker lichtete, segelte sie langsam nordwärts die normannische Küste entlang, um sich mit Männern und Schiffen aus der Oberen Normandie zu verstärken. Einem Bericht zufolge wurde die normannische Flotte nach Norden getrieben, aber ein anderer will wissen, daß Wilhelm eine Zeitlang in seinem herzoglichen Palast in Fécamp verweilt habe, bevor es zur Sommemündung weiterging. Irgend etwas hielt die große Streitmacht zusammen, und das Vorrücken nach St.Valéry-sur-Somme, außerhalb des Herzogtums gelegen, im August und September **(Farbtafel 12)** erweckte zumindest den Anschein, daß etwas getan wurde. Außerdem wurden Versorgungsprobleme durch die Aufnahme neuen Nachschubs entlang des Weges der Armada gemildert.

Während des ganzen Juli stationierte König Harald den *Fyrd* von Essex an der Küste und besetzte mit seiner Flotte die Insel Wight, bereit, die Thronräuber auf See abzufangen. Der *Fyrd* war eine Lokalstreitmacht, in der theoretisch alle freien Angelsachsen zum Dienst verpflichtet waren. Es kam selten vor, daß Fyrds außerhalb der Grenzen ihrer angestammten Grafschaften eingesetzt wurden. Harald und seine Männer mußten auch den August abwarten, während ihre Vorräte schrumpften und die Seetüchtigkeit der Schiffe wegen der Notwendigkeit, trotz schweren

23 *Harald bei seiner Krönung durch Erzbischof Stigand (Teppich von Bayeux). Dieser Handlung folgte ein Ansichtigwerden des Halleyschen Kometen, was man allgemein für ein schlechtes Vorzeichen hielt*

Wetters ununterbrochen auf Streiffahrt gehen zu müssen, immer weiter abnahm. Am 8. September beorderte Harald seine Soldaten schließlich, als das Wetter immer noch unverändert war und der Sommer schon vorüber zu sein schien, in den Süden, um die Ernte einzubringen. Seine Flotte mußte zur Neuausrüstung in die Themse einlaufen. Er selbst ging mit seinen Hauskarls zurück nach London. Er sah sich unterdessen der Drohung einer weiteren nahe bevorstehenden Invasion gegenüber, dieses Mal von Norden, wo Norwegen eine ebenso große Bedrohung darstellte wie

24 *Ruine des normannischen Schlosses von Lillebonne auf einem Druck aus dem 19. Jahrhundert. Hier beschloß der normannische Hof die Invasion Englands*

die Normandie. Norwegens König Harald Hadrada, der bis zu einem Stillhalteabkommen 1064 regelmäßig das nördliche Dänemark verwüstete und als junger Mann die warägische Leibwache der byzantinischen Kaiser auf Feldzügen in Italien, Sizilien, Nordafrika und dem Heiligen Land befehligte, hatte eine Flotte von rund 300 Wikinger-Langbooten gesammelt. Aber noch konzentrierte Harald seine Kräfte im Süden und überließ es den Grafen im Norden, Edwin und Morcar, mit der skandinavischen Gefahr fertig zu werden. Kaum hatte er eine Woche in der Hauptstadt verbracht, da mußte er hören, daß Harald Hadrada sich mit seinem eigenen, König Harald Godwinsons, Bruder Tostig vor der Küste Schottlands vereinigt habe, in der Humbermündung gelandet sei und sich nun auf dem Vormarsch nach York befinde. Hastig stellte Harald ein Heer aus der Umgebung von London auf und marschierte in Eilmärschen nach Norden, aber er kam zu spät, um seine Streitmacht mit der von Edwin und Morcar zu vereinigen, denn die war von den Skandinaviern am 20. September bei Gate Fulford vernichtend geschlagen worden. Er kam aber früher, als die Norweger erwartet hatten, und überraschte sie am 25. September bei Stamford Bridge. Die Schlacht von Stamford Bridge war ein überwältigender englischer Triumph. Harald Hadrada, Tostig und so gut wie alle ihre Männer wurden niedergemacht. Laut einer Quelle hatten nach dem Waffenstillstand gerade so viele Norweger überlebt, um 24 Langboote für die Heimfahrt zu bemannen.

Nach mindestens einer anderen Quelle hat Harald Godwinson bei Stamford Bridge berittene Truppen und Bogenschützen sowohl zum Angriff als auch zur Verfolgung eingesetzt. Der *Heimskringla* zufolge, die das Leben der norwegischen Könige beschreibt, waren die Engländer von allen Seiten auf die Norweger eingestürmt und hatten sie mit Speeren und Pfeilen eingedeckt. Laut einem anderen Bericht war die Schlacht zuende, als ein bestimmter Harald Sigurdson durch einen Pfeil getötet wurde, der ihm in die Kehle fuhr. So erhebt sich die Frage, warum die englische Reiterei in Hastings nicht eingesetzt wurde, wenn sie sich in Stamford Bridge so bewährt hatte?

25 *Die Ruine der Burg von Pevensey, Druck aus dem 18. Jahrhundert. Hier landete Wilhelms Invasionsstreitmacht im September 1066*

26 *Wilhelm beaufsichtigt den Bau der Burg von Hastings. In der Linken hält er das Banner, das der Papst ihm verliehen hatte (Teppich von Bayeux)*

Die Antwort auf diese Frage liegt wahrscheinlich in Haralds überstürzter Eile auf seinem Weg nach Süden, um Wilhelm zu stellen.

Wilhelm hatte von Haralds Schwierigkeiten im Norden gehört, und als zuletzt auch noch günstige Winde aufkamen, segelte er nach England. Am 28. September landete das Heer der Normannen, ohne zunächst auf Widerstand zu stoßen, in der Nähe der sächsischen Küstenfestung bei Pevensey in Sussex. Diese Anlage, die ursprünglich von den Römern im 4. Jahrhundert zur Abwehr sächsischer Seeräuber gebaut worden war, bedeckte eine Fläche von immerhin drei Hektar und lag damals viel näher an der Küste als heute **(25)**. Wilhelm ließ es sich später angelegen sein, die erhaltenen römischen Befestigungen zu verstärken. Jetzt, nach seiner Landung in Pevensey, war er sich über die Lage zunächst nicht im klaren. Vor allem wollte er die enge Fühlung mit seiner Flotte halten, und so verlegte er am 29. September ostwärts nach Hastings, wo ein guter Hafen war. Hier ließ Wilhelm eine Burganlage errichten, deren Bau allem Anschein nach der Teppich von Bayeux zeigt **(26)**. Seinen Aufenthalt in Hastings nutzte Wilhelms Heer zunächst, um die umliegenden Gebiete auszuplündern, einmal, um sich zu versorgen, zum anderen, um die Engländer tunlichst einzuschüchtern. Der Beweis für diese Schikane findet sich auf dem Teppich von Bayeux, unmittelbar vor den Bildern der Schlacht von Hastings. So sind normannische Soldaten zu sehen, die eine Hütte in Brand setzen, aus der eine Mutter mit ihrem Kind flieht, und auf einem anderen Bild sorgen sie für Proviant **(Farbtafel 13)**.

Bei seinem überwältigenden Sieg in der Schlacht von Stamford Bridge hatte König Haralds Heer bedeutende Verluste erlitten, Verluste, die ihn am Vorabend der normannischen Invasion besonders empfindlich treffen mußten. Der allgemeinen Überlieferung zufolge erreichte Harald inmitten der Siegesfeiern auf dem offiziellen Bankett in York die Eilmeldung, Wilhelm sei in

Pevensey gelandet. Harald raffte an Streitkräften zusammen, was er nur kriegen konnte, und eilte in einem der bekanntesten Gewaltmärsche der Geschichte gen Süden. Irgendwann zwischen dem 7. und 11. Oktober erreichte er London. Er war mit seiner Truppe mehr als 250 Meilen marschiert, ein Kraftakt selbst für berittene Truppen, für Fußsoldaten aber zu Haralds Verhängnis ein Ding der Unmöglichkeit. Das schloß wahrscheinlich auch seine Bogenschützen ein, die sich trotz ihrer überwiegenden Armut für gewöhnlich selbst bewaffnen mußten. Pferde und Ponies, die für einen solchen Marsch unverzichtbar gewesen wären, konnten sie sich jedoch nicht leisten, und so blieben sie zurück. Zurück blieben auch die Grafen Edwin und Morcar, die im Norden ein weiteres Heer zum Kampf gegen die Normannen ausheben sollten.

Nach einer Atempause von lediglich fünf Tagen, die ihm gerade Zeit genug ließ, um einige zusätzliche Truppen aufzustellen, brach Harald von London zur Küste nach Süden auf. Obwohl er gut beraten gewesen wäre, auf die Ankunft der nördlichen und westlichen Fyrds zu warten, war er fest entschlossen, die Normannen bei der ersten sich bietenden Gelegenheit anzugreifen. Am Abend des 13. Oktober bezog er auf einer Anhöhe Stellung, die damals als Senlac Hill, später als Battle Hill bekannt war. An Zahl waren die beiden Heere einander fast gleich, jedes hatte um die 7000 Soldaten. Ihre Rüstungen waren annähernd identisch, aber ihre Waffen und ihre Vorgehensweise unterschieden sich voneinander. Die Sachsen kämpften zu Fuß mit Äxten und Speeren. Anders die Normannen. Ihr runder, kurzer, lateinischer Haarschnitt hatte schon zum Gerücht geführt, Wilhelm sei mit einer Armee von Mönchen gelandet, aber sie waren in der Lage, wahlweise Kavallerie, Infanterie und Bogenschützen einzusetzen.

Die Schlacht von Hastings

Im Laufe der Nacht des 13. auf den 14. Oktober rückte Wilhelm an den Fuß des Hügels vor, auf dem Harald und seine Truppen lagerten. Harald hatte vorgehabt, die Normannen mit einem plötzlichen Angriff zu überraschen, aber durch Wilhelms Schachzug war er gezwungen, eine Abwehrstellung einzunehmen und sein Heer oben auf dem Hügel eine Front von einer halben Meile Länge bilden zu lassen, um den möglichen Angriff der Normannen mit dem traditionellen sächsischen „Schildwall" aufzufangen. Die Engländer waren alle abgesessen und drängten sich hinter jener Schildmauer, die großen dänischen Streitäxte zur Hand und bereit, sie in der herkömmlichen Weise zu gebrauchen.

Wilhelm hatte drei größere Abteilungen Bogen- und Armbrustschützen in die erste Kampflinie gestellt, dahinter schwerbewaffnete Soldaten zu Fuß mit gepanzerten Rittern auf Streitrössern zu ihrer Unterstützung. Diese Strategie garantierte den Normannen Wendigkeit und vollständige Bewegungsfreiheit, und Wilhelm erfreute sich wegen der Übermacht an beweglichen Bogenschützen zudem eines klaren Vorteils gegenüber Harald. Und wenn Wilhelm und sein Heer vielleicht noch einen Ansporn brauchten – sie hatten nur die Wahl, zu siegen oder zu sterben. Denn es war Wilhelm, nicht Harald, der auf fremdem Boden kämpfte und obendrein von seinem Nachschub abgeschnitten war. Gewann er, bedeutete das ewigen Ruhm, verlor er, fiel er der Vergessenheit anheim.

Von der Mitte aus befehligte Wilhelm die Normannen mit den Flamen und Franzosen zu seiner Rechten und den Bretonen auf der linken Seite. Gegen neun Uhr morgens ließ er die Bogenschützen vorrücken, und als es ihnen nicht gelang, die Schildmauer der Hauskarle an einer Stelle einzudrücken, befahl er den Fußtruppen den Vormarsch. Die Bretonen zu seiner Linken wurden durch einen Hagel von Speeren bedrängt, dem sie nicht standhalten konnten. Ihre Reihen zerbrachen, und sie flohen den Hügel hinunter, wo sie eigenen Bogenschützen und der Reiterei ins Gehege kamen, die daraufhin im Sumpfe steckenblieben. Bevor sich die Bretonen von ihrer Verwirrung erholt hatten, waren ihnen einige Einheiten des englischen rechten Flügels den Hügel

27 *Standort des Hochaltars in Battle Abbe, der Überlieferung nach die Stelle, an der Harald fiel*

hinab gefolgt. Als sie sahen, daß ihre Flanke bedroht war, wichen auch die restlichen Fußsoldaten Wilhelms auf dieser Seite zurück. Mit vereinten Kräften gelang es Wilhelm, seinem Bruder Odo und Graf Eustach von Boulogne, die Mitte und die rechte Seite zu stabilisieren. Als diese Truppenteile sich neu gruppiert hatten, beorderte Wilhelm einige seiner normannischen Ritter auf die linke Seite, wo sie jene Engländer, die die Bretonen angegriffen hatten, in schwere Bedrängnis brachten. So gelang es Wilhelm, seine bedrohte Flanke zu schließen, und nun ließ er die Kavallerie vorrücken. Die erreichte auch die englische Linie und schlug eine ganze Weile wirkungslos auf eine Mauer von Schilden ein, aber schließlich begannen die Normannen im Zentrum langsam zurückzufallen. Wieder setzten einige englische Einheiten nach, und wieder wurden sie durch einen Reiterangriff in die Flanke böse bestraft. Nach der Schlacht machten die Normannen geltend, sie seien mit voller Absicht zurückgewichen, und „Scheinbarer Rückzug" war in der Tat eine beliebte Taktik der Bretonen und Normannen, aber einige moderne Historiker nehmen ihnen diese Behauptung nicht ab. Es steht aber fest, daß die Bretonen damals in den vergangenen zwei Jahrhunderten oftmals so verfahren waren, und die Normannen hatten diese Taktik übernommen und sie gelegentlich mit Erfolg angewandt, sogar noch kürzlich bei Arques im Jahre 1053 (**Farbtafel 9**).

Die Verluste, die sie bei ihren Gegenangriffen erlitten hatten, waren so hoch, daß die Engländer sich gezwungen sahen, ihre Frontlinie zu verkürzen. An einem Ende tat sich nun zwischen ihrer Flanke und dem Sumpf auf festem Boden eine Lücke auf. In einem letzten Versuch, den Sieg noch vor Einbruch der Nacht zu erringen, ließ Wilhelm sein gesamtes Heer zum Angriff antreten. Haralds Heer begann nun von den Flügeln her zu zerbröckeln, bis normannische Ritter die Reihen der Hauskarle durchbrachen, und der König, der schon, siehe den Teppich von Bayeux, am Auge verwundet gewesen sein mag, wurde hinter seinem Banner niedergehauen (**27, Farbtafel 14**). Die Überreste des besiegten Fyrd flohen, verfolgt von den siegreichen Normannen; doch waren es die Verfolger, die später an diesem Tag noch einen empfindlichen Rückschlag erleiden sollten, als viele normannische Ritter in einem tiefen Graben, dem Malfosse, zu Tode kamen. Mit Stolz wußten die normannischen Geschichtsschreiber zu berichten, daß einige der berühmtesten normannischen Kämpfer ihrer Zeit in Hastings gefallen waren, doch die Engländer hatten ihren König und den Großteil des regierenden Adels verloren. Eine Autorität auf diesem Gebiet hat behauptet, die Schlacht von Hastings sei eine „Auseinandersetzung zwischen den militärischen Mitteln des 7. und denen des 11. Jahrhunderts“ gewesen. Und wirklich hat sie der traditionellen anglo-skandinavischen Kampfesweise den Todesstoß versetzt.

Nach der Schlacht erwartete Wilhelm, daß das, was vom englischen Adel übrig war, sich ihm unterwerfen würde. Als auch nach fünf Tagen noch kein Bescheid von den überlebenden englischen Führern gekommen war, marschierte er in nordöstlicher Richtung die Küste entlang, griff unterwegs alle Häfen an und besetzte sie mit eigenen Truppen, um die Nachrichtenwege über den Kanal zu sichern. Als er auch Dover erobert und dort Verstärkungen aus der Normandie übernommen hatte, wandte er sich in das Innere des Landes nach der Bischofsstadt Canterbury. Auf ihrem Wege räuberten die Normannen links und rechts das Land aus, zerstörten Dörfer und Höfe. Das Ausmaß der angerichteten Schäden kennen wir nicht, aber das Buch von Domesday aus dem Jahre 1086 berichtet von zahlreichen Landgütern in Südengland, deren Wert gefallen war, vermutlich eine Folge des Durchmarsches von Wilhelms Heer und seinen Raubüberfällen **(28a** und **b)**. Wie es aussieht, wurden die Normannen auf ihrem Weg nach Norden behindert, als bei ihnen die Ruhr ausbrach, doch erholten sie sich schnell und rückten nach Southwark an der Themse, südlich der London Bridge, vor. Hier kam es zu einem denkwürdigen Zwischenfall in Form eines Geplänkels zwischen den Normannen und den Bewohnern von London unter Führung des Äthelings Edgar, einem der wenigen überlebenden englischen Thronanwärter. Ganz offensichtlich traute Wilhelm es sich zu diesem Zeitpunkt nicht zu, London zu nehmen, und so legte er Feuer an Southwark und schwenkte dann nach Westen ins Tal der Themse, ein Versuch, die Hauptstadt von ihren Verbindungen abzuschneiden. Er hatte sich kaum in Bewegung gesetzt, da begann er von den Angelsachsen, die zu der Überzeugung gekommen waren, in Wilhelm den nächsten englischen König vor sich zu haben, Ergebenheitsadressen zu empfangen. Nicht lange danach übergab Edith, die Witwe Eduard des Bekenners, Wilhelm die Stadt Winchester und den Staatsschatz, und der Erzbischof Stigand bemühte sich von London nach Wallingford, um Wilhelm seiner Treue zu versichern. Dieser wandte sich nun den Fuß der Chilterns entlang nach Osten und bezog schließlich nördlich von London in Berkhampstead Quartier.

Abgeschnitten, wehrlos und durch die planmäßigen Verwüstungen, die Wilhelms gewundenen Marsch begleiteten, von Hungersnot bedroht, gab London auf. Wilhelm wurde in Berkhampstead aufgesucht von „Erzbischof Aldred, dem Ätheling Edgar und den Grafen Edwin und Morcar, und allen Häuptern von London. Und sie unterwarfen sich nach all dem Schaden, der angerichtet war...und stellten Geiseln, und er versprach, daß er ein gnädiger Lehnsherr sein werde.“ Zum Schluß wurde Wilhelm am Weihnachtstag des Jahres 1066 in der Westminsterabtei gekrönt, während in den Straßen Londons Aufstände tobten. Das „Dreikönigsjahr“ ging mit dem letzten und größten normannischen Triumph seinem Ende zu.

Die Sicherung der normannischen Herrschaft

Nach seiner Krönung widmete Wilhelm sich der Aufgabe, in den von ihm eroberten Gebieten des Königreichs Ruhe und Ordnung wiederherzustellen. Plünderungen waren ab sofort untersagt, den Bürgern von London wurden ihre Vorrechte durch einen Freibrief bestätigt; Wilhelm stellte in Aussicht, nur annehmbare Lösegelder zu verlangen, und bot allen Sachsen Pardon, die nicht an Haralds Seite gekämpft hatten. Daraufhin erschienen Abordnungen aus Mittel- und Nordengland in seinem Hauptquartier, das sich jetzt in Barking befand, um sich ihm zu unterwerfen, unter ihnen

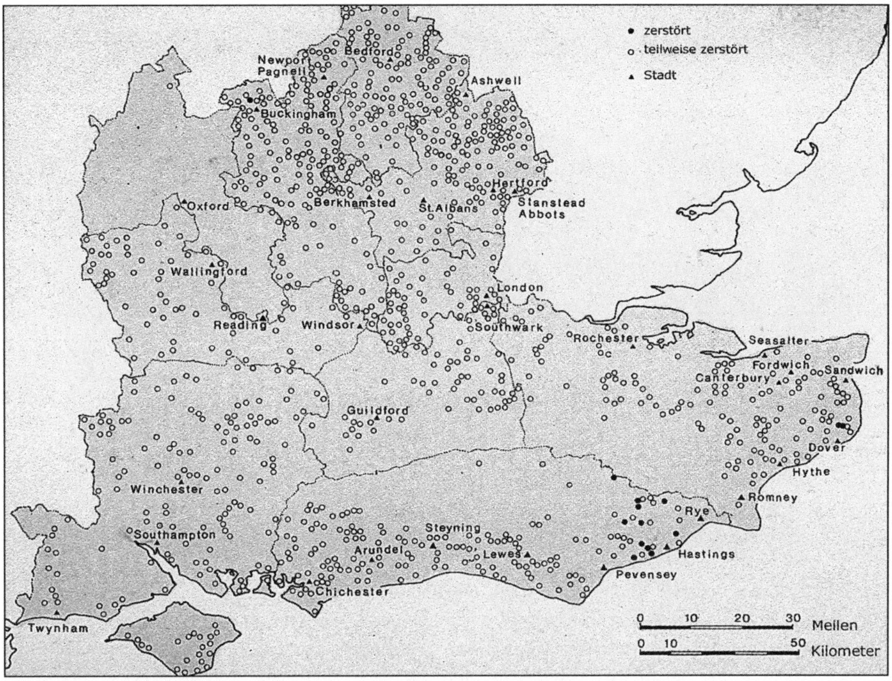

28a *Lageplan der Ansiedlungen, die 1070 ganz oder teilweise zerstört wurden. „Die Reihen ‚verwüsteter' Landgüter markieren die Bewegung von Wilhelms Heer, vor und nach der Eroberung" (Judith Dobie)*

die Grafen Edwin und Morcar, wie der normannische Geschichtsschreiber Wilhelm von Poitiers berichtet. Zeitgenössischen Darstellungen zufolge empfing König Wilhelm sie ausgesprochen herzlich, er regte sogar an, Edwin möge eine seiner Töchter heiraten. Im weiteren Verlauf wurden die Grafen als Gäste ohne Bewegungsfreiheit an den königlichen Hof genötigt, und als Wilhelm im Frühjahr 1067 in die Normandie zurückkehrte, gehörten sie mit dem Ätheling Edgar, Erzbischof Stigand und mehreren weiteren Grafen zu den fürstlichen Geiseln, die ihn begleiten mußten. Die nun folgende Fahrt durch die Normandie geriet ihm zum Thriumphzug.

Wilhelm segelte von Pevensey, wo seine Invasionsflotte damals gelandet war, direkt nach der normannischen Hauptstadt Rouen, dann wandte er sich zum herzoglichen Palast und der Klosteranlage von Fécamp. Das Kloster bedachte er bei seinem Besuch mit großzügigen Schenkungen; von da reiste er nach Jumièges, wo er bei der Einsegnung der neuen Abteikirche zugegen war, der er die Insel Hayling übereignet hatte. Bei dieser Gelegenheit stellte er eine große Auswahl des englischen Staats- und Kirchenschatzes zur Schau. Wilhelm von Jumièges hat die Verwunderung der Zuschauer über den Reichtum der Gold- und Silbergefäße, die Schätze aus Metall und die kostbaren Stickereien aus England schriftlich festgehalten, und weiterhin verglich er die Eroberung Englands durch Herzog Wilhelm mit der von Julius Cäsar. Es war dies ein beliebtes Motiv, das von späteren normannischen Geschichtsschreibern gern aufgegriffen wurde. Darin drückte sich eine Verherrlichung von Wilhelms Laufbahn aus, die vielleicht schon Züge einer persönlichen Vergöttlichung trug.

28b *Das besiegte englische Heer flieht, verfolgt von normannischer Reiterei, dargestellt auf dem Teppich von Bayeux, der hier endet. Ursprünglich ging er jedoch wahrscheinlich bis zur Krönung Wilhelms am Weihnachtstag 1066 in der Westminsterabtei weiter*

Vor seiner Abreise hatte Wilhelm seinem Halbbruder, Bischof Odo, die Aufsicht über Südengland übertragen und ihn zum Grafen von Kent ernannt. Seinem alten Freund und Landsmann Wilhelm Fitz Osbern, dem frischgebackenen Grafen von Hereford, vertraute er alles Land nördlich der Themse an. Während Wilhelms Abwesenheit lernten diese mächtigen Statthalter den aufkeimenden englischen Widerstand kennen. In Hereford gab es einen Aufstand, der die gerade gebaute Burg zum Mittelpunkt hatte, und die Männer von Kent, die im Grafen Eustach von Boulogne, der anscheinend aus dem inneren Gleichgewicht geraten war, weil er für seine Dienste in Hastings nicht besser belohnt wurde, einen unsicheren Bundesgenossen gewonnen hatten, belagerten die Burg von Dover, bis Eustach sie nach dem ersten Ausfall der Besatzung im Stich ließ. Trotz dieser Störungen hatte Wilhelm, als er Anfang Dezember 1067 nach England zurückkehrte, im Erzbischof Aldred von York einen Verbündeten gewonnen. Der hatte für eine verläßliche englische Gefolgschaft gesorgt, weil er in Wilhelm den einzigen sah, der fähig war, die Ordnung im Königreich zu gewährleisten. Im folgenden Jahr konnte Wilhelm den befriedeten Südosten zeitig verlassen, um ins äußerste Wessex zu marschieren. Hier hatte Haralds Mutter mit seinen illegitimen Söhnen Zuflucht bei Untertanen gefunden, die treu zur englischen Sache standen und nur deshalb nicht an der Schlacht von Hastings teilgenommen hatten, weil sie Harald auf seinem schnellen Marsch nach Süden nicht folgen konnten. Mit einem Heer, in dem zum ersten Mal Sachsen zusammen mit seinen französischen Söldnern dienten, legte Wilhelm einen Belagerungsring um Exeter. Nach 18 Tagen fiel die Stadt, aber in der Zwischenzeit war Haralds Familie entkommen. Während der nächsten zwei Jahre machten seine Söhne die Westküste mit Flotten unsicher, die sie in Irland aufbrachten, aber sie stellten mehr eine Belästigung als eine ernsthafte Bedrohung dar.

Nach dem Fall von Exeter gaben Devon und Cornwall auf. Gloucester und Bristol folgten ihrem Beispiel, und Wilhelm kehrte zum Pfingstfest nach London zurück, weil der Südwesten nun unterworfen war, mußte aber erfahren, daß im Norden ein größerer Aufstand tobte. Drei seiner Hauptgeiseln hatten sich davongemacht; Edwin und Morcar hoben in Mercia Heere aus, und in Northumberland machte sich ein Sachse namens Gospatric, dem Wilhelm den Grafentitel von Bernicia verkauft hatte, daran, für Edgar den Ätheling einen Aufstand anzuzetteln. Aber diese Erhebung war verfrüht und halbherzig, so daß die aufständischen Mercianer bei Wilhelms Ankunft wieder nach Hause gingen. Als er in York einzog, hatten Gospatric und Edgar schon Zuflucht beim König der Schotten gesucht, bei Malcolm Canmore, dem Sieger über Macbeth.

Seine Vorherrschaft war jetzt unangefochten, aber Wilhelm beunruhigte die Treue, die die Engländer ihren Führern gegenüber noch immer empfanden, weiterhin. Zudem war er ängstlich darauf bedacht, keine Märtyrer zu schaffen, an deren Andenken sich Aufstände entzünden konnten. Deshalb begnadigte er Edwin und Morcar, beschnitt jedoch ihren Handlungsspielraum durch zahlreiche normannische Burgen, die im Norden in Windeseile gebaut wurden. Unterhalten wurden sie von Befehlshabern vom Kontinent, denen er in den einstmals unabhängigen Grafschaften Ländereien übereignete. Nachdem er eine Garnison eingerichtet und in York den Bau einer Burg veranlaßt hatte, marschierte Wilhelm nach Süden. Auf seinem Weg dorthin sorgte er durchgehend für den Bau weiterer Burgen. Die Befriedung des Westens und Nordens kam ihm leichter vor, als er sich das vorgestellt hatte. Nach seiner Rückkehr aus dem Westen fühlte er sich sicher genug, um Matilda aus der Normandie nachkommen und in Winchester zur Königin krönen zu lassen. Doch während die Aufstände von 1068 wirkungslos und schlecht vorbereitet waren, sollte das Jahr darauf weit gefährlicher werden.

Die Heimsuchung des Nordens

Die ersten Revolten von 1069 hatten nur begrenzte Wirkung. Ausgelöst wurden sie durch die Empörung über das wahllose Gemetzel, das der normannische Befehlshaber im Norden, Robert von Commines, mit seinen Soldaten veranstaltete. So drangen die Northumbrier bei Nacht in die Unterkünfte der Normannen in Durham ein, brachten die Soldaten in ihren Betten um und steckten das Haus des Bischofs in Brand, wobei sie auch Robert töteten. Die Männer von York scharten sich daraufhin um ein kleines Heer, das mit Edgar dem Ätheling nach Süden gekommen war, und belagerten die Burg. Wieder marschierte Wilhelm nach Norden und überrumpelte die Belagerer, woraufhin Edgar sich wieder nach Schottland flüchtete. Wilhelm befahl den Bau einer zweiten Burg, diesmal außerhalb vonYorks Stadtmauern, und kehrte nach dem Süden zurück.

Der bedeutendste Aufstand unter seiner Herrschaft ereignete sich später im Jahr. Die Rebellenführer in Nordostengland hielten naturgemäß noch freundschaftliche Verbindungen mit Skandinavien aufrecht, und so hatten sie auch im Geheimen mit dem dänischen König Sven verhandelt. Der erhob Ende August Ansprüche auf den englischen Thron. Eine Flotte mit angeblich 240 dänischen Langbooten unter dem Befehl von Svens Söhnen und seinem Bruder segelte die Ostküste herauf und landete an der Humbermündung, wo sie sich mit Edgar dem Ätheling, Gospatric, Graf Waltheof von Huntingdon und einer Handvoll bis dahin normannenfreundlicher Häuptlinge vereinigte. Die Engländer schlossen sich den Rebellen in gewaltiger Zahl an. Schon Ende September war York geplündert und bis auf die Grundmauern niedergebrannt, auch von den neuen Burgen im Norden waren viele geschleift worden, und die Überlebenden der normannischen Besatzung wurden auf dänischen Schiffen gefangengehalten. Ein weiterer Schlag für die Normannen war der Tod von Erzbischof Aldred, der einer der einflußreichsten Verbündeten Wilhelms im Norden gewesen war.

Die Kunde von diesem Aufstand löste prompt Aufstände im Südwesten aus; Wilhelm ließ ihn unter der Obhut seiner Unteranführer und marschierte ein drittes Mal nach Norden. Die Dänen und ihre Bundesgenossen zogen sich von York an und auf den Humber zurück, und als Wilhelm zum Angriff auf sie vorrückte, mußte er feststellen, daß die Mercianer im Südwesten seine Flanke bedrohten. Er ließ deshalb seinen Halbbruder Robert und ein kleines Heer zur weiteren Beobachtung des Feindes am Humber zurück, zog aber selbst nach Mercia und schlug die

Aufständischen in Stafford. Auf dem Rückmarsch zum Humber erreichte ihn Roberts Warnung, die anglo-dänische Streitmacht sei wieder auf dem Weg nach York. Sein Versuch, die Stadt vor seinen Feinden zu erreichen, wurde von einer anderen englischen Rebellenschar durchkreuzt, die die einzige Brücke über den Fluß Aire einriß, wodurch sein Vormarsch drei Wochen aufgehalten wurde, bis es ihm gelang, eine Furt aufzuspüren, die nicht verteidigt wurde. Wilhelm besann sich nun auf die Taktik, die er beim Kampf um London verfolgt hatte; er umging York und zerstörte in der Umgebung alles, was er fand. Und wieder hatte er Erfolg: im Umkreis der abgeschnittenen und unbefestigten Ruinen leerten sich die Höfe, und der Inhalt der wohlgefüllten Kornkammern verwandelte sich in Asche. Im Bewußtsein der Unmöglichkeit, einer langen Belagerung standzuhalten, zog die dänische Führung den Großteil ihres Heeres zurück, solange noch Zeit war, und sandte Unterhändler zu Wilhelm, um über den Frieden zu verhandeln.

Nachdem er das, was von York übriggeblieben war, zurückerobert hatte, war Wilhelm ein weiteres Mal großmütig gegen die Rebellenführer und die Eindringlinge. Er begnadigte alle englischen Anführer, die sich ihm unterwarfen, und ließ Edgar, der wieder nach Schottland floh, nicht verfolgen. Er erlaubte sogar den Dänen, mit ihrer Flotte auf dem Humber zu überwintern, doch da er sich der Bedrohung, die von ihnen ausging, nur zu bewußt war, untersagte er ihnen jegliche Aktivitäten. Da er jedoch, nach diesem dritten und schlimmsten Aufruhr, fest entschlossen war, den Trotz des Nordens zu brechen, setzten seine Soldaten fast den gesamten November und Dezember hindurch ihr Werk der Zerstörung fort und mordeten in Städten und auf Bauernhöfen zwischen York und Durham, wo sie auch hinkamen. Nachdem sie Weihnachten in York verbracht hatten, setzten sie diesen Akt der Bestrafung in Stafford, Derby und Chester fort. Die „Heimsuchung des Nordens“, wie diese unglaublich blutrünstige Begebenheit genannt wurde, zeitigte ihren grausamen Erfolg, und die Erhebungen im Norden waren ein für allemal vorüber.

Nun war die Kriegführung des 11. Jahrhunderts durchweg von Grausamkeiten begleitet, aber die Mittel, die Wilhelm zur Unterdrückung des Nordens einsetzte, wurden selbst für diese Zeit übereinstimmend als aus dem Rahmen fallend und außerhalb jeder Entschuldigung betrachtet. Orderic Vitalis schrieb:

> *Bei mancher Gelegenheit war ich so frei, Wilhelm wegen seiner Verdienste zu rühmen, aber ich wage nicht, ihn für eine Handlung zu loben, die die Guten und die Bösen gleichermaßen der allgemeinen Verderbnis, hervorgerufen durch eine verheerende Hungersnot, auslieferte... Lieber will ich die Bedrückung und die Trauer der unglücklichen Wesen beklagen, als mich der unmöglichen Aufgabe zu unterziehen, jemanden durch lügenhaftes Schmeicheln zu schützen, der eines derartigen Massenmordes schuldig ist. Ich mache überdies geltend, daß solch grauenhafter Mord nicht unbestraft bleiben sollte.*

Ein anderer zeitgenössicher Schreiber, Simeon von Durham, berichtet über die Vernichtungsaktion in mehr Einzelheiten, ruft die verfaulten und verwesten Leichname in Erinnerung, die damals die Überlandstraßen Englands säumten. Eine Pestepidemie folgte, und Aloist von Evesham erzählt, wie völlig abgerissene Flüchtlinge in sein Städtchen strömten. Orderic Vitalis ging sogar so weit, zu behaupten, Wilhelm habe auf dem Sterbebett Worte der Reue gefunden – ‚Ich habe die eingesessene Bevölkerung des Königreichs übertrieben streng behandelt, wahrhaft hoch und niedrig bedrückt, viele unrechtmäßig enterbt, und den Tod Tausender durch Hunger und Krieg verursacht, besonders in Yorkshire‘ -, aber es ist nicht klar, aus welcher Quelle Orderic über seine Einbildungskraft hinaus geschöpft hat, denn Wilhelms Selbstanklage wird in keinem weiteren zeitgenössischen Bericht erwähnt **(29)**.

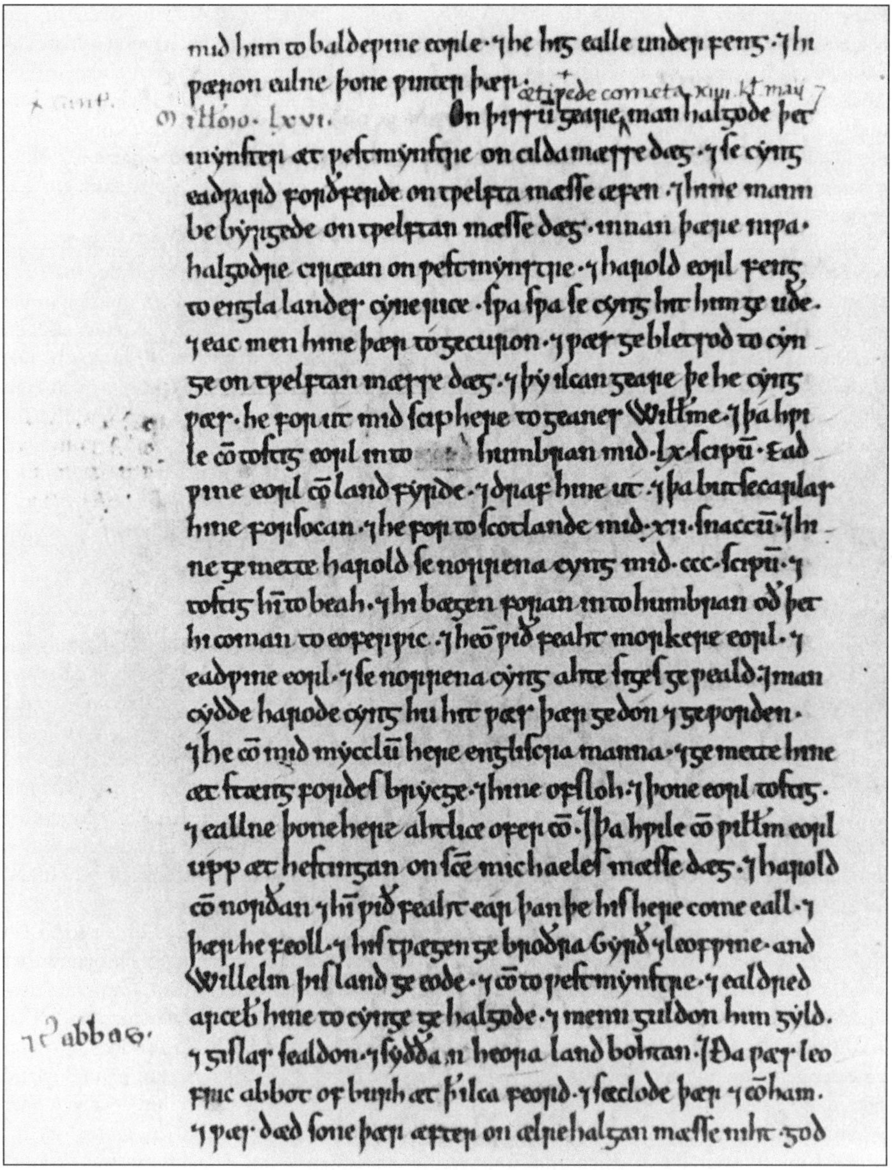
mid him to baldeƿine eorle. 7 he hine ealle under feng. 7 hi
ƿæron ealne þone ƿinter þær. ætiƿede cometa xiiii kl. mai 7
Anno. M. lxvi. On þissū geare man halgode þet
mynster æt ƿestmynstre on cilda mæsse dæg. 7 se cyng
eadƿard forðferde on tƿelfta mæsse æfen. 7 hine man
bebyrigede on tƿelftan mæsse dæg. innan þære niƿa
halgodre circean on ƿestmynstre. 7 harold eorl feng
to engla landes cynerice. sƿa sƿa se cyng hit him ge uðe.
7 eac men hine þær to gecuron. 7 ƿæs gebletsod to cyn
ge on tƿelftan mæsse dæg. 7 þy ilcan geare þe he cyng
ƿæs. he for ut mid sciphere togeanes ƿillme. 7 þa hƿi
le cō tostig eorl into humbran mid lx scipū. Ead
ƿine eorl cō landfyrde 7 draf hine ut. 7 þa butsecarlas
hine forsocan. 7 he for to scotlande mid xii snaccū. 7 hi
ne gemette harold se norrena cyng mid ccc scipū. 7
tostig hī to beah. 7 hi bægen foran into humbran oð þet
hi coman to eoferƿic. 7 heō ƿið feaht morkere eorl. 7
eadƿine eorl. 7 se norrena cyng ahte sige geƿeald. 7 man
cydde harode cyng hu hit ƿæs þær gedon 7 geƿorden.
7 he cō mid mycclū here englisca manna. 7 gemette hine
æt stængfordes brycge. 7 hine ofsloh. 7 þone eorl tostig.
7 eallne þone here ahtlice ofercō. 7 þa hƿile cō ƿillm eorl
upp æt hestingan on sc̄e michaeles mæsse dæg. 7 harold
cō norðan 7 hī ƿið feaht ear þan þe his here come eall. 7
þær he feoll. 7 his tƿægen gebroðra Gyrð 7 leofƿine. and
ƿillelm þis land geeode. 7 cō to ƿestmynstre. 7 ealdred
arceb hine to cynge gehalgode. 7 menn guldon him gyld.
7 gislas sealdon. 7 syððan heora land bohtan. 7 Ða ƿæs leo
fric abbot of burh æt þilca feord. 7 seaclode þær 7 cō ham.
7 ƿæs dead sone þær æfter on ealrehalgan mæsse niht. god

29 *Die Angelsächsische Chronik berichtet über die Schlacht von Hastings*

Die Erhebungen im Südwesten wurden von den nachgeordneten Führern unterdrückt, und als Wilhelm zu Ostern nach Winchester zurückkehrte, zahlte er die meisten seiner Söldner aus. Aber es gab in Ostanglien noch ein Widerstandsnest, das sich mehr wegen seiner sagenhaften Klasse als durch Erfolge in Erinnerung brachte. Als Ende 1069 die Nachfolge für die Abtei von

Peterborough kurz vor dem aufständischen Moorgebiet anstand, berief Wilhelm den Abt von Malmesbury, Turold von Fécamp, der neben seiner Eignung als Geistlicher auch schon soldatische Fähigkeiten bewiesen hatte. Auf die Nachricht von seiner Ernennung hin riefen einige örtlich Ansässige die Dänen gegen den kriegerischen Abt zu Hilfe. Die Dänen waren einverstanden, und ein Häuptling namens Herward der Wache geleitete sie heimlich durch die Sümpfe. Aber die Dänen hatten nicht im Sinn, Peterborough zu verteidigen; sie trugen alle Schätze der Abtei zusammen, und als Turold mit zu wenigen Rittern eintraf, um ihnen begegnen zu können, ließ er sie mit ihrer Beute in Frieden ziehen.

In Stich gelassen von ihren Verbündeten und überzeugt, daß sie für ihren Verrat bestraft würden, suchten Herward und seine Gefolgsleute in einem befestigten Lager auf der Insel Ely Schutz. Sie hielten aus bis 1071, als Edwin und Morcar Wilhelms Hof verließen, um sich ihnen anzuschließen. Während er noch dabei war, Söldner anzuwerben, wurde Edwin von seiner eigenen Gefolgschaft ermordet, Morcar aber schlug sich mit einer kleinen Schar nach Ely durch. Die Bedrohung war groß genug, um Wilhelm persönlich auf den Plan zu rufen. Nach mehreren blutigen Angriffen war der Rebellenstützpunkt genommen. Morcar wurde ergriffen und für den Rest seines Lebens zum streng bewachten Gefangenen. Herward entkam und verschwand, obwohl er auf freiem Fuß geblieben zu sein scheint, von der geschichtlichen Bildfläche. In der Folge rankten sich Legenden in Form erfundener Abenteuer um Herward und machten ihn zu einem englischen Helden in Sagen und Balladen, die in den folgenden Jahrhunderten erzählt wurden.

Wilhelm „der Eroberer"

Wilhelm hatte England aus eigenem Entschluß gegen alle Erwartungen erobert. Beständigkeit und außergewöhnliches Glück hatten dazu ebenso wie die Uneinigkeit und Unfähigkeit seiner Gegner beigetragen. Um 1072 lag die einzige Bedrohung seiner Machtvollkommenheit hinter der Nordgrenze, wo König Malcolm Margret überredet hatte, ihn zu heiraten, und deshalb vielleicht ein größeres Interesse an den Ansprüchen seines Schwagers Edgar zeigen mochte. Als reine Vorbeugemaßnahme zeigte Wilhelm seine Stärke, führte seine Truppen bis zum Firth of Forth, und die beiden Könige schlossen am Ufer des Tay den Vertrag von Abernethy. Malcolm erhielt Ländereien in Nordengland, wofür er Wilhelm seine Reverenz erwies, überließ diesem seinen ältesten Sohn Duncan als Geisel und zeigte sich einverstanden, Edgar den Ätheling aus Schottland auszuweisen.

Edgar machte endlich seinen Frieden mit Wilhelm, wurde begnadigt und erhielt sogar ein Ruhegeld. Wilhelm konnte sich diese Großzügigkeit erlauben; der junge sächsische Thronanwärter war im Verlauf der nördlichen Aufstände nie mehr als eine Marionette gewesen, und sich selbst überlassen, war er im Lande zu unbekannt, um von irgendeiner Seite auf Unterstützung hoffen zu dürfen. Der einzige Mann mit dem Ansehen und dem nötigen Einfluß, um die Engländer zu einer gemeinsamen Verteidigung zu vereinen, war in Hastings gefallen. In fast ganz England hatten die Sachsen für Harald gekämpft, weil er und seine Brüder, die neben ihm gefangen oder getötet wurden, ihre Landgrafen waren, und in Mercia und Northumbrien hatten sie für ihn gekämpft, weil ihre Grafen mit ihm verbündet waren. Nun Harald tot war, konnte sich kein Widerstand mehr bündeln. Sie mochten aus beschränktem Eigeninteresse für die Freiheit ihrer Grafschaften fechten oder für einen überlebenden Häuptling außer Diensten, aber in einem Königreich, das durch die Eifersüchteleien seiner Grafen zur Uneinigkeit verurteilt war, mußten die Engländer erst einmal lernen, einheitlich für England zu kämpfen.

4 *England und die Normandie im 12. Jahrhundert*

Nach der Eroberung

Nach 1072 verhielten sich die Engländer verhältnismäßig ruhig, so daß Wilhelm in den letzten 15 Jahren seiner Herrschaft viel Zeit in der Normandie verbrachte; 1077 bis 1080 war er sogar nahezu drei aufeinanderfolgende Jahre nicht in England. Während dieser langen Zeiträume, die er sich in der Normandie aufhielt, überließ Wilhelm die Verwaltung seines neugewonnenen Königreichs verschiedenen Regenten, besonders Erzbischof Lanfranc **(Farbtafel 16)**. Nun, da er England erobert hatte, ließ er das übrige Britannien ungeschoren, obwohl sich ihm Vorwände genug geboten hätten, denn die Waliser hatten die Aufständischen im Osten unterstützt, die Iren Haralds Söhne, und die Schotten ließen nicht ab, die nördlich gelegenen Grafschaften zu überfallen. Die Antwort auf diese Herausforderungen fiel maßvoll aus: in den Waliser Marken trieben die Grafen von Shropshire und Hereford die normannische Grenzlinie nach eigenem Gutdünken nach Wales hinein, und 1080 erreichte ein Feldzug unter dem Befehl von Bischof Odo als Antwort auf vorangegangene schottische Angriffe Falkirk. Aber das waren keine planmäßigen Versuche, mit der Eroberung dieser beiden Länder zu beginnen, und bis Irland in die anglo-normannische Interessensphäre gelangte, sollte noch geraume Zeit bis in ein anderes Jahrhundert vergehen.

Für den Rest seiner Herrschaftszeit wurden Wilhelms französische Gebiete von Aufständen zerrissen. In einen von ihnen war sein ältester Sohn und Erbe, Robert Kurzhose, verwickelt, und obendrein bedrohten Flandern, Anjou und Frankreich die normannischen Grenzen. So blieb Wilhelm keine Wahl; er mußte sichern, was er gewonnen hatte, und im übrigen den Schwerpunkt auf die Verteidigung legen. Seine militärischen Kräfte zwischen der Abwehr dieser Feinde und weiteren Angriffen in Britannien zu zersplittern, konnte er sich nicht leisten. Die Allianz mit Flandern war 1071 zerbrochen, und die nachfolgenden Auseinandersetzungen hatten zum Tod seines hochgeschätzten Vizekönigs Wilhelm Fitz Osbern geführt. Nicht lange danach fand in Maine ein Aufstand statt, der vom Grafen Fulk von Anjou unterstützt wurde, in dessen Verlauf die normannische Besatzung aus Le Mans vertrieben wurde, und im Westen taten sich mit der Bretagne Schwierigkeiten auf, die aber 1086 ein Ende fanden, als Graf Alan von der Bretagne Wilhelms Tochter Konstanze heiratete.

Es empörten sich sogar die Normannen in England. In den Jahren unmittelbar nach der Eroberung waren Einheit untereinander und Treue zu ihrem Befehlshaber lebensnotwendig für die Normannen, aber Wilhelms Herrschaft über das Land kam einigen Baronen so erdrückend vor, daß Roger von Hereford und Graf Ralph von Norfolk im frühen Jahr 1075, als Wilhelm sich in der Normandie aufhielt, einen Putsch planten. Aus Dänemark erhielten sie die Zusage, sie zu unterstützen, und mit dem englischen Thron als Lockmittel gelang es ihnen, den letzten Engländer mit Macht im Rücken, Graf Waltheof von Huntingdon, auf ihre Seite zu ziehen. Die Verschwörung brach bald in sich zusammen, und Roger und Waltheof wurden wegen Landesverrats vor Gericht gestellt. Für ihr Vergehen wurden sie nach den unterschiedlichen Strafgesetzen Englands und der Normandie verurteilt. Roger brachte sein restliches Leben im Kerker zu, während Waltheof gefoltert und hingerichtet wurde. Das Los dieses Aufrührers diente zur allgemeinen Warnung, und danach waren die einzigen führenden Barone, die es wagten, sich Wilhelm zu widersetzten, die Mitglieder seiner eigenen Familie.

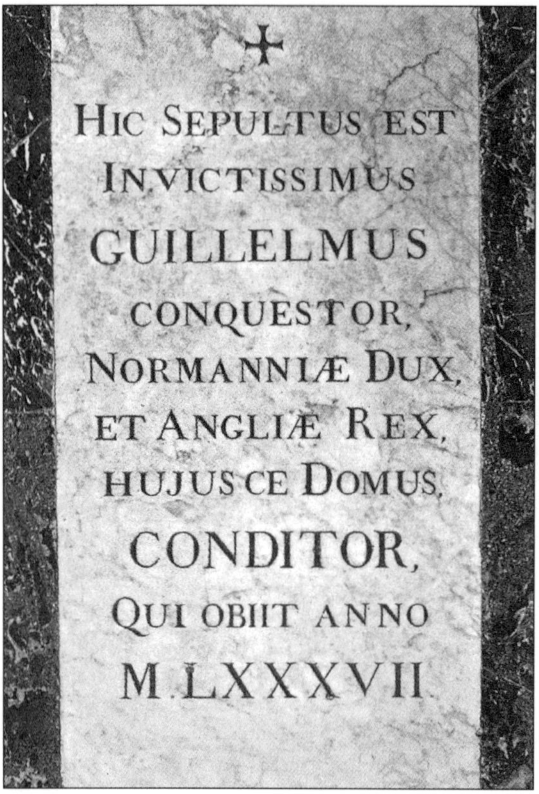

30 *Grabstein Wilhelm des Eroberers in der Abteikirche St. Stephan in Caen. Eine Nachbildung des Grabsteins, der im 16. und 18. Jahrhundert niedergebrochen war, aus dem 19. Jahrhundert*

König Wilhelm II. (Rufus), 1087–1100

Wilhelm der Eroberer starb im Jahre 1087 in Rouen an den Folgen der tödlichen Wunde, die er auf einem Feldzug gegen König Philipp I. von Frankreich in Mantes im normannischen Vexin empfangen hatte **(Farbtafel 17)**. Er wurde in der Kirche von St. Stephan in Caen beigesetzt, die er einst teils als Grabstätte, teils als Buße gegenüber dem Papst für seine Heirat gebaut und der er, nach der Eroberung, Krone, Speer und Zepter von England geschenkt hatte **(30)**. Nach seinem Tode ging die Normandie auf seinen ältesten Sohn Robert Kurzhose über **(31)**, England aber auf seinen zweiten überlebenden Sohn, Wilhelm Rufus. Die Gründe für dieses getrennte Erbe sind nicht bekannt, aber vermutlich wollte Wilhelm seinen ältesten Sohn für dessen Teilnahme an den Aufständen in der Normandie bestrafen, und es spricht einiges dafür, daß er ihm ebenso die Normandie vorenthalten wollte. Wilhelm Rufus wäre aber überhaupt nicht auf den Thron gelangt, wenn Erzbischof Lanfranc sich nicht für ihn eingesetzt und Robert daran gehindert hätte, die Krone zu ergreifen. Orderic Vitalis berichtet:

Robert war persönlich tapfer, sehr abenteuerlustig, witzig im Gespräch, ein gewinnender Gesellschafter, aber seine Taten waren häufig schlecht durchdacht, und er war zügellos in Wort und Tat, so daß er seine Kraft vergeudete, und sehr freigebig mit Versprechungen, in die man nur wenig Zutrauen setzen durfte.

31 *Steinplastik von Robert Kurzhose, Herzog der Normandie, in der Kathedrale von Gloucester. Robert, Wilhelms ältester Sohn, wurde von seinem Bruder Heinrich I. bis zu seinem Tod 1134 in England eingekerkert*

32 *Luftbild der nördlichen befestigten Stadt der Normannen in Durham, in der Mitte die große Kathedrale und rechts die Burg*

An Roberts Mut und Anziehungskraft gibt es nur wenig Zweifel; er hielt sich im Ersten Kreuzzug sehr wacker, als man über ihn sagte, weder Christ noch Heide könne ihn werfen. Sein mangelndes Urteilsvermögen zeigte sich vielleicht 1078 am besten, als er die Herrschaft über die Normandie zu gewinnen trachtete, indem er eine Auflehnung mit dem untauglichen Versuch anzettelte, sich Rouens zu bemächtigen. In seiner Zeit als Herzog wurde in der Normandie viel von dem Ansehen, das sein Vater sich erworben hatte, verspielt. Privatburgen breiteten sich aus, und es entwickelte sich eine verworrene politische Lage. Damit wird die Frage, warum Wilhelm der Eroberer Robert nicht ganz von der Erbfolge ausschloß, immer drängender. Möglicherweise, weil Robert die Unterstützung zahlreicher normannischer Barone besaß, die ihm einen Treueeid geschworen hatten. Wie auch immer: Die Normandie wurde erst 1106 nach der Schlacht von Tinchebrai wieder mit England vereinigt, als Heinrich I. Robert besiegte und der König von England wieder Herzog der Normandie wurde.

Mit dem Amtsantritt von Wilhelm II. lebten sogleich die alten Bestrebungen wieder auf, Roberts Anspruch zu unterstützen, wobei sich besonders normannische Edelleute wie Roger von Shrewsbury und der Bischof von Durham hervortaten, die das ganze, ungeteilte Staatsgebiet des Eroberers wiederhaben wollten. 1088 wurde die Burg von Durham belagert **(32)** und verschiedene königliche Burgen wurden genommen, darunter eine der stärksten, Bristol, die an Bischof Gottfried von Coutances und seinen Neffen Robert von Mowbray, Graf von Northumberland, fiel. Unter den Aufrührern war auch Wilhelms Halbbruder Odo von Bayeux, ein Mann, der während und nach der Eroberung eine wichtige, vielleicht sogar entscheidende Rolle gespielt, 1082 aber eine Revolte gegen Wilhelm angeführt hatte und deshalb von diesem auf dem Sterbebett nolens volens kaltgestellt worden war. Er ergab sich schließlich außerhalb der Burg von Rochester. Seiner persönlichen Mängel ungeachtet erfreute sich Wilhelm Rufus als Soldat hohen Ansehens. Verschiedene Aufstände während seiner Regierung unterdrückte er erfolgreich.

In den Jahren 1090 und 1091 war er von Feldzügen in der Normandie in Anspruch genommen, aber 1092 richtete er sein Augenmerk auf das westliche Cumberland und auf Westmorland, die noch unter schottischer Herrschaft standen. Im selben Jahr wurde in Carlisle eine Burg gebaut, und er begann den Nordwesten mit anglo-normannischen Siedlern zu kolonisieren. Der Rest von Wilhelms Herrschaft war von Ränkespielen, Zerwürfnissen und Bedrohungen von außen bestimmt. Um dem zu begegnen, festigte er die normannische Herrschaft über England und schickte Militärexpeditionen nach Schottland und Wales, was in beiden Fällen vom Bau zahlreicher Burgen begleitet wurde. Als Robert von der Normandie 1096 den Kreuzzug antrat, verpfändete er das Herzogtum für 10000 Mark, und Wilhelm nahm rechtskräftig die Herzogswürde an. Doch kurz nach Wilhelms Tod im August 1100 kehrte Robert zurück und setzte sich wieder als Herzog ein. Wilhelm Rufus war genau wie sein Vater jemand, der auf Landgewinn hinarbeitete, und kurz vor seinem Tod ließ er sein Bestreben erkennen, weiter weg Land zu erwerben, besonders in Aquitanien. Einem Bericht zufolge wurde Wilhelm einen Tag, bevor er auf der Jagd im Neuen Wald getötet wurde, gefragt, wo er dieses Jahr das Weihnachtsfest verbringen wolle. Er antwortete: "Poitiers" – ein Ehrgeiz, der schließlich von einem englischen König später im 12. Jahrhundert befriedigt wurde, aber erst, als die Angeviner das normannische Herrscherhaus abgelöst hatten.

Nach den meisten Quellen war Wilhelm kein beliebter König. In der Kirche sah er hauptsächlich eine Quelle für staatliche Einkünfte, und sein angespanntes Verhältnis zu Erzbischof Anselm endete damit, daß er ihm 1097 seine Landgüter wegnahm. Die Angelsächsische Chronik beschreibt Wilhelm als „gehaßt von fast allen seinen Untertanen“, und es kann sein, daß er wirklich ermordet worden ist – vielleicht auf Befehl seines Bruders und Nachfolgers auf dem Thron, Heinrich.

Heinrich I. (1100–1135)

Der jüngste Sohn Wilhelm des Eroberers, Heinrich I., folgte seinem Bruder Wilhelm Rufus auf dem Thron nach. Er war bei Wilhelms Tod im Neuen Wald zugegen und verlor keine Zeit, den Staatsschatz in Winchester mit Beschlag zu belegen, während sein Bruder Herzog Robert, der ebenfalls einen Anspruch auf England hätte geltend machen können, sich noch auf dem Kreuzzug befand. Heinrich war anglisierter als seine beiden Vorgänger. Seine erste Frau war die angelsächsische Prinzessin Matilda, eine Nichte von Edgar dem Ätheling. Seine zweite Frau war Adelheid von Louvain. Unter Heinrichs Regierung wurden zahlreiche normannische Einrichtungen gefestigt, so wurden die Forstgesetze wahrscheinlich nie so streng gehandhabt wie bei ihm. Er schuf außerdem in Umrissen eine allgemeine und Steuergesetzgebung, um damit ein Land zu regieren, das seit der Eroberung de facto unter Faustrecht gestanden hatte. Von besonderer Bedeutung war die Aufwertung des Schatzamts durch seinen Rechtsbeistand Roger von Salisbury, einem aus der Zahl der Männer von hoher Begabung, aber niedriger Geburt, die Heinrich als Gegengewicht zu seinen Baronen in Amt und Würden brachte. Die Freiheitscharta von 1100 versprach, die Rechte des einzelnen vor willkürlichen Übergriffen zu schützen, und in der Gesetzessammlung Heinrich I. *Leges Henrici Primi* wurden zeitgenössische Gesetzesbräuche aufs umfassendste niedergelegt.

Wesentliche innere Störungen gab es nicht während Heinrichs Regierungszeit, doch blieb es in England und Frankreich weiterhin politisch unruhig. Dem suchte er mit einer verbesserten militärischen Konsolidierung beizukommen. Heinrich machte sich das Verfahren zu eigen, mögliche Unruhestifter aus England in die Normandie zu verbringen, doch wurde damit nur ein Sammelbecken für unzufriedene Barone geschaffen, die wie Robert von Bellême und Wilhelm von Mortain England von dort aus angriffen. 1101 versuchte Herzog Robert ohne Erfolg, in England einzufallen. Das muß Heinrichs Gedanken auf die Notwendigkeit gelenkt haben, die Normandie wenn schon nicht zu erobern, dann wenigstens zu beherrschen.

1105 landete Heinrich kurz vor dem Osterfest mit einem mächtigen Heer auf der Halbinsel Cotentin, in der festen Absicht, die Normandie unter seine direkte Kontrolle zu bringen. Obwohl er Feuer an Bayeux legte und Caen durch Bestechung zur Übergabe nötigte, gelang es ihm nicht, den Stützpunkt Falaise zu nehmen. Im August kehrte er nach England zurück. Dort blieb er fast ein Jahr, während sein Bruder Robert und Robert von Bellême ihn jeder für sich aufsuchten, um einen Friedensvertrag auszuhandeln. Heinrich war im Juli 1106 aber wieder zu Kämpfen in der Normandie. Im September belagerte er Wilhelm von Mortains Stadt Tinchebrai. Am 28. September 1106, genau 40 Jahre nach Wilhelms Landung in England, stand ein englisches Heer unter einem normannischen König auf normannischem Boden einem normannischen Heer unter einem normannischen Anwärter auf den englischen Thron gegenüber. Nach kaum einer Stunde, in der sich auf beiden Seiten niemand hervortat, war die Schlacht von Tinchebrai entschieden. England und die Normandie wurden nach Heinrichs Sieg wieder vereint. Alle ohne Genehmigung gebauten Burgen wurden geschleift; Landschenkungen aus der Zeit nach Wilhelm des Eroberers Tod wurden rückgängig gemacht, das Herzogtum der gleichen harten Steuergesetzgebung wie in England unterstellt. Wilhelm von Mortain wurde sofort nach der Schlacht geblendet und für den Rest seines Lebens eingekerkert. Edgar der Ätheling, der als enger Freund Roberts am Kampf teilgenommen hatte, lebte bis zu seinem Tod 1125 irgendwo unerkannt. Herzog Robert wurde unter Bewachung nach Devizes und später nach Cardiff gebracht, wo er 1134 starb **(31)**.

Nach dem Erwerb der Normandie widmete sich Heinrich in England dem Bau und der Verbesserung der Verteidigungsanlagen an der Küste und entlang der Grenze nach Schottland und Wales; Schlösser in strategisch wichtiger Lage wurden in Stein neuerbaut und einige Stadtmauern, wie in Carlisle, mit Umgängen versehen. Bald nach seinem Amtsantritt verfügte Heinrich eine Änderung der Schiffahrtswege bei der Kanalüberquerung von Purbeck nach der Halbinsel Cotentin. Das hatte den Bau neuer, größerer Burgen in Corfe, Wareham, Porchester und Carisbrooke zum Schutz dieses jetzt wichtigen Küstengebietes zur Folge.

Heinrichs letzte Jahre wurden von der Frage überschattet, wer ihm nach dem Tod seines einzigen legitimen Sohnes, Prinz Wilhelm, im „White Ship"-Unglück nachfolgen sollte. 1127 rang Heinrich seinen Baronen einen Treueeid auf seine Tochter Matilda ab – ein Versprechen, das nicht gehalten wurde. 1135 wurde er auf der Jagd im Wald von Lyons südlich von Rouen von einem Fieber befallen, das durch den Genuß von Neunaugen hervorgerufen worden sein soll, den ihm sein Arzt ausdrücklich verboten hatte. Heinrich starb am 1. Dezember in einer Jagdhütte. Als einziges von seinen zahlreichen unehelichen Kindern war sein Sohn Robert von Gloucester bei ihm. Der Leichnam wurde am 4. Januar 1136 nach England überführt und in der Kirche des großen Zisterzienserklosters beigesetzt, das Heinrich in Reading gegründet hatte.

Die Anarchie

Heinrichs Nachfolger war sein Neffe Stephan von Blois (1135–1154), Graf von Mortain und Boulogne, Lehensherr über eine halbe Million englische Acker zwischen Lincolnshire und Kent, und Enkel Wilhelm des Eroberers über seine Tochter Adela. Stephan erlangte die Krone mit

Hilfe der Kirche und derjenigen normannischen Herren, die Gottfried von Anjous Verbindung zu den Angevinern mißbilligten. Aber Stephans kraftlose Herrschaft entfremdete ihn bald seiner Unterstützer. 1138 wechselte Robert, Graf von Gloucester, Matildas Halbbruder, die Seiten und stand gegen den König auf. Kurz darauf fielen die Schotten in England ein und eroberten Northumberland, Carlisle und späterhin Durham, obwohl sie in der Schlacht von Standard geschlagen wurden. 1139 war es Matilda, die in England einfiel, und bald beherrschte sie nahezu den gesamten Westen.

Stephans Regierung ist allgemein als „Die Anarchie" bekannt – 19 Jahre immer wieder Bürgerkrieg zwischen den Anhängern Stephans auf der einen und Matildas auf der anderen Seite. Ein Chronist beklagte, das ganze Land sei mit Burgen gefüllt, obwohl Stephan nur wenige davon gebaut hatte. Während der Anarchie wurden ausgedehnte Verteidigungswerke errichtet sowie Klöster und Kirchen befestigt. Die Mönche aus den Prioreien von Bridlington und Coventry wurden ebenso vertrieben wie die aus der Abtei Romsey, während um Kirchplätze wie Merrington bei Durham und St. Martin in Thetford Ringwerke gelegt wurden. Auf dem Gelände der Abtei von Reading wurde eine Burg gebaut.

Viele Burgen, die Stephans Vorgänger gebaut hatten, gingen von seiner Hand in die Matildas über oder gelangten wie die in Lincoln in den Besitz von Leuten wie Ranulf, dem Grafen von Chester. Für diese Männer war der Bürgerkrieg die beste Gelegenheit, ihre Macht in den Gebieten zu verstärken, in denen sie ausgedehnte Ländereien besaßen. Zu ihnen gehörten Balduin von Redvers in Exeter, Graf Miles in Gloucester und Hereford, Graf Simon in Northampton und Hugo Bigod in Norwich **(Farbtafel 18)**. 1143 war sogar der Tower von London in die Gewalt Gottfried von Mandevilles geraten, der seine Bundesgenossen von Jahr zu Jahr wechselte **(33a und b)**. Die Lords, wurde behauptet, „fielen dem Land durch ihre Güter mit aller Macht zur Last". Die königliche Gewalt über die Festungsanlagen war abgeschüttelt worden, und überall schossen hastig gebaute oder sogenannte „außereheliche" Burgen aus dem Boden.

Obwohl er die längste Zeit der Herr und Meister seines Königreiches gewesen war, als Heerführer war Stephan keineswegs unfähig, und wenn zahlreiche königliche Burgen verlorengingen, dann wurden andere genommen, um ihren Platz einzunehmen. 1136 nahm er beispielsweise Balduin von Redvers die Burg von Exeter weg und zwang ihn, ihm Carisbrooke zu übergeben. 1138 übernahm er Burg Bedford von Miles von Beauchamp und Burg Shrewsbury von Wilhelm Fitz Alan. 1139 nötigte er Roger, Bischof von Salisbury, und Alexander, Bischof von Lincoln, ihm folgende Burgen zu überlassen, die sie gerade verstärkt hatten: Malmesbury, Sherborne, Devizes und Salisbury **(33)** von ersterem, und Newark und Sleaford von letzterem. Lediglich Nigel, der Bischof von Ely, widersetzte sich, doch Stephan hatte, durch die Sümpfe dorthin gelangt, keine Mühe, die neubefestigte Burg zu nehmen und mit eigenen Rittern zu besetzen. 1144 wurden an die 80 seiner Arbeiter getötet, als sie außerhalb der Burg von Lincoln eine provisorische Erdburg bauten. Die Erdbefestigungen, die er 1139 gegenüber der Burg von Corfe aufwarf, sind als „Stephans Ringe" bekannt, und, wie Sir Howard Colvin festhält, sie „mögen zur nicht eben unpassenden Erinnerung an einen König dienen, der so etwas wie ein Fachmann in Anlage und Bau solch kurzlebiger Erdwerke gewesen sein muß".

1141 wurde Stephan in Lincoln ergriffen und für einige Monate gefangengehalten, bevor er für den Grafen von Gloucester ausgetauscht wurde. Das geschah nach der Niederlage von Matildas Truppen in Winchester, wo sie den Versuch unternommen hatten, den von den Königlichen gehaltenen Wolsey-Palast zu belagern. Stephans Sieg in Farringdon war der Wendepunkt des Krieges, und Matilda, deren Sache durch ihre persönliche Unbeliebtheit sowie Gloucesters Tod 1147 Schaden genommen hatte, trat 1148 von ihren Ansprüchen zurück. So verliefen Stephans letzte Jahre an der Macht verhältnismäßig friedlich, nur mit der Kirche lag er im Streit und

33a *Der Tower von London mit seinen verschiedenen Befestigungskreisen*

scheiterte darin, seinen Sohn Eustach als Thronnachfolger anerkennen zu lassen. Am 6. November 1153 wurde der Bürgerkrieg mit dem Vertrag von Winchester in aller Form für beendet erklärt, als der Enkel Heinrich I., Matildas Sohn mit Gottfried von Anjou **(34)**, Heinrich Plantagenet, als Thronerbe bestätigt wurde. Stephans einziger überlebender Sohn Wilhelm wurde im Sinne des Vertrages großzügig abgefunden.

33b *Der schlichte, aber schwere Innenbau der St. John's-Kapelle, Tower von London*

34 *Gottfried von Anjou Plantagenet (gest. 1151), Vater Heinrich II., dessen Thronbesteigung England ein großes französisches Reich brachte*

Das Ende des normannischen England?

Kein Jahr später war Stephan tot und das normannische Herrscherhaus damit erloschen. Heinrich II. (1154–1189), der erste der Angevinischen Könige, stellte die Ordnung in England und der Normandie, wo er schon 1150 Herzog geworden war, rasch wieder her. Das Gerichtswesen und andere Regierungseinrichtungen wurden mit neuem Leben erfüllt und flossen in einen erweiterten Verwaltungsapparat ein, der sich mit dem römischen messen sollte. Überhaupt wurde der angevinische Nachfolger auf dem Normannenthron in Form von Landerwerb durch Heirat, Verhandlungskunst und Waffengewalt zum Herrn über Westeuropa von den Cheviotbergen bis zu den Pyrenäen.

Heinrich stellte eine Auswahl von fähigen Verwaltungsbeamten zusammen und führte einige beachtliche Neuerungen ein. Der Gerichtstag von Clarendon im Jahre 1166 begründete das Geschworenensystem, und die Einführung von Besitzassisen sowie der Übereignungsassise waren ein Meilenstein in der Entwicklung der Gerichtsbarkeit. Heinrich erreichte es, daß Malcolm II. von Schottland ihm huldigte und Northumberland, Westmorland und Cumberland an England zurückgab. Die Waliser unterwarf er, die irischen Könige ebenso. Doch war seine Herrschaft befleckt durch die tragischen Ereignisse, die 1162 mit der Ernennung seines Kanzlers, Thomas Becket, zum Erzbischof von Canterbury ihren Anfang nahmen. Ihr Streit über die vergleichsweisen Rechte von Kirche und Staat führte erst zu Beckets Verbannung, später zum Mord in Canterbury, ein Vergehen, für das Heinrich 1172 in Avranches die Absolution erteilt wurde, wo er Buße tat für sein Verbrechen. Ferner wurde seine Regierung überschattet durch die Auflehnung seiner streitsüchtigen Söhne in den Jahren 1173 und 1174, die mit der Hilfe unzufriedener Barone sowie Schottlands gegen ihren Vater rebellierten. 1189 wurde er von seinem Sohn Richard, der mit Philipp II. August von Frankreich im Bunde stand, auf dem Felde geschlagen und starb kurz darauf in Tours.

Einige Historiker haben die Folgelastigkeit des, wenn man so will, vorzeitigen Endes der normannischen Herrschaft in England betont, doch hat die normannische Regierungsart überlebt. Es mag uns vielleicht merkwürdig erscheinen, daß die normannischen Herrscherhäuser Englands wie Siziliens die Erhaltung der Familie höher gestellt haben als die Reinheit der normannischen Dynastie. So wurden im Einklang mit anderen europäischen Fürstenhäusern Heiraten zwischen herrschenden Geschlechtern als wünschenswert erachtet. Es ist aber wohl der historisierende Blick zurück, der, bedacht darauf, Dynastien zu zersprengen, Brüche sieht, wo nicht notwendigerweise welche sein müssen. Im vorliegenden Fall kann mit einiger Überzeugung behauptet werden, daß die angevinischen Könige im wesentlichen Normannen waren, nur nicht dem Namen nach. Wir brauchen nur kurz den Werdegang des zweiten angevinischen Königs zu betrachten, um zu würdigen, wie sich die Gewichte in Europa durch die normannische Eroberung Englands verlagert haben. Richard I. „Löwenherz" (1189–1199) war und blieb ein Nationalheld, obwohl er England nur zweimal als König besucht hat, einmal für drei und einmal für zwei Monate. Der Großvater Richards war Heinrich I., und Richard benahm sich ganz so, wie man es von einem normannischen Monarchen erwarten konnte – als Kreuzfahrer und unternehmungslustiger Politiker, dem Landesgrenzen nicht besonders wichtig waren. Passenderweise sollte diese kurze politische Betrachtung durch die Feststellung beendet werden, daß die Angelegenheiten Englands und Frankreichs im Jahre 1200 in einer Weise miteinander verknüpft waren, wie sie ohne die Eroberung Englands gar nicht denkbar gewesen wäre. Eine der nachhaltigsten Auswirkungen jener Eroberung war übrigens ausgerechnet die weitgehende Unterbrechung der politischen Bindung zwischen England und Skandinavien, die die späte angelsächsische Periode so sehr bestimmt hatte. Um den ersten Punkt zu unterstreichen: Als Richard I. zum Kreuzzug aufbrach, ließ er zwei Regenten in England zurück, nämlich Wilhelm Longchamp, Bischof von Ely, und Walter von Coutances, Erzbischof von Rouen.

Im 12. Jahrhundert unterhielt England politisch und kulturell mit der Französisch sprechenden Welt ein besonders enges, doch gleichzeitig auch zwiespältiges Verhältnis. Seit der normannischen Eroberung war es Teil eines Herrschaftsgebietes, das sich zu beiden Seiten des Kanals erstreckte und von den Herzögen der Normandie kontrolliert wurde. Der englische Adel war durch jemanden enteignet und ersetzt worden, der sich selbst als Normanne oder doch Anglo-Normanne sah. Gesellschaftlich waren England und die nordfranzösischen Landesteile so eng zusammengebracht worden wie noch nie. König und Adel betrachteten die zwei Reichsteile als einen und suchten sie nach Wilhelms Tod 1087 wieder zusammenzubringen, nachdem sie zeitweise getrennt worden waren. Gleichzeitig jedoch förderten als Teil einer widersprüchlichen Entwicklung die zwangsweise Fremdherrschaft sowie die normannische Geringschätzung und Mißachtung der englischen Überlieferungen und Gebräuche ein schrittweises Wiedererwachen des englischen Selbstbewußtseins. Im Bereich der Kultur begannen sich die Wege Englands und der Normandie im 12. Jahrhundert dann auch zu trennen. Die Engländer entwickelten einen neuen Stolz auf ihre angelsächsische Vergangenheit, und die Normannen in Frankreich fühlten sich mehr und mehr von den Kapetingern in Paris angezogen. Unter König Johanns Herrschaft bildeten beide Länder ganz unterschiedliche Eigenschaften aus. In diesem Sinne sollte man König Johanns Verlust der Normandie an Frankreich im Jahre 1204 lediglich als den Schlußpunkt eines Entfremdungsprozesses sehen, der bereits ein halbes Jahrhundert zuvor begonnen hatte.

Um 1200 erfreuten sich England und in kleinerem Umfang auch Wales eines gewissen Wohlstands, allenthalben weist einiges auf großen Schwung und Fleiß hin. Die Ergebnisse dieser intensiven Anstrengungen sind heute noch bei uns in Stadt und Land zu sehen. Wären ohne die Normannen Städte ausgedehnt und neu angelegt, wären Kirchen, Kathedralen und Klöster wiederauf- und umgebaut sowie einige hundert Burgen errichtet worden? Zweifellos wäre einiges davon geschehen, gleichgültig, wer an der Macht gewesen wäre. Sicher scheint jedoch, daß die Normannen ihre Unterschiede zu den Angelsachsen als groß genug ansahen, um sich als „Eroberer" und Kolonisten zu betrachten und dementsprechend zu handeln. Zahlreiche Ereignisse des 11. und 12. Jahrhunderts, die einem alten Land ein neues Gesicht gaben, waren nur dank des Reichtums, der Tatkraft und der Rücksichtslosigkeit der Normannen möglich. Was wäre den Normannen widerfahren, wenn sie bei Hastings die Unterlegenen gewesen wären? Ohne Zweifel wären sie denselben Weg wie die übrigen französischen König- und Fürstentümer ihrer Zeit gegangen und früher aufgesogen worden, als das tatsächlich der Fall war. Wir hätten sicherlich nicht viel, um uns ihrer gesondert zu erinnern, von ihren außerordentlichen architektonischen Fähigkeiten in Sizilien und Unteritalien vielleicht abgesehen. Die normannische Eroberung Englands verlieh den Normannen eine Einheit und ein Ansehen, wie sie sie sonst sicher nicht besessen hätten.

Es stellt ein Paradoxon dar, daß die Eroberung Englands die Normannen auf lange Sicht zu Engländern machte, obwohl sie gerade in England als Normannen ihre größten Erfolge auf allen Gebieten feierten. Obwohl der neue normannische Adel die Engländer und ihre Gebräuche anfangs allgemein verachtete, handelten sie letztlich in einem gesamtenglischen Rahmen. Englische Überlieferungen und Einrichtungen konnten deshalb überleben, weil die normannische Durchdringung die englische Gesellschaft auf einen höheren Stand hob und die Engländer zum Schluß ihre normannischen Herren absorbierten.

Das Ende der Normandie

Obwohl das normannische Königsgeschlecht in England 1154 erlosch, herrschten die englischen Könige noch weitere 50 Jahre über die Normandie, doch gab es die ganze Zeit Schwierigkeiten mit den französischen Monarchen. Dieser Streit verschlimmerte sich in erster Linie wegen Unstimmigkeiten hinsichtlich der neuen französischen Gebiete, die nach der Machtübernahme der Angeviner und der Heirat Heinrich II. mit Eleonore von Aquitanien 1152 unter englische Herrschaft geraten waren. Rouen war das Verwaltungszentrum eines riesigen anglo-normannischen Gebietes geworden, das sich von den Pyrenäen bis zum Hadrianswall erstreckte. Die Bedeutung der normannischen Hauptstadt ließ sich dadurch erkennen, daß den englischen Königen nach ihrer Krönung in der Westminsterabtei in der Kathedrale von Rouen feierlich die Herzogswürde der Normandie verliehen wurde. Das gesamte West- und Zentralfrankreich war nun englisches Interessengebiet, was die Engländer unvermeidlich mit der französischen Krone in Konflikt bringen mußte. Die Normandie, die direkt an die königlichen Ländereien angrenzte, würde wohl die Hauptlast tragen müssen, wenn irgendwo auf dem Festland ein Streit zwischen England und Frankreich ausbrach.

1173 gab es in England und der Normandie gleichzeitig einen ernstzunehmenden Aufstand gegen Heinrich. Das rief seine ihm mittlerweile entfremdete Gattin Eleonore, seine jungen Söhne und König Ludwig VII. von Frankreich auf den Plan, doch der Aufstand wurde später im Jahr nach einem fehlgeschlagenen Angriff auf Rouen erstickt. Trotzdem waren Heinrich und sein Thronfolger Richard I. während ihrer gesamten Herrschaft gezwungen, in England hohe Steuern zu erheben, um in Frankreich Krieg zu führen. In den 1190ern wurden schwere Schatztruhen über den Kanal verschifft, deren Inhalt die schwindenden Staatseinnahmen der Normandie aufbessern sollte. 1196 erklärte Hubert Walter, der Erzbischof von Canterbury, daß allein er in den vergangenen zwei Jahren für des Königs Kriege in Frankreich 1.100.000 Mark in Silber aufgebracht habe.

Richard I. und König Philipp August von Frankreich hatten sich im Dritten Kreuzzug verfeindet, und während Richard gefangengehalten wurde, nutzte der französische König die Gelegenheit, das normannische Vexin, das östliche Grenzgebiet der Normandie, anzugreifen. Es gelang ihm, die wichtige Grenzstadt Gisors einzunehmen **(Farbtafel 19)**. Daraufhin belagerte er Rouen, das unter dem Befehl von Robert, Graf von Leicester, mit Erfolg widerstand und ihn zum Rückzug zwang. Richards Bruder, der spätere König Johann, war eifrig darauf bedacht, Vorteil aus Richards bedrängter Lage zu ziehen. Er versuchte ihn zu verdrängen und erwies dem französischen König seine Reverenz. Er war einverstanden, Philipps Schwester Alice zu heiraten, und kehrte nach England zurück, um dort Unruhe zu stiften. Maßnahmen, die seine Mutter, die respektgebietende Königin Eleonore, ergriffen hatte, zügelten Johann zwar, aber erst, nachdem er 1194 zugunsten von Philipps Staatsgebiet in der Normandie und Touraine einiges geopfert hatte.

Als Richard nach seiner Gefangenschaft in Deutschland Mitte Mai 1194 nach England zurückkehrte, überquerte er den Kanal mit einer Flotte von 100 Schiffen, um einen Kampf aufzunehmen, der bis zu seinem Tode fünf Jahre später andauern sollte. Nachdem er die verlorenen Gebiete in Frankreich außerhalb der Normandie zurückerobert hatte, begann Richard mit dem Bau von Schloß Gaillard in Les Andeley, „seiner schönen Felsenburg". Sie war durch die beherrschende Lage in einer Flußbiegung der Seine sehr günstig gelegen und wurde unter Richards Aufsicht nach dem letzten Stand der Baumeisterkunst, den er aus der Levante mitgebracht hatte, errichtet. Er machte sie nicht nur zum Hauptquartier, sondern sie wurde bis zu seinem Lebensende sein Lieblingssitz, obwohl der Unterhalt enorm teuer war. Allein 1197/98 wurden 49.000 Pfund für die Verteidigung aufgebracht. Auch in der Normandie hielten die Kämpfe an, und infolgedessen konnte Richard bis zum April 1199 einen Großteil des normannischen Vexin zurückgewinnen einschließlich Gisors, das ihm im September 1198 zufiel. Der Rückzug war damals so überstürzt verlaufen, daß ein Chronist festhielt: "Solchermaßen war das Gedränge am Burgtor von Gisors, daß die Brücke unter ihnen einbrach und selbst der König von Frankreich...aus dem Bache trank." Die Schlacht, in der Richard das Leben einbüßte, hatte nichts mit der Normandie zu tun. Dies geschah während der Belagerung der Burg von Chalùs, als Richard einen Baron aus dem Limousin im Zusammenhang mit einem Schatzfund züchtigen wollte. Ein Pfeil traf ihn in die Schulter. Die Wunde erwies sich als tödlich. Er starb am 6. April 1199.

Richards Tod war vom Streit um die Nachfolge begleitet, in den seine Mutter Eleonore und der minderjährige Arthur von der Bretagne hineingezogen wurden. Johann handelte bemerkenswert entschlußkräftig, und nachdem er sich den königlichen Schatz gesichert hatte, der in Chinon aufbewahrt wurde, erschien er in Rouen, wo er am 25. April als Herzog der Normandie eingesetzt

35 *Château Gaillard, die große Festung von Richard Löwenherz über der Seine im Osten von Rouen. Ihre Eroberung 1204 durch den König von Frankreich leitete den Zusammenbruch der Normandie ein*

wurde. Er reiste weiter nach England und wurde am 27. Mai in Westminster zum König gekrönt. Der Krieg mit dem König von Frankreich ging jedoch weiter. Im Jahre 1200 nutzte Philipp einen Waffenstillstand und eroberte das Vexin mit Ausnahme von Château Gaillard und der Grafschaft Evreux zurück.

Die französischen Streitkräfte drückten weiterhin nach Westen und setzten besonders der Normandie zu. Im Dezember 1203 trat Johann ohne einleuchtenden Grund den Rückzug nach England an. Zu dieser Zeit war die östliche Normandie seiner Kontrolle bereits weitgehend entglitten. Philipp hatte in verschiedene Teile des Herzogtums tiefe Keile getrieben. Alencon im Süden und Vaudreuil, das den Fluß in nächster Nähe zu Rouen bewachte, waren von seinen Schloßvögten übergeben worden, und auch der größere Teil des Herzogtums zwischen den Flüssen Eure und Risel befand sich in den Händen der Franzosen. Allein Château Gaillard leistete ernsthaften Widerstand und hielt unter dem Befehl von Roger de Lacy, dem Konstabler von Chester, den Vormarsch der Franzosen für sechs Monate, von September 1203 bis März 1204, auf **(35)**. Am 8. März 1204 wurde das Schloß übergeben. Damit war die anglo-normannische Herrschaft in der Normandie beendet. Als die große Burg am Ufer der Seine erst einmal gefallen war, hatte Philipp August mit den normannischen Baronen nur noch wenig Mühe. Falaise, Caen, Bayeux, Cherbourg und Barfleur ergaben sich der Reihe nach, ohne Widerstand zu leisten. Als Philipp noch damit beschäftigt war, das Herzogtum vom Osten her zu sichern, griffen die Bretonen schon von Westen her an, wobei sie Mont-St.-Michel und Avranches beim Vormarsch auf Anhieb eroberten. Jetzt bestand keine Notwendigkeit mehr, Rouen zu belagern, weil es ohnehin von allen Verbindungen abgeschnitten war. Am Mittsommertag des Jahres 1204 kam es zwischen Rouen einschließlich seiner Festungswerke Arques **(Farbtafel 9)** im Norden und Verneuil im Süden und dem König von Frankreich zu einer Einigung. Die Kanalinseln waren letztlich alles, was den Engländern von der Normandie verblieb.

Es gab nach der Eroberung des Herzogtums keine förmliche Einverleibung von Frankreichs Seite, und auch Johann und nachfolgende englische Könige hielten ihren Anspruch auf die Normandie aufrecht. Philipp August beschlagnahmte in Form eines allgemeinen Dekrets die Ländereien aller Normannen, die sich in England aufhielten und nicht zu einem festgelegten Zeitpunkt zurückgekehrt waren. Johann schlug mit einem ähnlichen Erlaß zurück, der die Güter jener Normannen in Mitleidenschaft zog, die an Philipp festhielten. Barone, die sowohl in England als auch in der Normandie Land besaßen, mußten eine Wahl treffen und ihren Besitz in einem der beiden Staaten opfern; sie mußten sich, bei Licht besehen, entscheiden, entweder Engländer oder Franzosen zu werden. Mit wenigen Ausnahmen wie Wilhelm Marshall konnten sie nicht länger beides zugleich sein. Obwohl die Franzosen die Normandie von Anfang an als abgeschlossenen Landesteil mit eigenen Gesetzen und Gebräuchen betrachteten, lief letzlich alles auf etwas hinaus, was Ralph Davis so ausdrückt:

> *Die Könige von England und Frankreich hatten die normannischen Barone gezwungen, zwischen ihren beiden Ländern zu wählen. Keiner von ihnen stand auf, um zu beteuern, er sei weder Engländer noch Franzose, sondern Normanne. Ganz im Gegenteil wurden die Engländer immer englischer und die Franzosen immer französischer, und die Normannen waren ihnen als Bestandteil der Geschichte entglitten.*

Im Vertrag von Paris verzichtete König Heinrich III. 1259 als Gegenleistung für die Wiedererlangung der Herrschaft über die Gascogne auf alle englischen Ansprüche auf die Normandie. Während der Herrschaft Eduard I. und im Verlauf des Hundertjährigen Krieges hielten die Engländer die Normandie wiederum besetzt, zusammen mit einem großen Teil Westfrankreichs. Doch zu dieser Zeit gab es ihre politische Unabhängigkeit nicht mehr.

5 *Das Webmuster des anglo-normannischen England*

Die Eroberung Englands war der größte politische und militärische Erfolg der Normannen. Nach der Schlacht von Hastings erhielt England ein neues Königshaus, einen neuen Adel, eine neue Kirche, eine umgewandelte Kunst, einen verwandelten Baustil und, zumindest in Hofkreisen, eine neue Sprache. Die Normannen waren äußerst selbstbewußt, überheblich – und fromme Christen. Die erste und einzige erfolgreiche christliche Eroberung Englands war ihr Werk. Die Natur und der Umfang der Auswirkungen der normannischen Eroberung auf England und die Engländer ist Gegenstand einer ansehnlichen und langwierigen Debatte gewesen. Die Ergebnisse der normannischen Übernahme waren manchmal offensichtlich, dazu gehören die Festungen und Burgen oder die großen Dome, allesamt fleischgewordene Beispiele der Selbstvergrößerung durch koloniale Baustile. Weitere Veränderungen etwa in der Sprache, dem Schrifttum und Ortsnamen waren in der Wirkung jedoch weitaus subtiler.

Die erste Regung der Normannen war, den besiegten Engländern entgegenzukommen, und Wilhelm versuchte in den Jahren unmittelbar nach der Eroberung auch, Form und Inhalt der Regierung Eduard des Bekenners zu erhalten und führende Sachsen in seinen Hof, das Militär und die Kirche einzugliedern. Erst um 1070, nach einer Reihe von größeren Erhebungen, erhielt Wilhelms Herrschaft eine unterdrückerische Note, und zusätzlich zu militärischen Vergeltungsmaßnahmen wurde das Lehenswesen vom Festland mit mehr Nachdruck als zuvor eingeführt. Die Verpflichtung des landbesitzenden Adels gegenüber seinem König wurde mehr und mehr unmittelbar mit dem Dienst an der Waffe abgegolten. Das Wehrwesen wurde mit gut ausgebildeter Reiterei auf den neuesten Stand gebracht. Diese bildete in England wie in der Normandie das Rückgrat des Heeres.

Das anglo-normannische England ändert sein Gesicht

Bis 1086 bestand in dem England, das auf den Folianten des Buches von Domesday Gestalt annimmt **(Farbtafel 20)**, nur noch eine Handvoll der 180 größeren Grundbesitzer oder Hauptpächter aus Engländern. Schätzungen zufolge hatten die neuen Landbesitzer vier- bis fünftausend sächsische Häuptlinge verdrängt. Die Krone selbst hatte sich ein Fünftel des ganzen Landes einverleibt, und ein Gutteil des verbliebenen wurde von einer kleinen Auswahl von Wilhelms Günstlingen gehalten, die mit ihm gekommen oder ihm aus Frankreich und den Niederlanden gefolgt waren. Macht und Reichtum des Landes waren nun in den Händen einer kleinen normannischen Elite versammelt, und man hat überschlagen, daß etwa die Hälfte des Landes im Besitz von höchstens zehn Männern war, die meisten von ihnen Wilhelms Verwandte. Die alte Ordnung war zerbrochen, der überkommene Grafenstand aufgelöst, und an seine Stelle setzte Wilhelm eine neue Grundbesitzerhierarchie, die dem festländischen Lehensstand nachgebildet war. Grundsätzlich gehörte das ganze Land dem König; selbst die großen Barone waren lediglich Hauptpächter, die ihre Güter nur dann erhielten, wenn sie als Gegenleistung den König mit wechselnden Kontingenten von Rittern versorgten, die ihm bis zu 40 Tage im Jahr dienen mußten. Mit dieser Einrichtung bewahrte Wilhelm seine Stellung als universaler Landeigentümer und verdrängte die sächsischen Fyrds durch eine verläßliche und erfahrene Reitertruppe.

Nichtsdestoweniger war diese Verpflichtung für die Hauptpächter äußerst lästig, von denen die meisten mehr Männer unter sich hatten, als nötig war, um ihr Pensum zu erfüllen. Sie konnten ihre Verpflichtungen erfüllen, indem sie geringeren Baronen und Rittern Güter als Gegenleistung

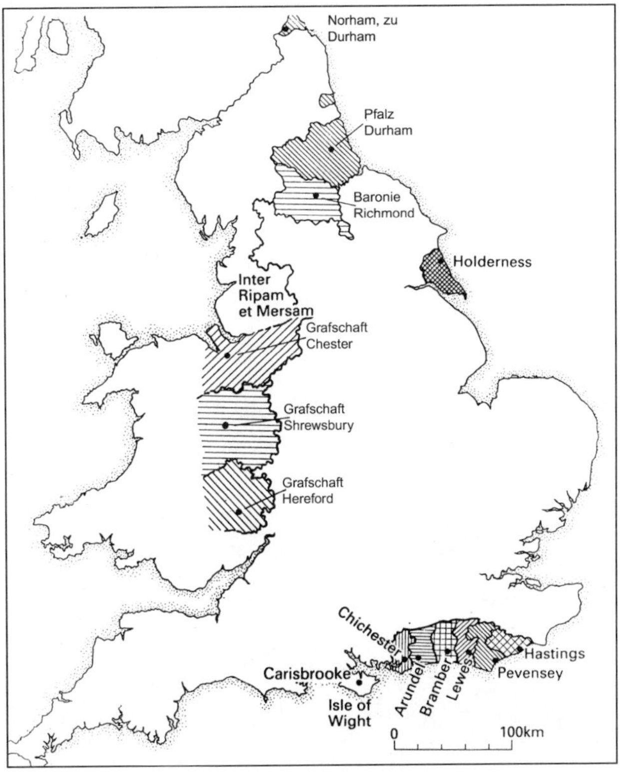

36 *Lage der anglo-normannischen Pfalzen und Burganlagen in anfälligen Gebieten, 11. Jahrhundert*

für den nämlichen Waffendienst weiterverpachteten. Dies war zudem ein probates Mittel, um die eingesessene Bevölkerung ihrer neuen Landgüter zu beherrschen: Es fehlte den Baronen nicht an landlosen Rittern, um die Burgen auf ihrem Grund und Boden mit ihnen zu bemannen, was zu einem Hauptkennzeichen der normannischen Besatzung wurde. Eine Anzahl englischer Häuptlinge und freier Männer wurde Pächter. Die übergaben dem normannischen Gutsherrn einen Teil ihrer Ernte als Gegenleistung dafür, daß sie ihren früheren Grundbesitz bearbeiten durften.

In den walisischen Grenzpfalzen wurde den neuen Grafen von Chester, Shrewsbury und Hereford gestattet, viele der königlichen Vorrechte auszuüben, doch im übrigen Königreich hielt Wilhelm mehr Macht in Händen als jemals in der Normandie **(36)**. Der König war der größte Landbesitzer jeder Grafschaft, deren Grenzen die gleichen waren wie unter den Sachsen, die man aber Counties zu nennen begann und unter die Verwaltung der neuernannten Sheriffs stellte. Die Sheriffs lebten während ihrer Amtszeit auf den königlichen Gütern und herrschten mit der gleichen Autorität wie die Viscounts in der Normandie. Die Kontrolle über die weltliche Gerichtsbarkeit war der Krone vorbehalten. In den Gerichtshöfen der Grafschaft, von deren Besetzung die Grafen selbst ausgeschlossen waren, saßen die Sheriffs für gewöhnlich allein, ohne die Bischöfe; selbst private Gerichtshöfe der Landgüter wurden von besonderen Beauftragten überwacht, die auch die Führung aller weltlichen Gerichtshöfe beaufsichtigten und die Höhe der königlichen Einkünfte in jeder Grafschaft festlegten.

37 *Verteilung der Burgen in England um 1086*

Die Normannenburg

Eine der ersten Aufgaben Wilhelms nach der Eroberung war es, für eine sichere politische und militärische Grundlage zu sorgen. Wir haben schon gesehen, daß er für diesen Zweck den Einsatz der Zwingburg wählte. Die ersten Schritte im Befestigungsbau zwischen 1066 und 1071 ähnelten denen der Römer nach ihrer Eroberung Britanniens im ersten Jahrhundert n. Chr. Wenn das Streitroß die Entscheidung in der Schlacht von Hastings gebracht hatte, dann war die Zwingburg die schärfste Waffe der normannischen Besatzung. Entlang der Südküste wurden von Exeter bis Dover Burgen gebaut. In den Midlands waren zwischen Lincoln und York Befestigungswerke verstreut. Sie ballten sich in den Westlichen Midlands und der Walisischen Mark zusammen, wo Chester den nordwestlichen Angriffspunkt bildete und Chepstow an der Wyemündung den südlichsten **(Farbtafel 15)**. Die nordwestliche Verteidigungskette deckt sich ungefähr mit dem Verlauf jener Straße, die die Römer ursprünglich zur nordwestlichen Grenze der von ihnen besetzten Gebiete Britanniens machen wollten. In den frühen 1070ern wurden Burgen nördlich dieser Linie gebaut, besonders dicht in den Abschnitten, in denen es Rebellionen gegen die Normannen gegeben hatte. Auch die Hauptstädte der Grafschaften, die die Mitte der Verwaltung bilden sollten oder aber strategisch gelegen waren, wurden jetzt rasch mit Burgen bedacht. Bis 1086 gab es in England mindestens 50 Burgen, die wir beurkunden können, und zweifellos gab es weitaus mehr von ihnen, die niemals in einem zeitgenössischen Verzeichnis aufgetaucht sind **(37)**.

38 *Der arg erodierte Befestigungshügel in Cambridge*

Außerhalb der Städte wurden Burgen als örtliche und regionale Stützpunkte des neuen normannischen Adels in Dörfern und auf dem flachen Land gebaut, dies besonders in unruhigen Gegenden wie den Waliser und Schottischen Marken. Diese Burgen waren hauptsächlich aus Erde und Balken errichtet und als „motte and baileys“ bekannt **(38)**. Dieser Ausdruck setzt sich aus dem normannisch-französischen *motte*, was soviel wie Wall oder Hügel bedeutet, und *bailey*, befestigte Anlage, zusammen. Bauwerke dieser Art waren schnell aus Materialien errichtet, die zur Hand waren, und wurden sie zerstört, dann konnten sie zügig wiederaufgebaut werden. Sie eigneten sich als Reiterstützpunkte zur Kontrolle und Beherrschung der Umgebung, dienten den Normannen aber gleichzeitig als Zufluchtshafen, wenn es mal schlecht für sie lief. Für die Aufgabe, England und späterhin Südwales und Irland zu besetzen und zu unterwerfen, waren Burgen einfach die vollkommene Lösung. Eine Beschreibung der Burg von Mercham in Flandern aus dem frühen 12. Jahrhundert verschafft uns wertvolle Erkenntnisse über diesen Festungstyp, gleichzeitig bestätigt sie kürzlich ausgegrabene archäologische Funde in frühen Burgen:

> *Unter den Edlen dieser Gegend ist es Brauch...um sich vor ihren Feinden zu schützen, einen Erdhügel aufzuwerfen, so hoch, wie sie es vermögen, und mit einem Graben zu umgeben, so tief und so breit wie nur möglich. Sie umhegen die Oberkante dieses Hügels mit einer sehr starken Mauer aus zerhackten Holzklötzen, und auf diesen Kreis setzen sie Türme, wie ihre Mittel es ihnen gerade erlauben. Inmitten dieser Mauer stellen sie ihr Haus* (domus) *auf oder ihre Burg* (arcem), *die die ganze Anlage überblickt. Den Eingang dieser Festung bildet allein eine Brücke, die sich am inneren Grabenhang erhebt, getragen von einer Doppel- oder sogar Dreifachsäule, bis sie an die Oberkante des Hügels* (agger) *heranreicht.*

Als die normannische Herrschaft in der zweiten Hälfte des 12. Jahrhunderts fest gegründet war, waren Burgen gefragt, die nicht so sehr vor den eingeborenen Engländern, sondern eher vor

39 *Der riesige Bergfried der Burg von Kenilworth, Warwickshire*

Splittergruppen aus dem eigenen Lager schützen sollten. Das galt besonders für den Bürgerkrieg zwischen Stephan und Matilda. Jetzt wurden die Burgen für den Gebietskrieg, die Motte und Baileys, entweder verlassen oder durch Steinbauten ersetzt. Im 12. Jahrhundert wurden Bergfriede aus Stein zunehmend die Regel **(39)**. In Frankreich waren diese Bergfriede als *donjons* (lateinisch *dominium*, „Herrschaft") bekannt. Wir wissen nicht genau, woher jener steinerne Bergfried stammt, doch mögen die westeuropäischen Friede im 10. und 11. Jahrhundert der Form der byzantinischen und nahöstlichen Verteidigungstürme nachempfunden sein. Das erste Beispiel für eine Burg aus Stein in Frankreich ist Doué-la-Fontaine, die der Graf von Blois um 950 baute. Ein anderes frühes Beispiel geht auf den Grafen von Anjou zurück, ein zweistöckiger Hallenturm in Langeais in der Touraine, Entstehungsjahr um 990. Herzog Richard I. Festung in Rouen, die schon lange nicht mehr steht, die aber auf dem Teppich von Bayeux abgebildet ist, könnte für die frühen großen Turmburgen in England wie die in Richmond (Yorkshire) Modell gestanden haben. Entsprechend geht der Entwurf des sehr frühen steinernen Bergfrieds in Chepstow, begonnen von Wilhelm Fitz Osbern, wahrscheinlich auf normannische herzogliche Paläste zurück **(Farbtafel 15)**.

Burgen waren in hohem Maße ein typisches Kennzeichen der Normannen. Die Angelsachsen gifteten sich sehr darüber, betrachteten sie sie doch anfangs überwiegend als eine gegen sich eingesetzte Geheimwaffe. Aber allmählich wurden sie zu einem wesentlichen Merkmal des anglonormannischen Lebens **(40)**.

> *Der König ritt in alle abgelegenen Teile seines Reiches und befestigte strategisch gelegene Plätze gegen feindliche Angriffe. Denn diese Befestigungswerke, die die Normannen Burgen nannten, waren in den englischen Provinzen kaum bekannt, und so konnten die Engländer trotz all ihrer Tapferkeit und Kampfeslust den Feinden nur schwachen Widerstand entgegensetzen.* (Orderic Vitalis)

40 *Luftbildaufnahme der Burg Rising, Norfolk, eine der großen Schloßburgen im normannischen England*

Normannische Burgstädte (Castle boroughs)

Die burgbewehrte befestigte Stadt war eine den Normannen eigentümliche Besonderheit, die in der Normandie zur Bildung solch mächtiger Stadtkerne wie in Caen geführt hat. In mehreren Fällen veranschaulichen topographische und archäologische Beweise die Störung im Stadtbild, die der Bau einer Burg dort hinterlassen hat. Das Buch von Domesday hält die Wirkung dieser Vorgehensweise anschaulich fest, wo bestehender Besitz zerstört werden mußte, um in Grafschaftshauptstädten wie Shrewsbury, Oxford **(41)** und Lincoln Platz für die Burg zu schaffen. In York verwüstete der Bau der Burg einen der sieben Stadtbezirke, wie das Buch von Domesday zeigt; in Lincoln wurden 160 Häuser, in Shrewsbury 51 abgerissen. Zerstörungen kleineren Ausmaßes werden für 1086 aus Cambridge **(38)**, Canterbury, Gloucester, Huntingdon, Stanford, Wallingford und Warwick gemeldet. In Wallingford wurde ein großer Motte-Hügel beispielsweise in einen Viertelkreis des sächsischen Burh gesetzt und muß eine riesige bebaute Fläche zerstört haben **(vgl. 5)**. Die Topographie anderer Burhs wie die in Wareham (Dorset), Worcester, Tamworth (Staffordshire) und Hereford weist ein ähnliches Muster auf, hier war die neue Burg entweder direkt in die sächsische Stadt hinein- oder unmittelbar neben sie gebaut worden.

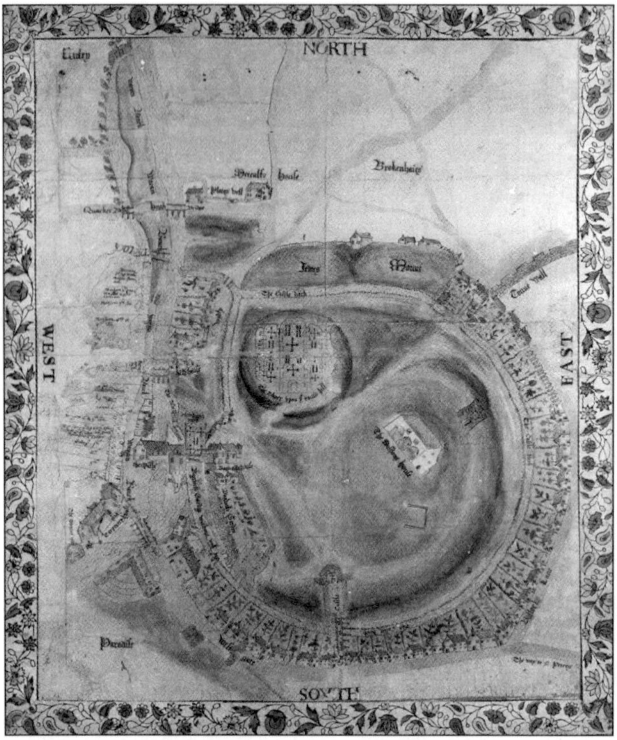

41 *Grundriß der Burg von Oxford aus dem 16. Jahrhundert. Man sieht die Motte mit einem Steinturm in der Mitte und der ausgedehnten Rundumbefestigung. Der Mühlbach links im Bild verstärkt die Verteidigungsanlagen an der Südseite der Burg*

Von den 25 normannischen Stadtgründungen lagen 18 neben einer Burg, eine davon bezog ihren Namen sogar von einer neu angelegten Burg am Tyne, nämlich Newcastle. In Windsor verschmähte man die sächsische Ansiedlung Alt-Windsor und baute die Burg auf ein Vorgebirge aus Kalkstein, das im Themsetal zwischen London und Wallingford den einzigen hervorgehobenen Punkt markiert. Neu-Windsor auf dem Gelände der heutigen Stadt wurde der Burg später aufgepfropft.

Im Fall Alt-Sarum (Wiltshire) wählten die Normannen eine vorgeschichtliche Hügelstellung aus, heute eines der eindruckvollsten archäologischen Denkmäler Englands **(42)**. Der kreisrunde Hügel, der die innere Befestigung der Normannenburg bildete, liegt inmitten eines Erdwerks, das von einem breiten, tiefen Graben umgeben ist. Die ursprüngliche Verteidigungsstellung auf dem Hügel war verstärkt und vergrößert worden, um die äußere Befestigung einer in der Mitte gelegenen Burg zu bilden. Innerhalb der Befestigung war der Boden mit Hilfe von Kalksteinmassen vom Niveau des verbreiterten Grabens aus angehoben worden. Bischof Osmund wurde gestattet, seinen neuen Dom im nordwestlichen Teilstück zu bauen, als die Diözese Sherborne zwischen 1075 und 1078 nach Salisbury verlegt wurde. Die Ostgrenze des Domgrundstücks wurde durch eine Böschung festgelegt. Es sieht so aus, als habe in der unmittelbaren Phase nach der Eroberung hier schon eine befestigte Stadt gelegen, aber ihre genaue Lage bleibt ein Geheimnis. Sicher hat es innerhalb der Befestigungen nicht genug Platz für eine große Stadt gegeben, aber angrenzend an die äußeren Verteidigungsanlagen finden sich nur wenige Spuren einer Verstädterung, was noch die einleuchtendste Erklärung gewesen wäre.

42 *Luftbild der Burg und der Kathedrale des Bischofs von Salisbury in Alt-Sarum inmitten der verstärkten Befestigungsanlagen einer Festung aus der Eisenzeit, die im frühen 13. Jahrhundert zugunsten „Neu"-Salisburys verlassen wurden*

In Devizes (Somerset) tritt das Verhältnis Burg-Stadt weit klarer zutage. Der ursprüngliche Name, *burgus de devisis*, verrät, daß die burgbefestigte Stadt an der Grenze (divide) zwischen zwei Landgütern, Bishop's Canning und Potterne, die beide dem Bischof Roger von Salisbury gehörten, lag. Wir wissen, daß er die Burg um 1120 als Ersatz für eine frühere baute, die 1113 zerstört worden war. Devizes ist eines der besten Beispiele eines Stadtplans, in dem die Burg das Bild bestimmt. Die Gassen richten sich nach den Verteidigungswerken der Burg in der charakteristischen halbkreisförmigen Gestalt aus. Zwei getrennte Marktplätze gibt es, die, nebeneinander gelegen, beide die Umrisse des Burgkerns nachzeichnen. Der äußere Marktplatz ist der ältere, der innere weist auf die spätere Besiedlung der Burgbefestigung hin **(43)**.

Der Lageplan des Dorfes Pleshey in Essex verrät ähnliche Merkmale. 1174 erhielt Wilhelm von Mandeville von Heinrich II. die Erlaubnis, gerade außerhalb des oberen Chelmertals sieben Meilen nordwestlich des späteren Chelmsford eine Burg zu bauen. Der Name der Burg, Pless, wurde auf die Stadt übertragen, die innerhalb eines Erdwalls wuchs und gedieh. Der Erdwall wurde in einer Schleife von der Burg ausgehend aufgeworfen und bildete eine große zweite halbkreisförmige Befestigung. Obwohl keine Urkunden einer burgbefestigten Stadt auf uns überkommen sind, legen Bürgerverzeichnisse aus dem 13. Jahrhundert nahe, daß sie das Stadtrecht für sich in Anspruch nahm. In keinem Fall überwucherte die spätere Besiedlung das ursprüngliche Ortsbild, das noch heute eine klar erkennbare, geordnete Gestaltung zeigt. Neben Devizes und Pleshey haben auch Richmond (Yorkshire), Launceston (Cornwall), Wisbech (Cambridgeshire), Totnes (Devonshire) **(44)**, Eye (Suffolk) und Plympton (Devonshire) Stadtpläne mit halbkreisförmigen Gassen, die die Form der jeweiligen Festungswerke der Burg forderten. In Neu-Buckenham (Norfolk) hat sich die Stadt wie auf dem Reißbrett entsprechend der Form einer zweiten Burgbefestigung ausgebreitet.

43 *Luftbild von Devizes, Wiltshire, mit der Burg in der Mitte links und ihren Verteidigungsringen, die die Stadt umfassen. Zur Linken der Burg lag seinerzeit der ausgedehnte Jagdpark*

Einige dieser Burgstädte waren totgeborene Kinder oder erfreuten sich eines nur kurzen Lebens von einigen Generationen. Heute sind diese Siedlungen oftmals verkümmert wie Richards Burg oder Kilpeck **(45)** in Herefordshire oder Caus in Shropshire. Wenn überhaupt, sind nur wenige Häuser stehengeblieben, und die übriggebliebenen Erdwerke sind der einzige Hinweis auf den Verlauf der Stadtmauern und der Zinshäuser im Stadtinneren. In einigen Orten bedeckt die Burgstadt etwas mehr als nur die äußere Befestigung einer Burg, und viele untergegangene Städte an der Waliser Grenze wie Cefnllys, Dryslwyn, Dolforway, Huntingdon, Old Dynevor, Bere, Skenfrith und Whitecastle zeigen heute wenig, was an ihren früheren städtischen Status erinnert **(Farbtafel 21)**.

Die geplante Stadt

Im Mittelalter wurden in England und Wales viele hundert Städte gegründet. Professor Maurice Beresford zeigt in seinem bahnbrechenden Werk *New Townes of the Middle Ages* (1967), daß es unmittelbar nach der normannischen Eroberung ein äußerst lebhaftes Wachstum in der Anlage neuer Städte gab **(46)**. Diese Neugründungen waren in der Normandie vor der Eroberung allgemein üblich, als bis 1066 mindestens zwölf *Bourgs* gegründet worden waren. Wilhelm hatte selbst zwei Bourgs in Caen in enger Anlehnung an die herzogliche Bourg gebaut, ein Unternehmen, das er wiederholte, als er Norwich die Stadtburg Mancroft gab. Der Terminus *novus burgus* wird im Buch von Domesday sogar für Norwich verwendet – der einzige weitere Ort, wo er noch gebraucht wird, ist in Quatford in Shropshire. Weil es dort aber nicht die geringsten Spuren einer Verstädterung gibt, liegt es nahe, auf Bridgnorth hinzuweisen, das wenige Meilen flußaufwärts am Severn liegt.

Eine andere Stadt in Shropshire, Ludlow, die gegenüber dem östlichen Rand der Walisischen Marken liegt, war eine der erfolgreichsten der neuen mittelalterlichen Städte. Seit der Veröffentlichung von St. John Hopes Arbeit *Ancient Topography of the Town of Ludlow* von 1909 ist Ludlow

44 *Luftbild von Totnes, Devon. Erst läuft die Hauptverkehrsachse zur Burg in der Mitte links unten, um dann nach oben zum Fluß zu schwenken*

als ein klassisches Beispiel des normannischen Städtebaus erkannt worden. Gebaut wurde sie von Roger de Lacy zu Beginn des 12. Jahrhunderts am Fluß Teme am Rande seines ausgedehnten Gutes Stanton Lacy. Auf drei Seiten ist die Stadt vom Teme umgeben, und dieses natürliche Hindernis wurde durch eine Sandsteinbarriere noch verstärkt, die nach Nord und West einen steil abfallenden Abhang von durchweg 100 Fuß Höhe bildet. Nach Süden und Südwesten hin fällt das Land sacht ins Tal des Teme ab, und auf dieser Senke breiteten sich die Straßen dieser mittelalterlichen Siedlung aus. Die die Stadt beherrschende Burg wurde bald nach der Eroberung erbaut, die ersten Straßen scheinen innerhalb von zehn Jahren danach angelegt worden zu sein. Hundert Jahre später, 1199, war dort eine große Kirche, an der Stelle, die heute die Pfarrkirche St. Lawrence einnimmt.

Um 1200 war die Gründung und Entwicklung neuer Städte in vollem Gange. Ohne Zweifel wäre der europäische Wohlstand, der allgemein durch Handel und Wandel ausgebrochen war, auch ohne Zutun der Normannen nach England gelangt, der Umfang der Verstädterung aber wäre ohne sie nicht so bedeutend gewesen. Die normannische Stadt war ein wichtiges Instrument der politischen, strategischen, administrativen und wirtschaftlichen Kontrolle. Die Normannen

45 *Kilpeck (Hereford und Worcester) mit der Burg in der Mitte und der verlassenen befestigten Siedlung, die darunter deutlich zu erkennen ist*

erwiesen sich als beweglich genug, um einerseits Druck auf ihr Hinterland auszuüben und es andererseits wirtschaftlich zu entwickeln. Städte, die die Normannen ursprünglich zur politischen und strategischen Beherrschung einer Gegend gegründet hatten, waren es, die sich später zu größeren und großen Wirtschafts- und Handelszentren entwickeln sollten **(47a und b)**.

Die französische Kolonie

Es war ein Merkmal zahlreicher früher Städtegründungen, daß befestigte französische Städte oder Ansiedlungen französischer Händler oftmals neben englischen Siedlungen errichtet wurden. Manchmal wurden sie sogar innerhalb bereits bestehender städtischer Ansiedlungen untergebracht, so etwa in Stamford, Nottingham und Hereford. In Hereford wurden die französischen Siedler von Wilhelm Fitz Osbern eingeführt, der ihnen gestattete, nach dem Gewohnheitsrecht von Breteuil an der Iton (Eure) zu leben, wohingegen die englische Gemeinschaft bei ihren überkommenen freibürgerlichen Rechten blieb. Später wurde das Breteuiler Recht weitgehend von den Burgstädten in Westengland und Wales übernommen. Zuerst scheint es in Hereford zwischen den beiden Gemeinden und ihren Märkten eine räumliche Trennung gegeben zu haben, aber allmählich wurden die Gewohnheiten der Engländer und der Franzosen eins. Auch in anderen Städten gab es französische Viertel, „French boroughs" genannt, unter anderem in Pontefract, Ludlow und Richmond (Yorkshire).

In Nottingham errichtete Wilhelm der Eroberer eine Burg mit angeschlossener Stadt neben der bereits bestehenden angelsächsischen Stadt. Das französische Viertel, wie es jetzt genannt

1 *Luftbild der eisenzeitlichen und Wikingersiedlung bei Jarlshof auf den Shetlandinseln*

2 *Das Seinetal in der Normandie. Die Wikinger überwinterten auf dieser Insel, die sie Jenfosse nannten, 853 und dann wieder 856*

3 *Wilhelm Langschwerts Grab aus dem 13. Jahrhundert in der Kathedrale von Rouen*

4 *Die Abtei St. Georg in Boscherville an der Seine, westlich von Rouen*

5 *Herzog Robert I., der Vater Wilhelm des Eroberers, Handschrift aus dem 12. Jahrhundert*

6 *Blick auf Wilhelm des Eroberers Klosterkirche St. Stephan, Caen*

7 *Die im 12. Jahrhundert und später erbaute Burg in Falaise an der Stelle einer früheren Burg, in der Wilhelm der Eroberer geboren wurde*

8 *Stätte der Schlacht von Val-ès-Dunes, in der Wilhelm seine aufrührerischen Barone besiegte*

9 *Die Burg in Arques-la-Bataille, Schauplatz entscheidender Schlachten im 11. und 12. Jahrhundert*

10 *Der Westbau der Abtei Jumièges*

11 *Rekonstruktion der Westminsterabtei zur Zeit der Normannen*

12 *St. Valery-sur-Somme, der Ort, von dem die Invasionsstreitmacht gen England segelte*

13 *Soldaten, die vor der Schlacht in der Umgebung von Hastings Nahrungsmittel organisieren. Szene auf dem Teppich von Bayeux*

14 *König Haralds Tod, Teppich von Bayeux*

15 *Die Burg Chepstow an der Mündung des Wye, Wilhelm Fitz Osberns Stützpunkt in Südwales*

16 *Erzbischof Lanfranc auf einem Originaldokument aus dem 12. Jahrhundert*

17 *Das Gebäude der Burg von Caen, in dem das normannische Schatzamt untergebracht war*

18 *Schloß Norwich, eine der großen normannischen Schloßburgen, zu großen Teilen wiederhergestellt im 19. Jahrhundert*

19 *Die Burg in Gisors, ein Befestigungshügel mit einem gemauerten Bergfried auf der Spitze. Im normannischen Vexin gelegen, war es der Schauplatz anhaltender Streitigkeiten zwischen den Normannen und den Königen von Frankreich während der zweiten Hälfte des 12. Jahrhunderts*

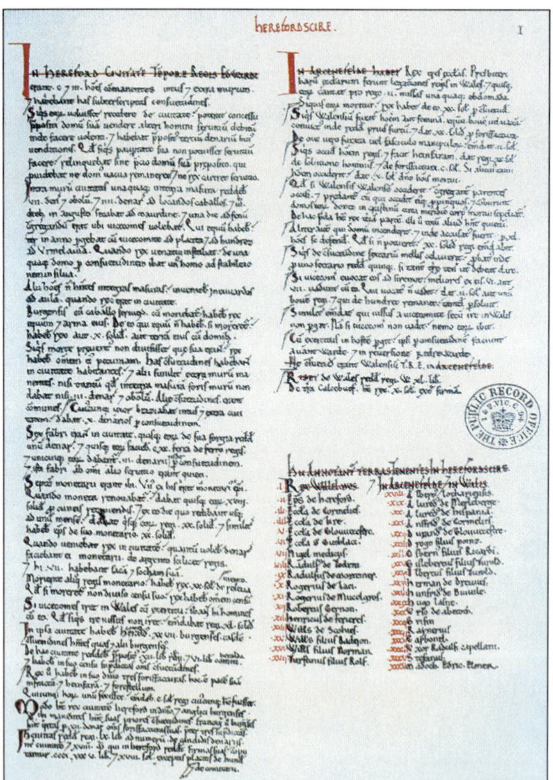

HEREFORDSCIRE.

20 *Auszug aus dem Buch von Domesday, Herfordshire betreffend*

21 *Luftbildaufnahme von Cefnllys, einer verlassenen Bergfestung in Wales*

22 *Handschrift aus dem 11. Jahrhundert mit der Abbildung eines Harfenspielers*

23 *Die arabische Belagerung Messinas auf Sizilien im 9. Jahrhundert*

26 *Der Westbau der Kathedrale von Troja in Apulien*

24 (ganz links) *Bebilderte Handschrift aus Winchester, 11. Jahrhundert*

25 (links) *Hauteville-la-Guichard, Stadt auf der Halbinsel Cotentin. Hierher stammt die Familie Hauteville, die im 11. und 12. Jahrhundert Süditalien und Sizilien beherrschte*

27 *Mittelalterliche Handschrift mit Arabern, die Zuckerrohr anbauen*

28 *Die Ostseite der Kirche Santë Annunziata, Messina*

29 *König Rogers seidener Krönungsumhang*

30 *Wilhelm der Gute bringt der Jungfrau Maria die Kathedrale von Monreale dar*

31 *Der Westbau der Kathedrale mit ihren beiden großen Zwillingstürmen*

32 *Die Anordnung der Altstadt von Cefalu*

46 *Das regelmäßige Gitter des Stadtbildes von Bury St. Edmonds, Suffolk, mit den Klosterruinen im unteren Mittelteil des Bildes. Die Stadt war im Begriff, sich auszubreiten, als das Buch von Domesday zusammengestellt wurde*

wurde, war ein Anhängsel des englischen Stadtbezirks, jedoch mit eigenen Verteidigungsanlagen, Straßen und Kirchen. Innerhalb des neuen Kreises der Verteidigungswerke, die um die 120 Acker umfaßten, wurden die Nord- und Westmauer des sächsischen Burh aufgegeben, und bis 1086 war der Graben zugebaut. Nur der Unterschied in der Abstammung überlebte das ganze Mittelalter hindurch, jedes Viertel hatte seinen eigenen Sheriff und Gerichtsvollzieher. Die Lage in Nottingham verdeutlicht Wilhelms psychologische und strategische Überlegungen: Das Gebiet verdiente die königliche Beachtung nicht zum wenigstens wegen seiner Nähe zum Wald von Sherwood. Wilhelm war fest entschlossen, eine erdrückende normannische Gegenwart mit Stadt und Burg zu begründen. Obwohl der angelsächsische Stadtkern isoliert und teilweise am Ende gewesen sein mag, ganz zerstört war er nicht, und so nutzte Wilhelm von Anfang an die Vorzüge der Lage für seine Zwecke. Und er konnte mit Verbindungen arbeiten, die schon vor der Eroberung bestanden hatten, als Nottingham der Mitelpunkt einer lockeren Vereinigung von fünf Bezirken in einem Gebiet mit starken skandinavischen Handelseinflüssen war.

Die anglo-normannische Kirche

Zwischen 1070 und 1087 unterlag die englische Kirche unter Wilhelms Herrschaft großen Veränderungen, die teilweise durch Geschehnisse im Gebiet von Rouen hervorgerufen wurden. Feste Verbindungen zwischen der englischen und französischen Kirche wurden umgehend verstärkt; der Eroberer zahlte seine Schuld an Valéry, den Heiligen der Picardie, für den günstigen Rückenwind, der ihn vor der Schlacht von Hastings nach England geblasen hatte, indem er das Landgut Tackley in Essex Valérys Priorei stiftete. Im Jahr darauf wurde den Mönchen von Jumièges zur Feier der Einsegnung ihrer neuen Abteikirche die Insel Hayling übereignet. Wilhelm gründete die Abtei Battle Abbey auf der Seite, wo die Engländer in Hastings gekämpft hatten. Der Hochaltar markierte die Stelle, an der König Harald gefallen war. Der Überlieferung nach soll die Abtei auf Grund eines Gelübdes gegründet worden sein, das Wilhelm vor der Schlacht geschlossen hatte

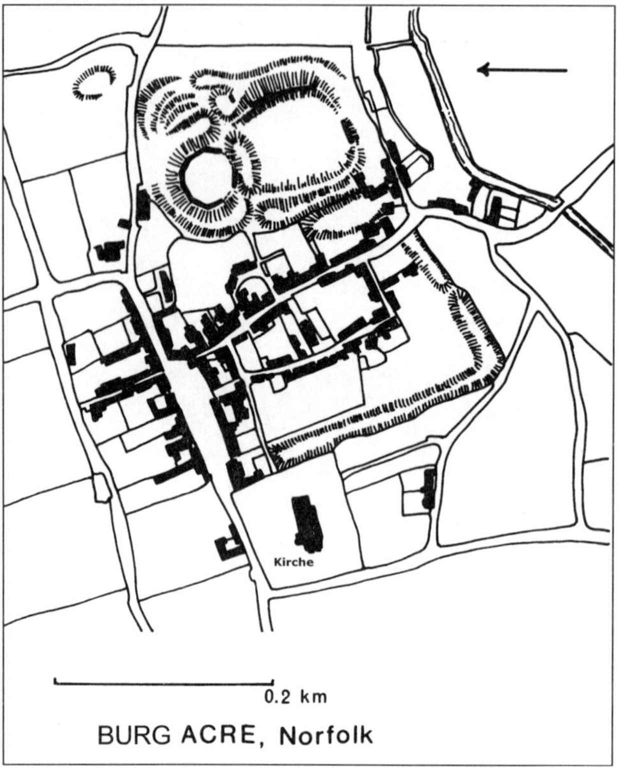

47a *Burg Acre, Norfolk. Grundriß der Burg- und Platzbefestigung*

und in dem er feierlich gelobte, er wolle ein Kloster frei von bischöflicher Bevormundung bauen, wenn Gott ihm den Sieg schenke. Wahrscheinlicher ist, daß Wilhelm das Gelöbnis erst um 1070 abgelegt hat, dem Jahr, in dem er vom päpstlichen Legaten formell gekrönt wurde, bei welcher Gelegenheit die päpstlichen Gesandten den Normannen wegen des allgemeinen Blutvergießens im Laufe der Invasion sowie der nachfolgenden Befriedung Englands schwere Kirchenstrafen auferlegt hatten. Für den Anfang belegte er die Abtei mit Mönchen von Marmoutier an der Loire. Wegen der Schwierigkeiten, ein solch ungleichmäßiges Gelände zu bebauen, wurde das Kloster erst 1094 eingesegnet (**48**). Nach seinem Tode hinterließ der Eroberer der klösterlichen Gemeinde seinen königlichen Umhang, eine Reliquiensammlung und einen tragbaren Altar, den er auf seinen Feldzügen mit sich führte. Wichtiger waren wohl die Landgüter, die er der Abtei übereignete, womit sie zu einem der reichsten Klöster des Landes wurde, sowie der weitreichende Schutz vor staatlicher Verfolgung, den er ihr verlieh. Alles in allem empfingen an die 30 normannische Klöster in England innerhalb von zehn Jahren nach der Eroberung Dotationen in Form von Landgütern, Kirchen und dem Recht auf den Kirchenzehnten.

Obwohl die Normannen Ehrfurcht vor der englischen Kirche und ihren Traditionen empfanden, betrachteten sie ihre Sitten und Gebräuche mit einiger Skepsis und sahen ihren Reichtum mit begehrlichen Augen an. Ihre veraltete römische Liturgie konnten sie gar nicht leiden, ihre Gebäude in einer aus ihrer Sicht ebenfalls veralteten Bauweise und ihre unverständliche Gelehrsamkeit auch nicht. Selbst den englischen Heiligen brachten die Normannen anfangs nicht viel Hochachtung

47b *Luftbild der Burg Acre, Norfolk, und Umgebung*

entgegen. Erzbischof Lanfranc: „Diese Engländer, zwischen denen wir leben, haben bestimmte Heilige, die sie verehren. Doch kommen mich angesichts ihrer eigenen Erzählungen, woher diese stammen, zuweilen Zweifel über den Grad ihrer Heiligkeit an." Wenig Umsicht bewies Lanfrancs Verwandter, Abt Paul, der die Grabsteine der früheren Äbte von St. Alban umstürzen ließ, weil sie „ungebildete Narren" gewesen seien. Der neue Abt von Abingdon versuchte, das Andenken an den hl. Ethelwold zu zerstören, den er einen „englischen Mistbauern" nannte, während in Evesham der dortige Abt Walter (1077–1104) die sterblichen Überreste der Heiligen der Feuerprobe unterwarf – nur die, die sie überstanden, durften als echt gelten. Diese feindselige Einstellung gegen die englischen Heiligen hatte über die erste Generation der normannischen Geistlichkeit in England hinaus keinen Bestand; in den Schriften der zeitgenössischen Chronisten wurde jetzt viel für das wiederherzustellende Ansehen der berühmtesten Heiligen getan, und die Kirche begann zu erkennen, daß sich mit den Pilgerscharen, die durch die sächsischen Reliquien angezogen wurden, viel Geld verdienen ließ.

Wilhelm brauchte Bischöfe, denen er blind vertrauen konnte, weil er ihnen in seinem neuerrungenen Königreich wichtige Aufgaben als Mitregenten zugedacht hatte. Er ließ auch nur wenige Jahre verstreichen, bis er die englische Kirche von Grund auf mit neuen Häuptern versah. Da Teile der Geistlichkeit den Aufständischen im Norden nicht fernstanden, nahm Wilhelm eine planmäßige Neubesetzung der Führungsebene der angelsächsischen Kirche in Angriff. 1069 wurde der Sachse Stigand von den Normannen verleumdet und zuletzt als Erzbischof von Canterbury abgesetzt. Sein Nachfolger war Wilhelms Freund und Vertrauter Lanfranc. In der Folge wurden freie Stellen nun zügig mit Normannen oder Geistlichen vom Festland besetzt, Männer zumeist, die man wegen ihrer Fähigkeiten in der Verwaltung und nicht wegen ihrer spirituellen Stärke ausgewählt hatte. Diese Übernahme englischer Einrichtungen durch Ausländer war so lückenlos, daß Wilhelm von Malmesbury gegen 1125 behaupten konnte: „England ist eine Niederlassung für Fremde geworden und in den Besitz von Ausländern geraten. Gegenwärtig haben wir keinen englischen Grafen, Bischof oder Abt; überall nur Fremde, denen die englischen Reichen und

48 *Luftansicht von Battle Abbey. Von der normannischen Gründung blieb nur wenig erhalten, und nach der Aufhebung wurden einige Klostergebäude zu einem Wohnhaus zusammengefaßt, das nun eine Schule beherbergt. In der Bildmitte ist die Stelle, an der Haralds Engländer die Normannen erwarteten, die an der linken Bildseite den Hang herauf angriffen. Oben im Bild ein Hinweis auf die normannische Stadt, die sich auf dem ehemaligen Schlachtfeld vor den Toren des Klosters ausbreitete*

Starken zur Beute fallen." Der halbreligiöse Charakter der Eroberung „verstrickt die sächsische Kirche in die kirchliche Mißbilligung des unglücklichen Harald und trägt dazu bei, die Eroberung durch die Normannen von einer politischen zu einer vollkommen geistlichen Angelegenheit zu machen". Wilhelm und seine unmittelbaren Nachfolger ernannten nicht nur Erzbischöfe, Bischöfe und Äbte, die alle keine Engländer waren, sondern stellten die Ordnung der alten Kirche auf den Kopf. Die geistliche Rechtsprechung, die die Bischöfe und Archidiakone bisher lediglich durch die weltlichen Gerichtshöfe ausüben konnten, wurde nun neuen kirchlichen Gerichtshöfen übertragen, die der Kirchenversammlung verantwortlich waren. Die Kirchenversammlung, die unter dem Vorsitz von Lanfranc regelmäßig tagte, und die Kirche von England erhielten die gleiche Unabhängigkeit von Recht und Gesetz, deren sich die Kirche in Frankreich erfreute. In seiner Zeit als Erzbischof von Canterbury entdeckte Lanfranc Talente auf dem Gebiet der Staatskunst, der Verwaltung und der Politik, die mindestens seiner Begabung auf dem Gebiet des Lehrens und Unterrichtens entsprachen. Seine Treue zu Wilhelm war letztendlich bei all seiner Frömmigkeit und Begeisterung für das Mönchtum sowie dem gefühlsmäßigen Gehorsam gegenüber Rom stärker als die Verpflichtung vor dem päpstlichen Amt. Wilhelms Verhältnis zu Papst Gregor VII., der Alexander II. 1073 nachgefolgt war, war wegen Unstimmigkeiten in der Frage priesterlicher Heiraten, des päpstlichen Machtanspruchs gegen Wilhelm und der Entziehung des Rechtes, Bischöfe zu ernennen, äußerst getrübt. Lanfrancs Eintreten für Wilhelm setzte diesen in die Lage, die entsprechenden päpstlichen Erlasse mit Nichtachtung zu strafen, und als zwischen dem Papst und dem Heiligen Römischen Reich Krieg ausbrach, blieb England neutral.

Lanfranc war weit davon entfernt, ein findiger Politiker zu sein. Er war ein aufrechter Mann der Kirche, der ihre Neuordnung befürwortete. Er brachte eine Schar von Schülern und Gefährten aus den Klöstern von Bec und Caen mit nach England. Die meisten von ihnen waren für höhere Aufgaben vorgesehen. Unter ihnen waren sein Neffe Paul, der Abt von St. Alban wurde, Gundulf, anschließend Bischof von Rochester und Bauaufseher bei des Königs Arbeiten am Tower von London, und Gilbert Crispin, der Abt von Westminster wurde. Gerade einmal zehn Jahre nach der Eroberung waren sämtliche englischen Bischofssitze mit Ausnahme von Worcester mit Geistlichen vom Festland besetzt.

Wilhelm und Erzbischof Lanfranc teilten die Vorstellung von einem streng hierarchischen Aufbau und betonten das Primat Canterburys nicht nur über England, sondern die gesamten britischen Inseln. Eine Ratsversammlung in Windsor verfügte 1072, daß jeder Bischofsitz auf dem flachen Lande in eine größere Stadt seines Bistums verlegt werden solle. Diese Entscheidung hatte einige Auswirkungen, zumal die alten Zentren oftmals eng mit Heiligenreliquien verbunden waren. Der Bischofsitz in Dorchester-on-Thames wurde nach Lincoln verlegt, Sherborne nach Alt-Sarum, Selsey nach Chichester, Elmham statt nach Thetford nach Norwich, Wells nach Bath und Lichfield nach Chester. Obwohl später manches verbessert wurde – so hob Heinrich I. eine neue Diözese in jeder Provinz aus der Taufe, Ely in Canterbury und Carlisle in York -, bildete sich durch diese Verlagerungen die Grundgestalt der englischen Bistümer heraus, die viele Jahrhunderte beibehalten wurde. Darüber hinaus wurden die Bischöfe in Windsor angehalten, geeignete kirchliche Amtsträger zu ernennen, und die Diözesen wurden in Erzdiakonien unterteilt, diese wiederum in Landdekanate - eine Kirchsprengelordnung, die bis zur Reformation und länger Bestand hatte. Während die römischen Verwaltungszentren in der Normandie bis zur Französischen Revolution überdauerten, waren es in England die Normannen, die die Grundlage des kirchlichen Verwaltungskörpers schufen.

Der Umstellung des weltlichen Arms der Kirche zum Trotze überstand der grundlegende mönchische Charakter, der sich auf Grund der Neuerungen des hl. Dunstan seit dem 10. Jahr-

49 *Die Abtei von Gloucester, überwiegend ein Bauwerk der mittelalterlichen Gotik mit normannischem Kern und einer normannischen Krypta. Hier ist Robert Kurzhose, Wilhelm des Eroberers ältester Sohn, beigesetzt*

hundert gebildet hatte, die Eroberung. Er führte sogar zum den Briten eigentümlichen Brauch, den Bischofsitz in einer Ordenskirche zu begründen. In acht der normannischen Bistümer war die Kathedrale zugleich auch eine Klosterkirche, der Bischof gleichzeitig der Abt mit einem Prior an der Seite, der dem alltäglichen klösterlichen Arbeiten und Wirken vorstand. Ein bleibendes Ergebnis dieser Neuordnung war, daß der Weltgeistlichkeit das gleiche Gewicht beigemessen wurde wie den Insassen der großen Benediktinerklöster. Auch die Kathedralen begannen mit den großen Klosterkirchen in einen Wettstreit über die besten architektonischen Errungenschaften einzutreten **(49)**.

Die kulturelle Verwandschaft zwischen der anglo-normannischen Herrenschicht und ihrem französischen Herkunftsland, aus dem die Mehrzahl der klösterlichen Bräuche stammte, erleichterte den Übergang vom Festland nach England. Die grundlegende Neuverteilung der Ländereien nach 1066 war der Ausbreitung des Mönchtums eine große Hilfe. Die Eroberung hatte die Vereinigung von Land und Reichtümern gleichermaßen in den Händen weniger Normannen zur Folge. Viele von ihnen waren über Nacht von örtlichen Gutsbesitzern zu Großgrundbesitzern geworden, die den bedeutenden Zugewinn im Verhältnis zu ihrem ursprünglichen Besitz durchaus erkannten. Aus Gewohnheit und Vorsicht von Natur aus fromm, gaben sie einen Teil ihres Überflusses an die Stiftungen der Dome und Kirchen weiter, und von ihrem überschüssigen Land, besonders von dem, das von niedrigem landwirtschaftlichem Wert war, überließen sie kurz und schmerzlos einiges den neugegründeten Klöstern, um sich einen Platz im Himmel zu sichern.

Die ersten Nutznießer des Kirchenbaudranges waren die neuen Dome von Worcester, Rochester und St. Alban. Klöster wurden zunächst verhältnismäßig wenige gebaut; Battle Abbey, Lewes und Shrewsbury waren bemerkenswerte Ausnahmen. Innerhalb der ersten 50 Jahre nach der Eroberung waren auch hunderte kleiner Prioreien und Pfarrkirchen in Arbeit, oftmals in enger

Nachbarschaft zu den Gütern und Burgen der Lords gebaut. Nach 1066 hatte es im Wesen der Kirchenweihen einen gewaltigen Umbruch gegeben. Sächsische Einsegnungen hörten so gut wie auf, und Heiligennamen, die vom Festland stammten, wurden immer gebräuchlicher. Katharina, Stephan und Michael ersetzten die angelsächsischen und keltischen Heiligen. Daneben wurden ungefähr im Laufe des ersten Jahrhunderts nach der Eroberung zahlreiche sächsische Kirchen umgewidmet und trugen nun die Namen der Heiligen, die den Normannen geläufiger waren.

Die königlichen Wälder

Eine der Beschuldigungen, die den Normannenkönigen von zeitgenössischen Chronisten im Einklang mit späteren Historikern zur Last gelegt wurden, war, daß sie über fast ganz England eine Fülle ausnehmend strenger Jagd- und Forstgesetze verhängt hätten. Die Angelsächsische Chronik vermeldet für das Jahr 1087: „Der König, Wilhelm, stellte das Rotwild unter strengen Schutz und verkündete die Absicht als Gesetz, daß, wer immer Hirsch oder Hirschkuh umbringe, geblendet werden solle...Er liebte das Hochwild, als sei er sein Vater." Im 12. Jahrhundert betrug der Anteil der königlichen Wälder, die unter das normannische Jagdgesetz fielen, zeitweise ein Drittel von England. Diese gesetzliche Regelungswerk hob sich vom allgemeinen anglo-normannischen Recht deutlich ab.

Bevor die Normannen kamen, jagte der König auch schon und richtete zu diesem Zweck Wildschutzgebiete ein. Diese Gebiete aber waren keine Wälder im gesetzlichen Sinne. Im 12. Jahrhundert tauchte jedoch eine gefälschte Urkunde auf, die die jetzigen Gesetze König Knut zuschrieb, um so ihre angelsächsische Herkunft anzudeuten. Tatsächlich hatte Knut jedermann, der in einem Abschnitt jagte, den er für sein eigenes Vergnügen gesperrt hatte, mit einem schweren Bußgeld belegt. Ferner hatte Eduard der Bekenner eine Schar Waldaufseher in seinem Dienst. Somit war die Vorstellung von des Königs Holz (=wood) den Sachsen nicht fremd, während sie das Wort für Wald (=forest) noch gar nicht kannten. Kingswood in Kent führte seinen Namen seit der mittleren Sachsenzeit, und besondere Abschnitte wie Woodstock Chase in Oxfordshire waren allein den Sachsenkönigen vorbehalten.

Das Forst- und Jagdgesetz wurde im Laufe des 12. Jahrhunderts nach und nach verschärft. Es schwächte sich erst nach 1216 ab, als die Krone den feindseligen Gefühlen, die das Gesetz und seine Vollstrecker unter ihren Untertanen hervorriefen, nicht mehr wehren konnte. Es ist jedoch nicht sicher, ob diese Jagdgesetze jemals ganz so hart gewesen sind, wie sie in der zeitgenössischen Schilderung erscheinen. Im 13. Jahrhundert stahl sich ohnehin ein beträchtliches Maß an Freiraum und Beliebigkeit in ihre Durchführung. Manche für Übergriffe verhängte Geldbuße verwandelte sich nun in einen jährlich zu zahlenden Pachtbetrag, und Geldstrafen für verbotenes Bäumefällen stellten in Wirklichkeit eine Art Gegengeschäft dar.

Die Kultivierung der königlichen Wälder steckte bei des Eroberers Tod 1087 noch in den Kinderschuhen. Zu dieser Zeit war erst etwa ein Viertel der königlichen Wälder gepflanzt worden. Das Verzeichnis im Buch von Domesday über 25 Wälder zeigt, obwohl es unvollständig ist, daß sich da einiges tat. Von vielen Wäldern wie dem von Sherwood (1154) und Epping (1130) hatte man bis zum 12. Jahrhundert noch nie etwas gehört. Unter Richard I. scheint es eine dritte Aufforstungsphase gegeben zu haben, die wahrscheinlich den Nerocheforst in Somerset einschließt, der 1221 zum ersten Mal erwähnt wurde.

Der Neue Wald in Hampshire wurde so genannt, weil er für eine beispiellose Ausdehnung der Waldgerechtsame, des königlichen Privilegs, steht. Es ist sogar in die Volkssage eingegangen, daß in Hampshire ein riesiges Gebiet entvölkert wurde, um Lebensraum für neu eingeführtes Rotwild zu schaffen. Diese Behauptung ist von zahlreichen Fachleuten überprüft worden, die die Eingriffe damals für verhältnismäßig geringfügig halten. Wir können die Ausdehnung des Waldes von Windsor zur Zeit der Eroberung ermitteln, als er offenkundig durch die Grundfläche von Windsor begrenzt wurde. Bis 1086 hatte Wilhelm diese Grenzen beträchtlich erweitert, wie man aus mancher Eintragung des Buches von Domesday ersehen kann. In der Mitte des 12. Jahrhunderts bedeckte er den Großteil von Berkshire, Buckinghamshire, Oxfordshire, Middlesex und Surrey, und im 13. Jahrhundert erstreckte er sich sogar bis nach Hampshire hinein. Jedoch blieb als Ergebnis einer Waldbegehung von 1225, auf der man sich schlüssig werden wollte, welche Teile wieder entforstet werden sollten, nur noch das ursprüngliche Waldstück in der Nähe von Windsor übrig. Die größten dieser Forste waren der Neue Wald mit 80.000 Ackern Wald- und Heideland sowie Sherwood mit 50.000 Ackern reinem Waldland. Einige wie Weybridge (Huntingdonshire) oder Hatfield (Essex) hatten wenig mehr als 1.000 Acker Wald- und Weideland, andere wie Chute (Wiltshire) scheinen lediglich zerrissene Flicken ohne eine erkennbare Mitte zu sein. Zur Zeit ihrer größten Ausdehnung im 12. Jahrhundert bedeckte die ordentliche königliche und allgemeine Forstgerechtsame wahrscheinlich etwas mehr als 15 Prozent der Fläche von ganz England.

In einer größeren Überprüfung mittelalterlicher Waldbestände hat Oliver Rackham in England nicht weniger als 142 Forste aufgenommen, von einigen, darunter dem Wald von Arden (Warwickshire), liegen nur spärliche Aufzeichnungen vor. Von diesen 142 Wäldern gehörten 86 der Krone. Der Wald als solcher war ein nicht zu übertreffendes Statussymbol selbst für die vornehmsten Familien wie etwa die Grafen von Richmond. Unter den Männern der Kirche wurden lediglich den Bischöfen von Durham und Winchester Besitzrechte gewährt. In Cheshire gehörten die Waldungen von Wirral, Delamere, Mondrem und Macclesfield allesamt gräflichen Familien. Festzuhalten wäre noch, daß der Terminus „Chase“ halbherzig gebraucht wurde, um den Wald eines Untertanen von einem Wald des Königs zu unterscheiden. Chase stand für den königlichen Wald.

Es wurde behauptet, die Normannenkönige hätten die Jagd auf Rotwild nicht nur zum Spaß betrieben, sondern als wesentlichen Gelderwerb, eine Art Grundgüterbeschaffung, um die Hofhaltung zu unterstützen. Deshalb also die besonderen Gesetze zum Schutz des Rotwilds. Tatsächlich hingen die mittelalterlichen Könige mit ihrem Hofstaat in hohem Maße von der Jagd als einer wesentlichen Nahrungsquelle ab und waren deshalb gewillt, einen bedeutenden Teil ihres Gebietes für deren Schutz zu verwenden. Die Reisepläne des Hofes verdeutlichen, daß seine größte Sorge darin bestand, sich niemals zu weit vom eminent wichtigen Nachschub mit königlichem Wildbret zu entfernen. Trotz der Liebe zur Jagd, die den Normannenkönigen nachgesagt wurde, sind direkte Hinweise darauf, daß der König in eigener Person der Jagdlust frönte, überraschend selten, und für gewöhnlich wurde das Töten des Rotwilds auch berufsmäßigen Jägern überlassen. Die *Pipe-Rollen* erwähnen von der Mitte des 12. Jahrhunderts an große Mengen erlegten Rotwilds, die Haltbarmachung des Fleisches durch Einsalzen und seine Beförderung.

Die Normannen setzten Damwild aus der Levante oder dem Nahen Osten aus, um auf landwirtschaftlich minderwertigem Land gutes Fleisch zu erzeugen. Kaninchen und Fasan blicken auf eine ähnliche Geschichte zurück. Sie sind Hinterlassenschaften der Normannen, die sich in der Nahrungsbeschaffung neben Ackerbau und Viehzucht gerade für jene Gebiete, die landwirtschaftlich wenig abwarfen, eine weitere Möglichkeit schufen. Damwild taucht im Nachruf in der Angelsächsischen Chronik von 1087 nicht in der Aufzählung der Lieblingstiere Wilhelm des Eroberers auf. Vermutlich ist es erst im frühen 12. Jahrhundert während der zweiten Phase des Anlegens von Parks und Wäldern eingeführt worden. Möglicherweise ist es über Sizilien gekommen. Die Eroberung Siziliens nach 1060 brachte die Normannen mit den Gewohnheiten der Antike und der islamischen Welt in Verbindung, Lustparks anzulegen und wilde Tiere zu halten. Woher es auch immer stammte, die Einführung des Damwilds in England war ein voller und bleibender Erfolg **(50)**.

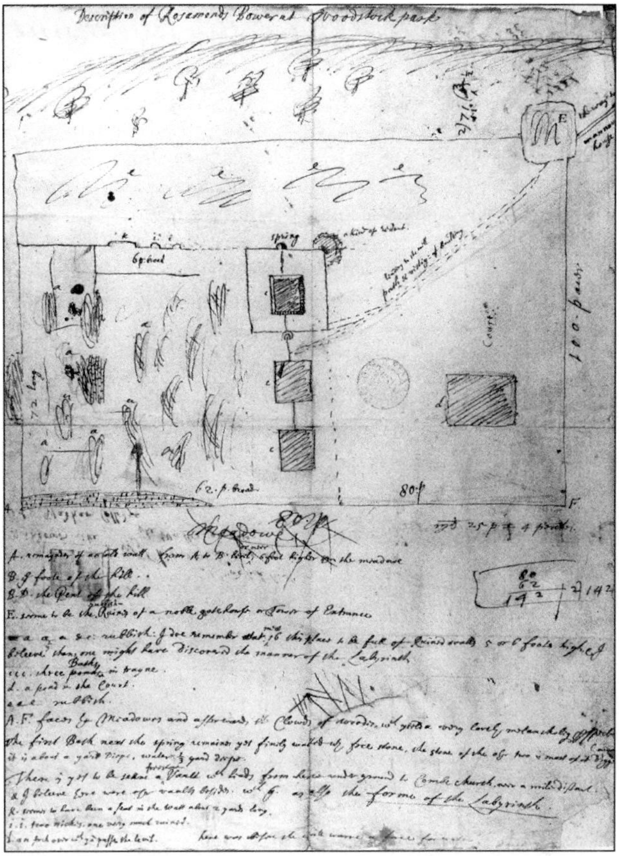

50 *Lageplan von Rosamund's Bower im Woodstock-Park aus dem 17. Jahrhundert von John Aubrey. Dies war eine im 12. Jahrhundert angelegte, exotisch anmutende Gartenanlage mit Quellen und Teichen, deren Entwurf möglicherweise auf zeitgenössische Gärten in Sizilien zurückgeht*

Im späten 12. Jahrhundert erreichten die königlichen Forste ihre größte Ausdehnung, und als in der Mitte des 13. Jahrhunderts die Verzeichnisse der Wälder in Einzelbesitz immer umfangreicher wurden, da nahm sie immer mehr ab. Obwohl der Entwaldungsprozeß sich in die Länge zog und viele Jahrhunderte bis ins 19. Jahrhundert anhielt, und obwohl viel von ihrem gesetzlichen und administrativen Drum und Dran das Mittelalter überstand, waren die echten königlichen Wälder nur ein kurzlebiges Landschaftsmerkmal. Einzig die Normannenkönige auf dem Höhepunkt ihrer Macht konnten solch ein System einführen und aufrechterhalten, und aus diesem Grunde muß der Wald schon in besonderem Maße als eine Erscheinung des normannischen England betrachtet werden.

6 Ansichten der anglo-normannischen Gesellschaft

In mancher Hinsicht war die Welt, die die Normannen bewohnten, kosmopolitischer als unsere eigene. Die Grenzen von Staaten und Fürstentümern änderten sich laufend und wurden selten überwacht. Daraus ergab sich, daß Bevölkerungsbewegungen zwischen den einzelnen Staatsgebieten nur unwesentlich durch völkische oder politische Erwägungen eingeschränkt wurden. Der kosmopolitische Charakter der europäischen Gesellschaft trat besonders deutlich in höfischen Kreisen hervor, in denen grenzüberschreitende Ehen nicht nur die Regel, sondern allgemein erwünscht waren. Dementsprechend beschränkten sich viele Erscheinungen des 11. und 12. Jahrhunderts, besonders auf dem Gebiet der Musik und der Literatur, nicht auf ein einzelnes Land, sondern zeigten sich in ganz Europa, wenn auch mit regionalen Unterschieden.

Auf gesellschaftlichem Gebiet wurden die Normannen als ein „grobes und ein wenig rohes Volk" betrachtet. Es stimmt wahrscheinlich, daß die Normannen, wie Stenton gesagt hat, „in der Kunst oder Literatur wenig hervorgebracht haben, was dem Werk eines Engländers an die Seite gestellt werden könnte." Doch war der anglo-normannischen Gesellschaft die kulturelle Vermischung der einheimischen englischen Sprache mit Elementen des Kontinents vorbehalten, was zu bedeutenden künstlerischen und literarischen Hervorbringungen führte. Die italienischen Priester Lanfranc und Anselm **(51)** sind herausragende Beispiele des kosmopolitischen Einflusses, den die Kirche ausübte. In Hinblick auf die Üppigkeit und Verfeinerung der Dinge des täglichen Bedarfs lebten die normannischen Barone im großen und ganzen so wie ihre angelsächsischen Vorganger, höchstens, daß sie vielleicht etwas verschwenderischer waren, aber auf einen aus dem Rahmen fallenden Verbrauch gibt es bei den normannischen Lords der ersten Generation nach der Eroberung wenig Hinweise.

Angelsachsen und Normannen

Obwohl es nie dem geringsten Zweifel unterlag, wer das Heft in der Hand hatte, hielten sich nach der Eroberung verhältnismäßig wenige Normannen in England auf, nicht mehr als 50.000 wahrscheinlich bei einer angestammten Bevölkerung von vielleicht zwei Millionen. Folglich war es unvermeidlich, daß sich die normannische Vorherrschaft im wesentlichen auf die oberen Schichten der Bevölkerung beschränkte. Obwohl Scharen französischer Siedler nach England übersetzten und in verschiedenen Städten Niederlassungen gründeten, war die ethnische Durchdringung sogar noch geringer als die im 10. Jahrhundert in der Normandie durch die Nordmänner verursachte. Mit der Einwanderung der Germanen in die ehemals römischen Gebiete konnte sie erst recht nicht verglichen werden. Tatsächlich deutet eine jüngst durchgeführte Untersuchung der Ortsnamen in der Normandie darauf hin, daß es nach der Eroberung sogar eine bescheidene englische Siedlungsbewegung in die Normandie gegeben hat. In ähnlicher Weise machten Engländer als Pilger oder Söldner Fahrten in den Süden und Osten mit. Zu den weit entfernten Orten, in die es Engländer im Gefolge der normannischen Eroberung verschlug, gehörte auch Konstantinopel, wo es eine kleine Auslandsgemeinde gab.

Die Männer, die mit Wilhelm nach England kamen, stammten vorwiegend aus der Gegend um Rouen, manche aber auch aus der Bretagne (sie lebten hauptsächlich im Südwesten und in der Baronie Richmond), andere von der Halbinsel Cotentin, und es waren auch Unterpächter mächtiger Männer wie Odo von Bayeux dabei. Der Unterschied zwischen französischem und englischem Recht vertiefte die gesellschaftliche Spaltung noch, denn das normannische Gesetz

51 *Romanisches Kragsteintableau im Kloster Romsey, einem der reichsten Nonnenklöster Englands. Von hier stammt Heinrich I. Frau Edith*

beschützte die Franzosen weit stärker als das englische, das mehr auf gesellschaftlichen Ausgleich bedacht war. Die normannische Trennung zwischen Ritter und Leibeigenem war viel größer als die sächsische zwischen Häuptling und Graf, und die Herausbildung der Adelshäuser verdeutlichte, wie der Feudalismus dem Land aufgezwungen wurde. Der König belehnte die Barone, die ihm im Gegenzug eine Anzahl Ritter schuldeten. Das Lehen, gehalten vom Hof eines Gutsherrn, wurde an Unterpächter weitergegeben, die sämtlich unter Waffen standen und nach ihrer Bedeutung eine Hierarchie bildeten. Die unteren Stände wurden einheitlich *villani* genannt. Dies war zunächst kein abfälliger Begriff; dazu wurde er erst in der Mitte des 12. Jahrhunderts.

Sklaven waren möglicherweise weniger gewinnbringend als „freie" Kleinbauern, die ihrem Herrn zu harten Arbeitsdiensten verpflichtet waren. Im normannischen England wurde die Sklaverei, was vielleicht überrascht, abgeschafft. In der Tat weist das Buch von Domesday 1086 nicht weniger als 12 Prozent der Bevölkerung als Sklaven aus. Damals gab es mehrere Sklavenmärkte in England. Der bekannteste war wohl der in Bristol, der in einen blühenden Handel mit Irland verwickelt war. Doch mit dem Ende des 12. Jahrhunderts waren die Sklaven aus den Aufzeichnungen praktisch verschwunden. Nicht später als in den 1120er Jahren wurde es der Kirche möglich, Priester als Strafe für die Haltung von Konkubinen im Amt herabzustufen. Vielleicht wurden die Sklaven deshalb unwichtig, weil der normannische Gebieter seine Pächter ohnehin als sein Eigentum betrachtete und sein Recht sich über alle erstreckte, die sich auf seinem Land aufhielten. Jetzt ging die Tendenz dahin, daß der Teil der Bauernschaft als *villani* bezeichnet wurde, der sich in der minderen Stellung eines überwiegend in der Landwirtschaft tätigen Arbeiters befand. Darüber hinaus wurden die wichtigsten Kennzeichen eines freien Mannes, nämlich das Recht, Waffen zu tragen sowie vor den Höfen einen Eid abzulegen, unter dem normannischen Feudalismus im Wert herabgesetzt.

Die anglo-normannischen Frauen

In der Zeit nach der Eroberung war die Geltung der Frauen vor Kirche und Gesetz im Vergleich zu der ihrer angelsächsischen Vorgängerinnen deutlich herabgesetzt. Der neue anglo-normannische Feudalkodex sowie die Entwicklung und Kodifizierung des kanonischen Rechts verminderten beide die gesetzlichen Rechte der Frauen. Die gesetzliche Stellung einer Frau hing in jeder gesellschaftlichen Klasse davon ab, ob sie ledig oder verheiratet war. Als Ledige oder Witwe konnte sie vor dem Gesetz die gleichen Rechte wie ein Mann ausüben; war sie verheiratet, erloschen ihre Rechte, und ihre Person und all ihr Hab und Gut fielen der Herrschaft ihres Mannes anheim. Nach dessen Tod erhielt sie ihren eigenen Besitz zusammen mit ihrer Mitgift zurück, hinzu kam auf Lebenszeit ein Anteil an seinem Besitz.

Die Übernahme der Primogenitur (das älteste männliche Kind erbt alles) ließ adelige Frauen Gefahr laufen, bis auf ihre Aussteuer vom Reichtum der Familie ausgeschlossen zu werden. Stadtfrauen und Kleinbauern waren jedoch an diese strengen Erbschaftsregeln nicht ganz so eng gebunden. In sämtlichen Schichten, besonders aber im Adel, konnte eine reiche Witwe oftmals entdecken, daß sie über eine bemerkenswerte Handlungsfreiheit verfügte. Ungeachtet ihrer persönlichen Rechte durften Frauen kein Amt bekleiden oder öffentliche Verantwortung übernehmen. Das kanonische Recht, das sich auch mit Eheschließungen und dem Letzten Willen befaßte, gab das kirchliche Urteil über die Minderwertigkeit der Frau und die Notwendigkeit, daß sie sich dem Willen des Mannes unterwarf, getreulich wieder. Nichtsdestoweniger betonte es mit Nachdruck ihr Recht, den Ehegatten frei auswählen zu dürfen, und ebenso bestritt es das Recht, Kinder, die noch nicht ehemündig waren, also Mädchen unter 12 und Knaben unter 14 Jahren, zur Ehe zu zwingen. Dementsprechend ermunterte das kanonische Recht zur Geltendmachung des Letzten Willens, auch verheiratete Frauen, die das ohne Zustimmung des Ehemanns genau genommen gar nicht durften.

Die reine Lehre stand häufig in Widerspruch zu den tatsächlichen Gegebenheiten. Lehensherren waren oft abwesend, und ihre Frauen sahen sich oft der Verantwortung über große Haushalte gegenüber, mit einer Fülle von Beamten, Rittern und Männern unter Waffen, die rechtmäßige Kämpfe um Landrechte ausfochten und deren Kampfstärke bewahrt sein wollte, um Burgen und Herrensitze zu schützen. Die rapide Entwicklung der Städte und ihrer schnell wachsenden Bevölkerung im Verlauf des 12. Jahrhunderts öffnete den Frauen dort manche Tür. Sie konnten sich nun den meisten Handwerksgilden anschließen, und ihr Recht, im eigenen Namen ein Geschäft zu führen, wurde durch das Handelsgesetz geregelt. Das galt sogar für verheiratete Frauen.

Englische Nonnenklöster waren nicht so wohlhabend oder so stark besetzt wie die Männerklöster, aber den oberen Schichten boten sie eine ehrbare Wahl zum Ehestand. Einige Häuser wie die Priorate in Amesbury, Shaftesbury und Romsey blühten und gediehen unter königlicher Schirmherrschaft mit Hilfe ihrer Anziehungskraft auf adelige Frauen. Teile des englischen Adels zogen das Leben im Kloster einer erzwungenen Heirat mit einem normannischen Lord vor, und so war ein Ergebnis der Eroberung Englands ein wenn auch bescheidener Anstieg der Zahl der Nonnen **(51)**.

Anglo-normannische Namen und Sprache

Es gibt nur wenige Hinweise auf von Grund auf neue Siedlungen im Zusammenhang mit der normannischen Kolonisation Englands nach der Eroberung, wenn man von neuen Städten im Norden in den nach der Heimsuchung des Nordens verwüsteten Gebieten oder im Nordwesten nach Wilhelm Rufus‘ Kriegszügen einmal absieht. Folglich gab es auch nur wenige vollkommen neue normannische Ortsnamen, wohingegen auf die Normannen zurückgehende französische

Ortsnamensteile durchaus gebräuchlich sind. Das vorliegende Namensmaterial zeigt ein ähnliches Schema der Sprachmischung wie seinerzeit in der Normandie des 10. Jahrhunderts. Normannische Familiennamen verbanden sich mit bereits bestehenden angelsächsischen Ortsnamen, woraus dann etwa Cleobury Mortimer wurde oder Langton Maltravers oder Ascot D'Oily. Die normannischen Besitzer gaben ihren Burgen und Gutshäusern häufig französische Namen, die normannischen Mönche machten es mit ihren Klöstern und Bauernhöfen ebenso. Diese Bezeichnungen beschrieben oft eine Eigenschaft; *Beau* oder *Belle* sind ein besonders gebräuchlicher Bestandteil in, zum Beispiel, Beaumont (=schöner Hügel) und Bellevoir (=schöne Aussicht); Riveaulx (Yorkshire) ist eine französische Übertragung von Ryedale.

Das Englische hielt sich als Landessprache, war seit der Eroberung jedoch stark mit lateinischen und französischen Wörtern angereichert worden. Die Schreibsprache wechselte vom Frühenglischen ins Lateinische. Zu Eduard des Bekenners Zeit war die Angelsächsische Chronik noch in einem halben Dutzend Klöstern in der Originalsprache geführt worden. In einigen wenigen überstand sie das Aufkommen der Normannen, obwohl Latein schnell zu Lasten der ursprünglichen Landessprache an Boden gewann. Um das Jahr 1100 wurde eine Ausgabe der Chronik in St. Augustinus, Canterbury, zweisprachig abgeschrieben. Eine andere in der Christuskirche in Canterbury behielt die alte Sprache bis 1110 bei, dann wurde sie auf Lateinisch mit gelegentlichen englischen Einschüben weitergeführt. Wieder eine andere, die in St. Augustinus und später in Peterborough zusammengestellt wurde, bewahrte das Englische bis zur Regierungsübernahme von Heinrich II. im Jahre 1154.

Latein war spätestens seit dem 12. Jahrhundert die Sprache der Kirche und Gelehrten, von Verwaltung und Gesetz, doch wurde es jetzt selbst von englischen und französischen Wörtern durchsetzt. Ohnehin hielt sich sein Gebrauch in Grenzen; lediglich einige wenige Männer der Feder, der Geistlichkeit und aus dem Staatsdienst benutzten es. Der normannische Hof war beim Französischen geblieben, und die überwiegende Mehrheit des Volkes sprach weiterhin Englisch. Amtliche Urkunden und Schriftstücke sind gelegentlich zweisprachig abgefaßt, so etwa ein Schreiben Heinrich II. an Bischof Anselm, in dem die Vorrechte Londons bestätigt werden. Manchmal werden Grenzen der Landgüter sogar noch in der Regierungszeit Heinrich II. in angelsächsischen Wendungen bezeichnet. Auch im Hofstaat der Grafen wurde das Englische in den ersten Jahrzehnten des 12. Jahrhunderts noch gebraucht.

Es wurde ganz ohne Zweifel weiterhin Englisch gesprochen, sogar in adeligen normannischen Haushalten. Viele Normannen nahmen Engländerinnen zur Frau, und so ist es nur vernünftig, anzunehmen, daß ein großer Teil der Gesellschaft unter Einschluß sogar des Adels die Zweisprachigkeit pflegte. In der hohen Geistlichkeit wurde gerne und oft Englisch gesprochen und gepredigt, und man behauptete: „Die Kanzel war die Wiege der englischen Übersetzung". In der Tat war es den religiösen Schriften in der Landessprache zu verdanken, daß die Gewohnheit, in englischer Prosa zu schreiben, während der anglo-normannischen Periode bewahrt wurde. In Worcester war das Beharrungsvermögen der eingesessenen Sprache in religiösen Abhandlungen besonders stark. Das war das Verdienst des englischen Bischofs Wulfstan, der den Bischofsitz bis 1095 innehatte und dessen Leben von einem Mönch aus Worcester auf Angelsächsisch festgehalten wurde. Predigtsammlungen, angelsächsische Fassungen von Abschnitten aus der Bibel, Dienstanweisungen und Heiligenlegenden wurden dort im 12. Jahrhundert weiterhin kopiert. Insgesamt jedoch machte das Altfranzösische als Sprache der romantischen Dichtkunst, des Handels und der Baukunst gegenüber dem Englischen gewaltig an Boden gut.

Angelsächsische Personennamen wurden zunehmend unmodern und wahlweise durch normannische ersetzt, welche überwiegend einen französischen oder festlandgermanischen Ursprung hatten, und wenig später durch Namen aus der Bibel, die bis dahin im sächsischen England eher selten gewesen waren. In Winchester zum Beispiel waren normannische Namen schon bald nach der Eroberung die Regel, als die anglo-normannische Bevölkerung sie weitgehend übernahm.

Die anglo-normannische Literatur

Größe und Einfluß der anglo-normannischen Literatur lassen sich vor dem Hintergrund eines breiten kulturelles Austausches zwischen der Normandie und England bereits Jahrzehnte vor der Eroberung leicht erklären. Es war wirklich ein Austausch, der, wie es sich gehört, in beide Richtungen ging: Die normannische bildende Kunst und Bildhauerei lassen den Einfluß englischer Entwürfe und Kunstfertigkeit auf so unterschiedlichen Gebieten wie der Münzprägung und der Stickerei erkennen, die unter dem besonderen Schutz des Eroberers standen. Die Literatur der angelsächsischen Landessprache hatte hinsichtlich ihrer Leistung eine Entwicklung erfahren, wie sie in Europa bis zu dieser Zeit ohne Beispiel war. Im Gegensatz dazu gab es fast gar keine normannische Literatur, obwohl sich normannische Schreiber nach der Eroberung der angelsächsischen Literatur zugewandt hatten, um aus ihr wie aus den Gesetzessammlungen und den kulturellen Überlieferungen Anregung und Wissen zu erfahren. Das angelsächsische Schriftgut versorgte die Normannen mit einer Fülle ernsthafter, hochwertiger Literatur, in der Alltagssprache zur Erziehung und Erbauung des Adels geschrieben.

Das England nach der Eroberung bildete eine dreisprachige Kultur aus. Latein, die internationale Kirchen- und Gelehrtensprache, war von den Normannenkönigen als Regierungssprache an die Stelle des Englischen gesetzt worden. Französisch, das sich bereits nach und nach dem Kontinentalfranzösischen entfremdete, war die höfische Sprache, überhaupt die der Herren. Englisch wurde als Literatursprache auf den dritten Platz verwiesen. In der Zeit nach der Eroberung benutzten die anglo-normannischen Schreiber Quellenmaterial in Englisch, Latein oder vielleicht Walisisch, während spätere Schreiber in Englisch schrieben und französische oder lateinische Unterlagen zu Rate zogen. Die Wahl der Sprache hing vom Geschmack der erwarteten Zuhörerschaft oder des Gönners ab, oder auch vom Thema. Sie wurde eben nicht mehr als Teil der nationalen Identität begriffen. Auf einem Manuskript oder sogar in ein und demselben Gedicht konnte die Sprache urplötzlich wechseln. Diese Beweglichkeit wird durch die umfangreiche Aufnahme romanischen Wortschatzes während der anglo-normannischen Periode veranschaulicht, dessen Wirkung auf die Literatur ebenso umfangreich wie deutlich war. Die anglo-normannische Literatur profitierte vom Lateinischen mehr als vom Englischen, was sich dann auch in der Verbreitung des gelehrten lateinischen Schrifttums ausdrückte.

Die Literatur des ersten Jahrhunderts nach der Eroberung ist zwar klein in der Menge, der Entwicklung auf dem Festland jedoch deutlich voraus **(Farbtafel 24)**. Die erzählende Literatur versorgte die kirchlichen und weltlichen Herrscher im anglo-normannischen England von Anfang an mit Informationen über das Land, das sie regierten. Dieser Gesichtspunkt scheint zuerst in den Arbeiten der englischen und normannischen Geschichtsschreiber des frühen 12. Jahrhunderts auf, etwa bei Wilhelm von Malmesbury, Heinrich von Huntingdon und Orderic Vitalis. 1155 vollendete der normannische Dichter Wace seinen *Roman de Brut*, eine hochwirksame Darstellung der britischen Geschichte, die später ins Englische übersetzt wurde. Danach wandte er sich der normannischen Geschichte zu mit dem weniger bekannten und weniger erfolgreichen *Roman de Rue* von etwa 1160/70.

Unter Heinrich II. blühte die anglo-normannische Literatur auf, als der angevinische Hof seinen Platz als Mitte der europäischen Literatur beanspruchte. Die angevinische Nachfolge versetzte England durch ihr aquitanisches Erbe in ein Reich, das sich von den Waliser Marken bis zu den Pyrenäen erstreckte und Zugang zu all der kulturellen Vielfalt gewährte, die diese Länder boten. Der anglo-normannische *Tristan* von Thomas d'Angleterre war unter den neuen literarischen Errungenschaften diejenige, die am meisten einschlug. Seine einfühlsame Schilderung einer verhängnisvollen und leidenschaftlichen ehebrecherischen Beziehung ohne urteilende Einlassungen wie in den herkömmlichen mittelalterlichen Schriften fand in der zeitgenössischen Literaturkritik wenig Gegenliebe, während die Beurteilung der Geschichtsschreibung wesentlich freundlicher ausfiel. Viele der überwiegend erzählerischen Arbeiten der folgenden Jahrzehnte sind als Antwort auf die im *Tristan* vertretene Moral angesehen worden. Nichtsdestoweniger war die Geschichte von Tristan und Isolde im Begriff, eine der klassischen Darstellungen leidenschaftlicher Liebe innerhalb der europäischen Literatur zu werden.

Viel von der frühen Literatur ist für den unmittelbaren Kreis des umherreisenden, kosmopolitischen königlichen Hofes verfaßt worden, doch zur gleichen Zeit entwickelte sich auch der Liebes- oder Abenteuerroman, der dem baronalen Förderer gewidmet wurde. Diese Romane waren mehr für ein ländliches Publikum gedacht und behandelten auf wohlerwogene Weise den sogenannten „Englischen Romanstoff", der zum Teil auf unverfälschte angelsächsische oder skandinavische Sagen zurückging. Größtenteils erdichtete Werke wie *Haveloc the Dane* und *Romance of Horne* sind die besten Erzeugnisse dieses Genres. *Boeve de Haumtone* und *Guy de Warewic* sind ganz offensichtlich mit den Familieninteressen der Besitzer der Burg Arundel, beziehungsweise mit den Grafen von Warwick, verknüpft. Beide Stücke wurden später für ein größeres Publikum ins Englische übersetzt. Romane dieser Art gaben in ihrer Handlung die weiteren Bestrebungen eines noch jungen Feudalgeschlechtes wieder. Der Held erwarb Ländereien durch die Heirat mit einer Erbin, behauptete seinen Besitz in der Auseinandersetzung mit der im Mittelpunkt stehenden königlichen Macht und borgte sich die englischen Namen und Örtlichkeiten, um sich einen Anstrich von Echtheit zu geben.

Neben den weltlichen Erzählungen waren Heiligengeschichten ebenso im Kommen. Diese Histörchen wurden gleichermaßen für Mönche wie für Laien geschrieben, gewöhnlich für den höfischen Geschmack und vorzugsweise über Heilige, die es vor der Eroberung schon gab und deren Reliquienschreine in den neuen Domen standen. Durch aufeinanderfolgende Königinnen gefördert, entstanden im 12. Jahrhundert Werke wie Benedeits *Voyage of St Brendan*, eine farbige Beschreibung der wundersamen Reisen des keltischen Heiligen, und Dennis Pyramis' *Life of St Edmund*. Das Schauspiel kam im 12. Jahrhundert ebenfalls auf mit den Stücken *Jeu d'Adam* und *Seinte Resurrection*, zwei kirchlichen Spielen, die hohe literarische Fähigkeiten und dramaturgisches Können aufweisen.

Die Geschichtschreibung in der Alltagssprache setzte sich im späten 12. sowie im 13. Jahrhundert fort mit der *Brut*-Tradition der britischen Geschichte, lebendigen Schilderungen zeitgenössischer Ereignisse wie Jordan Fantosmes *Chronique* und *The Scottish Wars of Henry II.*, ein Heldenstück während der Eroberung Irlands und eine volkstümliche Biographie Richard I. Selbstverständlich war die anglo-normannische Literatur mit dem Antritt der Plantagenets nicht an ihr Ende gekommen, sie reichte vielmehr bis ins 15. Jahrhundert. Zur Zeit Chaucers und über den Königshof hinaus behaupteten sich neben der übermächtigen französischen Mode außerhalb dieses Kreises in den Herrensitzen der Barone, den englischen Gutshäusern und Klöstern die aufgezeichneten Romane und Heiligengeschichten, eine ununterbrochene Reihe ländlichen, in der Alltagssprache abgefaßten Schrifttums.

Die Musik der Anglo-Normannen

Während der Jahre der normannischen Vorherrschaft war die Welt der Musik großenteils liturgischen Einflüssen unterworfen. Die liturgische Praxis der Normannen bezüglich der Feier der heiligen Messen und Hochämter richtete sich in erster Linie nach der Tradition des Klosters von Cluny. Diese Kluniazensische Praxis wurde von den Normannen in alle Länder gebracht, die sie unterworfen hatten. Das liturgische Schauspiel und weltliche Musik in Form von Liedern, die entweder ohne Begleitung oder mit der Begleitung von Bogen- und Zupfinstrumenten, Trommeln und Flöten gesungen wurden, waren, besonders in Adelskreisen, ein wichtiger Teil des normannischen Lebens. Die Texte dieser Lieder, die in der Alltagssprache abgefaßt waren, zeichnen die Vermischung der Sieger und Besiegten nach, ein bezeichnendes Merkmal der normannischen Art, der Eroberung die Einverleibung, der Einverleibung die Angleichung folgen zu lassen. Auch auf dem Gebiet der Musik beeinflußten die Normannen, was sie in jenen Ländern antrafen, in die sie eingefallen waren – und wurden beeinflußt. Dieses Phänomen der gegenseitigen Befruchtung hat entscheidend zu der Übereinstimmung im Stil beigetragen, der diese Phase der westlichen Musik kennzeichnet.

Die Kirchenmusik, die die Messen und Ämter begleitete, folgte der allein anerkannten liturgischen Praxis von Cluny. Nach der Eroberung anderer Länder ersetzten die Normannen örtliche Behörden, kirchliche wie weltliche, durch eigene. „Der nachhaltigste Eindruck auf die Kirchenmusik (in England) wurde nach der Eroberung durch die vollständige Ersetzung älterer klösterlicher Beamter durch normannische Mönche hervorgerufen, mit dem Ergebnis des normannischen Zugriffs auf Liturgie, Zeremoniell und Gesang, die nun weitgehend dem Einfluß von Cluny und Bec unterworfen waren.“ Doch mit der Einführung ihrer eigenen Gewohnheiten übernahmen die Normannen wiederum andere. Einmal mehr sorgt die Eroberung Englands für ein Beispiel: „Das England des 11. Jahrhunderts führte im Verein mit normannischen Mönchen die benediktinische Tradition aus dem 10. Jahrhundert fort, Hymnen, Sequenzen und voll durchgereimte Ämter für angelsächsische Heilige zu schreiben“, und „Viele Tropen (=Zusatztexte, die als Kommentar zur Musik in die bestehenden Meßtexte eingefügt werden) vom Festland sind musikalisch und textlich überarbeitet worden, um örtlichen Notwendigkeiten und Vorlieben zu folgen“.

Liturgische Musik

Die musikalische Fassung des immer lateinischen Wortgottesdienstes in Ämtern und Messen erfolgte überwiegend monophon, in einer Stimmreihe, doch es gibt auch Beispiele von einem Einfachklang vor dem Vielklang zweier Stimmen oder mehr. Späterhin in der Phase der normannischen Vorherrschaft wurde die liturgische Musik von der geübten Praxis und dem Vorrat an Musikstücken der Kathedrale Notre-Dame in Paris beeinflußt. Diese Praxis gründete auf der Zweistimmen-Polyphonie für alle größeren Feiertage des Kirchenjahrs, die auf das berühmte Werk *Magnus liber* zurückging, das Leonin um 1080 herum komponiert hatte. Die Normannen und die von ihnen Beherrschten müssen diese Musik für Ämter und Messen ganz gewiß ebenso gehört haben wie die liturgischen Schauspiele, die zur Feier der Geburt und der Auferstehung Christi aufgeführt wurden.

Auf der biblischen Überlieferung des „Leeren Grabes“ und auf der Frage *Quem queritas?* – Wo ist der Auferstandene? – gründend, enthält dieses Schauspiel typischerweise wechselnde Singstimmen und Stimmreihen. Es wurde in den nordfranzösischen Klöstern vor der Schlußhymne des Morgenlobs aufgeführt. Auch an anderen liturgischen Schauspielen etwa über die Heiligen Drei Könige und Osterwallfahrten herrschte in dieser Zeit kein Mangel. Text und Musik unterlagen einem ebenmäßigen Reimschema mit ständiger Musikbegleitung, wodurch Dichtung und Melodie eine Einheit bildeten. Diese liturgischen Schauspiele waren die Brücke zwischen der rein liturgischen, mit lateinischen Texten unterlegten Musik und den nicht-liturgischen mittelalterlichen Liedern, die, zuweilen in der Alltagssprache, ohne Zweifel auch von den Normannen gehört und gesungen wurden.

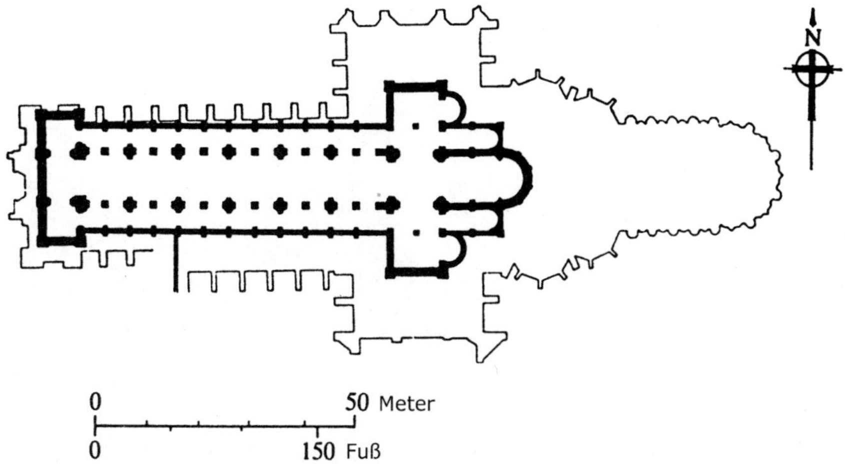

52 *Grundriß der Abteikirche Eduard des Bekenners im Vergleich zur heutigen Kirche*

Nicht-liturgische Musik

Die nicht-liturgische Musik, die es zur Zeit der normannischen Vorherrschaft noch gab, umfaßte fromme und halbsakrale Lieder, weltliche Lieder und Instrumentalstücke. Die Liedtexte waren in der Landessprache, und bei der Betrachtung der Texte wird offenbar, daß es auch hier eine beträchtliche Wirkung seitens der Normannen auf die Eroberten gab und umgekehrt. Obwohl etwas existierte, was Lefferts „eine weite Musiklandschaft, die das anglo-normannische England und Nordfrankreich umfaßt" genannt hat, bestand doch mit fortschreitender Zeit „eine Bewegung vom Anglo-Normannischen hin zu festländischen französischen Mundarten, und für diesen Prozeß lassen sich Parallelen in der Politik, den schönen Künsten, der Architektur und der Musik aufzeigen." In England „sahen die ersten hundert Jahre der normannischen Herrschaft in den höchsten Kreisen die Einführung einer neuen Alltagssprache, die ihre eigene weltliche Unterhaltungsmusik entwickelt hat. Dazu gehören anglo-normannische und mittelenglische Verschroniken, Epen, Romane." Es wurden auch fromme einstimmige lateinische Lieder verfaßt, und das Offizium in gereimter Fassung für die Mönche von St. Thomas in Canterbury, in den späten 1170ern geschrieben, setzte diese angelsächsische und frühe normannische Tradition, in dieser Form und mit lateinischem Text, fort. Während das Lateinische für die meisten nicht-liturgischen frommen Lieder gewählt wurde, war Französisch die Sprache der Literatur und des gesellschaftlichen Verkehrs zwischen dem englischen Adel nach der Eroberung. Deshalb hatte das allgegenwärtige romantische Lied, das in Britannien wie in der Normandie gesungen wurde, in dieser Zeit immer einen französischen oder anglo-normannischen Text. Lieder wurden entweder ohne Instrumente dargeboten oder von Zupf- und/oder Bogeninstrumenten begleitet, zum Beispiel von der *harpa* oder einer Vorgängerin der Laute und/oder Bratschen, Flöten und Trommeln **(Farbtafel 22)**.

53a *Die bemerkenswerte Blendarkade am Westbau der Priorei der Burg Acre*

In der Zeit ihrer Vorherrschaft nahm die weltliche wie die liturgische Musik bei den Normannen einen hohen Rang ein; fast jedermann setzte sich der Klangflut gesungener Messen und Ämter sowie liturgischer Schauspiele in Latein aus. Die oberen Schichten und der Adel erfreuten sich gleichfalls an weltlichen und frommen Liedern, auf Latein oder in der Landessprache, und unterhaltsamen Instrumentalmusikstücken. Die Musik dieser Zeit war verhältnismäßig einfach mit häufig nur einer Stimme, monophon, und dies oft ohne Begleitung. Der Text dieser Vokalmusik war gewöhnlich heilig oder fromm, aus ihm gingen Rhythmus und Melodie hervor. Doch gab es auch liturgische Schauspiele und andere Erbauungsstücke, deren Musik vielschichtiger war, mit instrumentaler Begleitung von Bogen- und/oder Zupfinstrumenten, Trommeln und Flöten, und mit zwei und mehr Stimmen, die zusammen oder abwechselnd einsetzten. Bei den weltlichen Liedern war der Text oft in der Umgangssprache verfaßt und das behandelte Thema weit von einem liturgischen entfernt. In der oberen Schicht wurde auch gern reine Instrumentalmusik gehört und dazu getanzt. Musik war bei den Normannen wie alles andere etwas, was ausgeführt, eingeführt und wohl vor allem einverleibt wurde.

Die Architektur

Ihre größte Wirkung hat die normannische Eroberung wohl auf dem Gebiet des Bauwesens und der Architektur hinterlassen. In einem bisher nicht erlebten Umfang wurden Kathedralen und Klöster errichtet, zunächst im kontinentalen romanischen Stil, der mit der Zeit angelsächsische und skandinavische Elemente in sich aufnahm, um schließlich die unverwechselbare anglo-normannisch-romanische Architektur zu bilden. In den Worten einer führenden Autorität war

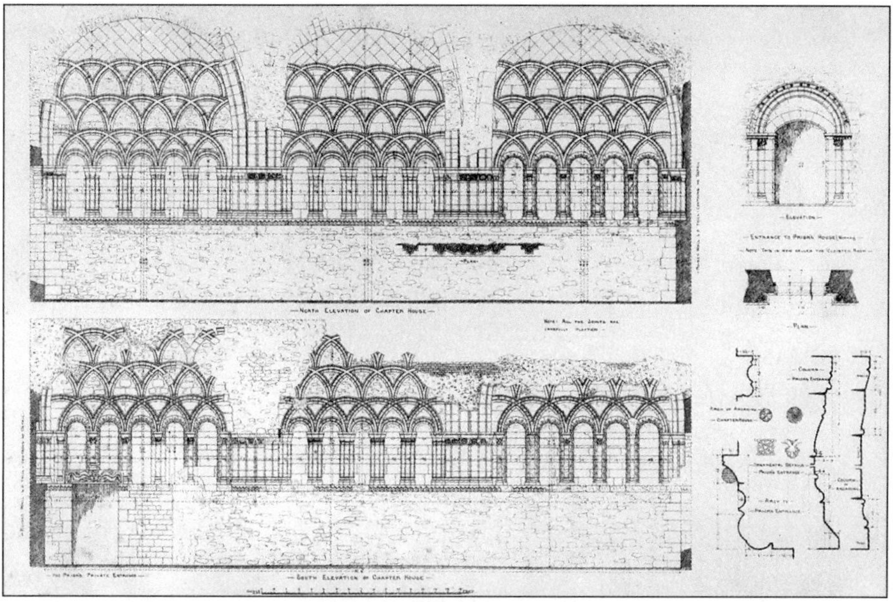

53b *Die Blendarkade im Kapitelhaus der Priorei Wenlock vom „Erbauer" August, 1888*

die anglo-normannische Schule „vielleicht der fortgeschrittendste und fortschrittlichste Zweig der Romanik im Norden" (A.W. Clapham).

Die normannischen Baumeister waren in ihren Wiederaufbaumaßnahmen so gründlich, daß sich buchstäblich kein Baustil aus der Zeit vor der Eroberung in irgendeiner englischen Kathedrale oder Abtei wiederfindet. Die neue „normannische" Architektur fand beim Bau einiger tausend Pfarrkirchen Anwendung, die aufs neue im ganzen Land aus dem Boden schossen, und die vielen kleinen Prioreien, die die normannischen Lords neben ihre Herrenhäuser oder Burgen setzten, wurden im selben Stil erbaut. Die normannische Architektur wurde in verschwenderischem Maße gleichfalls beim Bau weltlicher Gebäude gebraucht. Das waren nicht nur die großen Burgen und Schlösser, sondern auch solide Stadthäuser und eine Anzahl Herrensitze. Diese Bauwut hatte es in Britannien seit der Römerzeit nicht mehr gegeben, und es gab sie auch erst wieder in der Viktorianischen Ära. Wir sind so glücklich, in England und Wales einen großen Reichtum an Hinterlassenschaften der normannischen Architektur aus dem 11. und 12. Jahrhundert zu haben, man muß aber den Umbau und die Zerstörung normannischer Bauwerke im Laufe der vergangenen 900 Jahre berücksichtigen, um das ganze Ausmaß der normannischen Revolution im Bauwesen würdigen zu können.

Die Normannische Romanik stammte vom Festland und setzte sich ab der Mitte des 11. Jahrhunderts in England durch. Ihre Ursprünge liegen in den nachklassischen Bauten Norditaliens und Deutschlands, die ab dem frühen 10. Jahrhundert in Burgund stilbildend wurden, nicht zuletzt in der großen Benediktinerabtei von Cluny. Priester wie Wilhelm von Volpiano brachten sie nach England. Es trifft zu, daß die romanische Architektur schon vor der Eroberung Englands in Eduard des Bekenners Westminsterabtei in Erscheinung trat **(vgl. Farbtafel 11)**, möglicherweise

54 *Rekonstruktion der normannischen Münsterkirche in Southwell. Die westlichen Zwillingstürme und der Turm in der Mitte sind mit den Kapellen der Apsis an der Ostseite kennzeichnend für die normannische Bauweise des späten 11. Jahrhunderts*

auch in der Abtei von Waltham, mit deren Bau Harald begonnen hatte, als er Graf von Wessex wurde. Die Westminsterabtei scheint dem Kloster von Jumièges an der Seine nachempfunden zu sein; von da stammte auch Robert, zu Eduards Zeiten Erzbischof von Canterbury **(52)**. Die wuchtigen Ruinen von Jumièges verraten, wie Eduards Abtei, die „er sich zur Begräbnisstätte wählte", ausgesehen hat **(vgl. Farbtafel 10)**. Eduards Kirche wurde im 13. Jahrhundert im gotischen Stil wiederaufgebaut, doch haben in den klösterlichen Gebäuden nur wenige normannische Einflüsse überlebt. Ausgrabungen des 20. Jahrhunderts haben aber die große strukturelle Ähnlichkeit zwischen Westminster und Jumièges klar bewiesen.

In einem Überblick, der die Aktivitäten der Normannen in Europa und Asien behandelt, als sie ins helle Licht der Geschichte traten, ist es nicht möglich, zu lange bei den Einzelheiten der Normannischen Romanik zu verweilen. Sie bestand im wesentlichen aus dem Spiel mit Rundbögen auf Pfeilern und Säulen. Die wichtigste und beeindruckendste Arkade war die mit einer zweiten Reihe, dem sogenannten Triforium, überkrönte, die wiederum ein freies Stockwerk mit einer Außenmauer trug, in die Fenster eingelassen werden konnten. Die anglo-normannische Architektur wußte die Proportionen dieser Stockwerke kunstvoll zu verändern. Blendarkaden mit Pfeiler und Bogen vor leerer Mauer gehörten zu den beliebten Verzierungen, Beispiele bieten die Kathedrale von Gloucester (1089–1100), das Gebäude des Domkapitels der Kathedrale von

55 *Das reichverzierte Südportal der Rochester-Kathedrale, Kent. Die Bögen über dem Portal sind ein Beispiel der späten normannischen Zierbildhauerei in Britannien und auf dem Festland*

Worcester (vor 1125) und das Kapitelhaus der Priorei Wenlock aus der Mitte des 12. Jahrhunderts **(53a und b)**. Einer der Hauptvorteile der Normannischen Romanik gegenüber früheren Bauentwürfen war die Anwendung weiter Spannbögen, die den Bau breiterer und höherer Gebäude ermöglichten. Die Architekten der Romanik führten noch weitere Neuerungen ein, darunter den Chorraum mit Ambulatorium und Kapellen, die die Ostapsis strahlenförmig umgaben. Diese Gestaltung war ideal für die Ausstellung von Schreinen und Reliquien und die Aufnahme großer Pilgerströme **(54)**.

Der anglo-normannische Baustil leistete auch einen wichtigen Beitrag zur Weiterentwicklung der Dachgewölbe, ein wesentliches Merkmal der hochmittelalterlichen Architektur, das zur Gotik hinführte. Noch verlangten romanische Kirchen nach dicken Mauern, die das enorme Gewicht der Steingewölbe tragen mußten, und erst die Erfindung des Spitzbogens gestattete den mittelalterlichen Baumeistern, verschiedene Stützpfeilerarten einzuführen und schließlich sogar die schweren Mauern durch Säulen und Pfeiler zu ersetzen. Die normannische Kirchenarchitektur des 11. und 12. Jahrhunderts läßt sich von der Architektur der Militäranlagen und der privaten Steingebäude nur schwer unterscheiden. Ihr Merkmal waren Rundbögen, wuchtige Stützpfeiler und starke, schwere Mauern, alles meist schlicht, ohne kunstvoll

56a *Ausgefallener rechteckiger romanischer Taufstein aus Norfolk*

56b *Urwüchsiger romanischer Taufstein in der Marienkirche von Luppitt, Devon*

57a *Das kunstvoll gemeißelte Portal in Kilpeck (Hereford und Worcester) aus der Mitte des 12. Jahrhunderts*

gearbeitete Verzierungen. Wo es Verzierungen gab, waren sie gewöhnlich im karolingischen oder nachklassischem Stil, mit kleinen gemeißelten bildlichen Darstellungen. In der ersten Hälfte des 12. Jahrhunderts kann man eine deutliche Verschmelzung normannischer, sächsischer und wikingischer Motive, bei Verzierungen und in der Baugestaltung, erkennen. Etwa ab 1130 datiert die englisch-romanische Periode extravaganter Meißelarbeiten zu reinen Verzierungszwecken. Der zickzackförmige Winkel spielte hier eine große Rolle und wurde immer sorgfältiger herausgearbeitet **(55)**. Aus der normannischen Spätzeit sind einige hundert Tore, Altarraumgewölbe, Bogengänge, Fenster und Taufsteine erhalten geblieben, alle mit reichen Meißelarbeiten versehen **(56a und b)**. Die normannisch-romanische Architektur schöpfte ihre Eingebung aus mehreren Quellen, darunter die Buchmalerei, Goldschmiedearbeiten, Elfenbeinschnitzereien und Holzplastiken. Daß Handwerker verschiedene Fertigkeiten beherrschen mußten, beweist ein Leitfaden für Handwerker, *Diversis Artibus* von etwa 1100.

57b *Wunderliche Meißelarbeit aus der Mitte des 12. Jahrhunderts, Kilpeck*

Romanische Kunst und Architektur waren überwiegend der Religion verpflichtet, doch gibt es auch durchaus weltliche Bilder mit oftmals derben und lustigen Inhalten, einige auch phantastisch und grotesk in Gestalt von Fabeltieren. Im 12. Jahrhundert beherbergten die normannischen Hauptstädte eine Fülle verschiedener Stilmittel in ihren Mauern, geschmückt, manchmal auch überladen mit lebendigen Darstellungen von Bibelszenen und Begebenheiten aus dem Leben der Heiligen, aber auch mit Symbolen aus dem täglichen Leben oder den Tierkreiszeichen.

In der Ausführung der Bauten gab es regionale Abwandlungen, ebenso lassen sich die Arbeiten der verschiedenen Bildhauer- und Steinmetzschulen unterscheiden. Zu den bekanntesten zählt die Schule von Herefordshire, deren besterhaltene Arbeiten man heute an der Kirche von Kilpeck (Herefordshire) sehen kann **(57a und b)**. Es gab noch andere regionale Schulen, etwa in Ostanglien und im Norden. Gegen Ende des 12. Jahrhunderts führte der Weg über die ausgefallene romanische Skulptur zu einem anmutigeren gotischen Stil, der von Burgund über die Ile de France hergefunden hatte und in der englischen Terminologie als Frühes Englisch bezeichnet wird. Er wurde ungefähr zu dem Zeitpunkt eingeführt, an dem die normannische Herrschaft ihr Ende gefunden hatte.

7 Die Normannen in Südeuropa

Kurz vor dem Ende des 10. Jahrhunderts glaubte man die Normannen in den Grenzen ihres Herzogtums noch gut aufgehoben. In der ersten Hälfte des 11. Jahrhunderts fanden sich normannische Einheiten bereits in Spanien, Dalmatien und Kleinasien ebensogut wie in Italien. Der Anlaß für diese neue Beweglichkeit war manchmal ein frommer, manchmal militärisch, manchmal politisch, und manchmal alles zusammen. Die Normannen hatten schon früh an Pilgerreisen zu heiligen Stätten teilgenommen, was ihnen Spanien, Italien, Kleinasien und das Heilige Land erschlossen hatte. Pilgern aus Nordeuropa war der Besuch von Orten, die in enger Beziehung zu Jesus Christus standen, ein besonderes Anliegen, wobei Jerusalem eine bevorzugte Stellung einnahm. Mit all den anderen machten auch die Normannen Zwischenstation an Stellen, die der Christenheit wichtig waren, in Sankt Peter in Rom etwa oder am Berge Garganus in Apulien, seit den Zeiten der Römer eine heilige Stätte mit einem Schrein, der dem Erzengel Michael geweiht war. Zu ihrem Schutz waren die Pilger häufig bewaffnet und reisten in Gruppen. Das unterschied sie wenig von reisenden Söldnerrittern, zumal sie auf ihren Reisen gezwungermaßen selbst manchen Strauß ausfechten mußten **(58)**. Die Dienste der normannischen Ritter wiederum waren von einem frühen Zeitpunkt an wegen ihrer Tapferkeit in den zahlreichen größeren und kleineren Händeln Südeuropas sehr gefragt. Besonders in Italien fanden sie ein gutes Auskommen.

Italien drohte im 10. Jahrhunderts aus verschiedenen Richtungen Gefahr. Die Halbinsel wurde von den Sarazenen aus *Fraxinetum* in Südfrankreich ebenso bedroht wie von denen an der Mündung des Flusses Garigliano, der durch Capua ins Tyrrhenische Meer floß. Liutbrand, der Bischof von Cremona, berichtete, die Mauren Nordafrikas bedrängten die Küsten „so sehr, daß niemand, der von West oder Nord kommt, um seine Gebete an den Türschwellen der seligen Apostel zu verrichten, nach Rom gelangen kann, ohne entweder gefangengenommen oder zur Zahlung eines hohen Lösegeldes gezwungen zu werden." Einer gemeinsamen Unternehmung langobardischer, griechischer und päpstlicher Truppen gelang 915 die Vernichtung der Sarazenenlager rund um die Mündung des Garigliano, und der Stützpunkt in Fraxinetum wurde letztendlich 973 zerstört. Trotzdem lieferte die Sarazenengefahr in Unteritalien und die Unfähigkeit der örtlichen Streitkräfte, sie namentlich aus ihrem Rückzugsraum auf Sizilien zu vertreiben, den normannischen Glücksrittern einen willkommenen Vorwand, einzugreifen. 982 kündigte Kaiser Otto II. auf seinem Marsch von Salerno nach Süden an, er sei gekommen, „die christliche Bevölkerung zu beschützen". Obwohl sein Feldzug fehlschlug und der junge Kaiser im Jahr nach seiner Niederlage bei Tarent in Rom starb, war durch ihn der Weg für weitere Einfälle der Bewohner des Nordens geebnet.

Pilgerreisen zum Schrein des Hl. Jakob von Compostela in Nordwestspanien erfreuten sich im 10. Jahrhundert immer größerer Beliebtheit und führten schließlich dazu, daß sich die Franken am Krieg gegen die Mohammedaner in Spanien beteiligten. Um 1020 habe während eines Feldzuges gegen die Mauren ein Normanne, Roger de Tosny, dem Kannibalismus gefrönt, berichtet eine Quelle. Im allgemeinen waren aber eher Ritter aus Burgund und Südwestfrankreich in diese Kämpfe eingebunden als solche aus der Normandie. In einem anderen Fall wurde den Normannen die Möglichkeit, sich anzusiedeln, strikt beschnitten, weil die ansässigen christlichen Herrscher im Spanien der Reconquista genau wie die Byzantiner in Kleinasien alle Machtbestrebungen aus dem Norden rigoros bekämpften. 1071 eignete sich beispielsweise Roussel de Bailleul, der für Graf Roger von Sizilien gekämpft hatte, bevor er in griechische Dienste trat, in Anatolien ein riesiges Gebiet an, das der byzantinische Kaiser prompt für sich selbst beanspruchte. Kurz zuvor

58 *Kämpfende Ritter, Meißelarbeit auf einem Kapitell, San Marcello Maggiore, Apulien*

hatte Robert Crespin 1065 in Spanien einen fehlgeschlagenen Feldzug als Erwiderung auf die „abscheuliche Tollheit der Sarazenen" geführt. Nachdem er zunächst gesiegt hatte, ließ Crespin in der Stadt Barbastro eine Garnison zurück und kehrte nach Norden zurück, um die Eroberung mit daran angeschlossener Siedlung in Spanien mit einem größeren Heer weiterzuführen. Amatus von Montecassino schrieb 1080 in seinem Bericht über die normannischen Aktivitäten im Süden, daß „Christus den (normannischen) Rittern zürnte, weil sie sich der Ruhmsucht überlassen hatten. Deshalb verloren sie wegen ihrer Sünden, was sie gewonnen hatten, und wurden von den Sarazenen zurückgetrieben."

Die Folgen der politischen Entwicklungen in der Normandie unter Herzog Richard II. trugen ihren Teil zur Wanderung nach Süden bei. Die politischen Neuerungen, die er eingeführt hatte, verminderten die Befugnisse des niederen Adels, der sich als Folge dessen nun in regelmäßigen Abständen gegen die herzogliche Befehlsgewalt empörte. Das bedeutete im Gegenzug natürlich die herzogliche Mißbilligung, weshalb die betreffenden Adeligen oft ihr Heil in der Flucht nach Süden suchten. Auch verlegte der Herzog sich in zunehmendem Maße auf sein Recht, Aufrührer und Verbrecher des Landes zu verweisen, und viele der Ausgewiesenen fanden den Weg in südliche Gefilde. Hugo Burnell, der die Gräfin Mabel von Bellême getötet hatte, floh im Jahre 1077 zusammen mit seinem Bruder nach Italien und weiter nach Konstantinopel. Dort fühlte sich der Bruder immer noch nicht vor dem Herzog sicher. Deshalb wandte er sich nach den Sarazenen, wo er, wie er sagte, „ihre Sitten und ihre Sprachen studierte". Flüchtlinge wie Abt Robert von Grandmesnil und die Mönche von St. Evroult sowie Wilhelm Werlerc, der ehemalige Graf von Mortain, flüchteten nach Süden, um der feindseligen politischen Stimmung zu Hause zu entfliehen. Andere reisten südwärts, um Reichtümer zu erwerben; so ernteten Wilhelm von Montreuil, der gegen 1050 aufbrach, und Wilhelm von Grandmesnil, der die Normandie um 1080 verließ, enorme Gewinne, die dem letzteren schließlich sogar eine Tochter von Robert Guiscard bescherten. Manche planten ihre Auswanderung mit Umsicht. Hugo „der Clerk" beispielsweise, der 1094 ging, traf Abmachungen für den Fall, daß er zurückkehren wolle. Überhaupt ist es so, daß mancher, der gen Süden reiste, später zurück in die Normandie kam.

Von Cloricus, einem zeitgenössischen Schreiber, wissen wir, daß die Mittelmeerländer für den Durchschnittsnormannen soviel wie ein El Dorado bedeuteten, und wenn man die Namen derer, die dabei waren, untersucht, dann stellt sich heraus, daß der Großteil der Südreisenden im 11. Jahrhundert aus Familien unteren und mittleren Standes stammte. Aus der Untersuchung geht auch hervor, daß es nicht allein die Normannen waren, sondern Menschen aus allen Teilen Frankreichs, besonders aus dem Norden, mit von der Partie waren. Die Körperkraft der Normannen war im Süden weiterhin begehrt; eine bekannte Passage der Schilderungen der Großtaten Robert Guiscards von Wilhelm von Apulien beschreibt, wie „die Normannen ... Italiener rekrutierten, sie ihre Sprache lehrten und ihnen ihre Gewohnheiten beibrachten." Eine von Orderic Vitalis aufgestellte Teilnehmerliste, die durch Urkunden bestätigt wird, würde nahelegen, daß die Hauptauswanderergebiete in den bemerkenswert unsicheren Abschnitten in den und um die südlichen Marken der Normandie lagen. Aus Orderics Schilderungen geht deutlich hervor, daß ein Besuch Unteritaliens vielversprechende Aussichten bot; die Verlockung war so groß, daß sogar Nonnen in Versuchung gerieten, ihr Gelöbnis zu brechen, um sich ihren Familien anzuschließen, die schon dort siedelten. Orderic weiß auch von einem Priester, Reginald Benedikt, zu berichten, der zweimal die Reise von der Normandie nach Unteritalien und zurück machte, um die Vermögen reicher Verwandter einzufordern.

Die Normannen in Unteritalien

Der Normannen beeindruckendste politische Leistung in Südeuropa war die Aneignung Unteritaliens und Siziliens unter den Augen und gegen den Willen der Byzantiner im Osten, des deutschen Kaiserreichs im Westen sowie der Muselmanen und des Papstes **(59)**. Als die Normannen in diesem Winkel auftauchten, lag Italien genau an der Grenze zwischen Ost und West. Die Halbinsel war in mehrere kleine Fürstentümer aufgeteilt, die verschiedene Bündnisse pflegten. Apulien und Kalabrien waren von den Byzantinern besetzt; Unteritalien hatte in der Römerzeit mit Sizilien zusammen Magna Graecia gebildet, und auch jetzt atmete die gesamte Landschaft noch mehr griechischen als italienischen Geist. Die meisten Bewohner sprachen Griechisch, die Kirchen und Klöster waren orthodox und unterstanden dem Patriarchen von Konstantinopel. Gaeta, Neapel und Amalfi waren kleine unabhängige Republiken, Benevent, Capua und Salerno gehörten zur Lombardei und schuldeten dem Heiligen Römischen Reich, das auf Deutschland gründete, Treue, und Sizilien war in arabischer Hand **(60)**.

Sizilien hatte auf die Griechen von alters her eine besondere Anziehung ausgeübt, und zur Mitte des 7. Jahrhunderts war Konstantinopel kurzfristig durch Syrakus als oströmische Hauptstadt ersetzt worden. Im 9. Jahrhundert sahen die Araber, die die Byzantiner schon einige Male bedrängt hatten, die Zeit gekommen, dauernden Besitz von der Insel zu ergreifen. Als der byzantinische Statthalter einen Aufstand anzettelte, indem er sich zum Kaiser erklärte, waren es die Araber, die er um Hilfe bat. Die landeten als Antwort mit starken Kräften, erstürmten Palermo, das sie zur Hauptstadt machten, und schickten sich an, das Eiland für ihre eigenen Zwecke zu erobern. Nach dem Fall von Syrakus 878 erlaubten die Byzantiner die allgemeine Übergabe, und alle größeren Städte auf Sizilien fielen den Arabern zu **(Farbtafel 23)**. Unter der moslemischen Herrschaft hob sich der Wohlstand auf der ganzen Insel, weil sie im reichen Handel mit Nordafrika nicht nur als Kornkammer diente. Ihre kosmopolitische Bevölkerung beherbergte Kaufleute aus dem gesamten Mittelmeerraum, sogar aus italienischen Küstenstädten. Die Araber führten in der Landwirtschaft

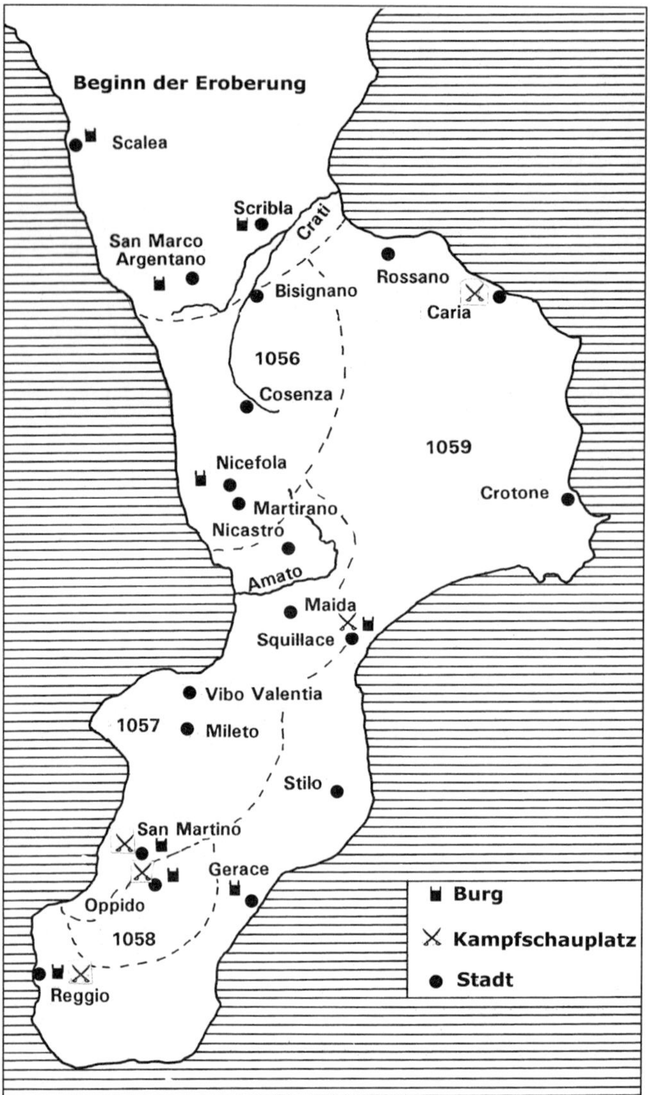

59 *Die Abfolge der normannischen Eroberung Süditaliens*

neue Methoden ein und legten in der Conca d'Oro, dem Gebiet um Palermo, üppige Parks und Gärten an. Arabische Geographen verzeichnen die Entwässerung von Sumpfland, die Anlage von Bewässerungstunneln und den Anbau fremdländischer Gemüsesorten, von Papyrus und Zuckerrohr, das ein bedeutender Ausfuhrartikel war.

Teile von Apulien und Kalabrien hatten die Araber ebenfalls besetzt, und obwohl sie bis 1000 mehr oder weniger vom Festland vertrieben waren, hielten sie noch einige Widerstandsnester,

60 *Handschrift mit der Abbildung eines arabischen Heeres des 11. Jahrhunderts*

die zusammen mit Sizilien, ihrer Hochburg, Italiens Christenheit unablässig bedrohten und beschämten. Diese Ausgangslage weckte die Lust der Normannen auf einen Kreuzzug, der ihre Glaubensgenossen sämtlichen Gefahren aussetzte, die damit verbunden waren.

Italien war zu weit vom byzantinischen Machtzentrum Konstantinopel entfernt, um sich angemessen verteidigen zu können, weder vor Ansprüchen aus dem Norden noch aus dem Süden, und die Zersplitterung der politischen Macht verstärkte noch Italiens Verwundbarkeit vor einem Angriff. Anders als die Eroberung Englands ist die normannische Herrschaft über Unteritalien Schritt für Schritt das ganze 11. Jahrhundert hindurch mit Söldnertruppen errungen worden. Der Normanne Roger de Hauteville, der in Italien erst Graf und dann Herzog geworden war, mußte seine Macht zunächst immer erst gegenüber seinen Landsleuten behaupten, doch schließlich, im Jahre 1130, wurde sein Sohn Roger zum König gekrönt, eine Stellung, die zu erringen es hundert Jahre gebraucht hatte. Wilhelm der Eroberer, der als Herzog der Normandie von einer sicheren Ausgangslage aus gearbeitet hatte, hatte den englischen Thron nach der Schlacht von Hastings in weniger als vier Monaten gewonnen. Die Eroberung Italiens war das Werk von Persönlichkeiten verhältnismäßig niederer Geburt, viele von ihnen jüngere Söhne aus Adelshäusern, für die zu Hause kein Platz war. Andere waren politische Flüchtlinge aus der Normandie, von denen viele völlig verarmt in Italien ankamen. Amatus von Montecassino hinterläßt eine in leuchtenden Farben gemalte Beschreibung der Normannen auf unbekümmertem Ritt „durch die Wiesen und Gärten – glücklich und froh auf ihren Rossen, tänzeln sie hierhin und dorthin“. Amatus fügt hinzu, „die Bürger der Stadt Venosa sahen jene fremden Ritter und erstaunten über sie und fürchteten sich vor ihnen“ - und das, wie man hinzufügen muß, nicht ohne Grund! Amatus zufolge ist der hl. Matthias dem Erzbischof von Salerno erschienen und sprach:

> *Es ist vor Gottes Angesicht bestimmt worden, daß, wer immer sich den Normannen widersetzt, von ihnen zu Paaren getrieben wird; er wird entweder sterben oder großes Ungemach erdulden müssen. Denn dieses Land ist den Normannen von Gott gegeben ob der Verderbnis derer, die es in Gebrauch hatten, ob der väterlichen Bande, die Gott mit den Normannen verbinden; der gerechte Wille Gottes übergibt ihnen dieses Land. Gottes und des Reiches Gesetz gebieten, daß die Söhne der Herrschaft der Väter nachfolgen.*

Aufstände von Städten mit byzantinischer Besatzung wie Bari gegen die Vertreter einer fernen Regierung, die ihre Kräfte durch einen langen Feldzug in Bulgarien zerstreut hatte, und die Uneinigkeit der langobardischen Fürsten, die der immerwährenden Bedrohung durch die Sarazenen ausgesetzt waren, das alles verschaffte den normannischen Ritterscharen, die Treue nur gegenüber ihren Führern kannten, ein ideales Betätigungsfeld. Wann die ersten Normannen in Unteritalien erschienen waren, darüber sind sich die Quellen nicht einig. Amatus berichtet, wie eine normannische Pilgerschar auf dem Rückweg von Jerusalem „vor dem Jahre 1000" Salerno, das die Sarazenen belagerten, unterstützte, indem sie Fürst Gaimar von Salerno bewog, in die Normandie um Nachschub an Rittern zu schicken. Zu denen, die sich von der Einladung angesprochen fühlten, gehörte ein gewisser Gilbert, der von Herzog Richard II. wegen der Ermordung eines Viscounts und seiner Brüder gesucht wurde. Nach anderen Berichten schloß sich ein Häuflein normannischer Emigrés um 1016 einem langobardischen Aufrührer mit Namen Mello an. In dieser Erzählung führte Mello einen Zermürbungskrieg gegen die Griechen, bis seine Truppen im Oktober 1018 bei Callae entscheidend geschlagen wurden. Der verläßlichste Bericht nennt normannische Ritter, die sich 1017 südlich des Garigliano aufgehalten hatten, in kleine Gemeinschaften unterteilt, deren Familien niemand in der Normandie kannte und die bereit waren, für jeden zu kämpfen, der ihnen einen Anteil an der Beute versprach. Solchermaßen traten die Normannen nicht als einheitliche Streitmacht auf; sie kämpften mal auf dieser, mal auf jener Seite und beschäftigten in ihren Heeren sogar arabische oder byzantinische Truppenteile. Jeder normannische Herr vertrat nur seine eigenen Interessen, niemand hatte die verworrene Ausgangslage erkannt, die geeignet war, ihnen alle Möglichkeiten für entscheidende Landgewinne zu verschaffen. Nach Mellos Flucht nach Deutschland teilten die Normannen sich auf, sie traten in die Dienste der Beherrscher Salernos, Benevents, Capuas und Montecassinos. Das erste zusammenhängende Gebiet, das den Normannen in die Hände fallen sollte, war die Stadt Aversa, wo Gilberts Bruder Rainulf um 1030 die Herrschaft übernahm.

Das Haus Hauteville

Die frühen normannischen Glücksritter bekamen in Unteritalien einen Fuß in die Tür, indem sie sich dort auf Kosten örtlicher byzantinischer Oberherren breitmachten. Es war eine Zeit wechselnder Treueverhältnisse und leichter Bündnisse, doch waren die Normannen Meister der Kriegskunst wie der Diplomatie. Einer ihrer ersten Führer war Wilhelm der Eisenarm, ein Sohn Tankreds von Hauteville, der zusammen mit seinem Bruder Drogo gegen 1037 nach Italien kam. Das Haus Hauteville, auch bekannt als die Tankreds, sollte die Politik Süditaliens und Siziliens für die nächsten 150 Jahre bestimmen. Die Hautevilles stammten aus einem winzigen, nicht sehr einnehmenden Dorf namens Hauteville-la-Guichard, das acht Meilen nordöstlich von Coutances auf der zur Normandie gehörenden Halbinsel Cotentin liegt (**Farbtafel 25**). Tankred war ein kleiner Baron aus der Provinz, Befehlshaber einer bescheidenen Truppe von zehn Rittern im Dienst von Herzog Robert. Von ihm weiß man nur wenig, außer, daß er mit seiner ersten Frau Muriella fünf Söhne hatte und weitere sieben Söhne und mindestens drei Töchter von seiner zweiten Frau Frendesendis. Sein kleines Lehen langte sicher nicht für die große Zahl derer, die davon abhingen, und so führten die verlockenden Möglichkeiten des südlichen Italien zu einem stetigen Strom von Hauteville-Söhnen, die sich dorthin auf den Weg machten. Die drei ältesten, Wilhelm, Drogo und Humfried, schlossen sich Rainulfs Truppe in Aversa an. Von Bedeutung ist, daß die Hautevilles Teil eines Normannenheeres waren, das sich 1038 einem großangelegten Feldzug der Byzantiner gegen Sizilien anschloß. Dieser Feldzug unter dem Befehl des Griechen Maniakes, der auch Skandinavier und Normannen zu seinen Truppen zählte, war erfolgreich. Bis 1040 geboten die Christen über die östliche Hälfte Siziliens. Nach einem beachtlichen Erfolg in Syrakus brach zwischen Byzantinern und Normannen jedoch Streit aus; letztere beschwerten sich, den ihnen zustehenden Anteil an der Siegesbeute nicht erhalten zu haben, und kehrten auf das italienische Festland zurück. Dieser Abfall schwächte das griechische Heer, zumal der byzantinische Feldherr wegen einer anderen Sache nach Konstantiniopel zurückgerufen wurde, entscheidend, so daß der sizilische Feldzug fehlschlug.

1042 fiel Maniakes, der als Statthalter nach Unteritalien zurückgekehrt war, beim Kaiser einmal mehr in Ungnade, woraufhin er von seinen Soldaten selbst zum Kaiser ausgerufen wurde. Er überquerte zum Marsch auf Konstantinopel das Adriatische Meer, traf bei Ostrovo in Bulgarien auf eine kaiserliche Armee und brachte ihr eine Niederlage bei, fiel jedoch in der Schlacht. Sein Haupt wurde nach Konstantinopel gebracht und auf eine Lanze gespießt im Hippodrom zur Schau gestellt. Einige normannische Söldner waren mit ihm gegangen und traten nach seinem Tode in griechische Dienste. Sie bildeten den Kern einer Normannentruppe, die nun in Byzanz aufgestellt wurde; eine Streitmacht, deren Zahl durch die Ankunft weiterer Abenteurer aus Italien regelmäßig anwuchs. Schließlich bekleideten Normannen einige der höchsten Ämter, die der Hof zu vergeben hatte. Einer von ihnen war Roussel de Bailleul, der 40 Jahre an den Ränkespielen und Kämpfen der byzantinische Welt teilnahm und dem es sogar einmal beinahe geglückt wäre, in Konstantinopel den Thron zu besteigen.

Unterdessen wandten sich die Hautevilles in Italien gegen ihre ehemaligen Verbündeten, die Byzantiner, und brachten ihnen eine Serie von Niederlagen bei, wobei sie es verstanden, gegen örtliche Herrscher einen Anschein von Treue zu bewahren. Wilhelm von Hauteville wurde 1042 zum normannischen Grafen gewählt, wobei er den Langobardenfürsten Gaimar IV. von Salerno als Oberherrn anerkannte, und Robert Guiscard, sein Halbbruder, heiratete die langobardische Prinzessin Sigilgaita. Bald erwies sich das normannische Geschick, aus dem Machtstreit anderer Nutzen zu ziehen, als offenkundig. Auf einer Versammlung, die 1047 in Capua in Anwesenheit des deutschen Kaisers Heinrich III. abgehalten wurde, wurden die normannischen Ansprüche auf Recht und Besitz im Süden feierlich bestätigt. Die Versammlung erkannte die Gebietserwerbungen der Normannen im wesentlichen an und erhob keine Einwände gegen weitere Erwerbungen zu gegebener Zeit. Als Wilhelm 1048 starb, folgte ihm sein Bruder Drogo als Führer der apulischen Normannen nach.

Als Drogo 1051 ermordet wurde, war sein Nachfolger Robert Guiscard, „der Schlaukopf", wohl der tatkräftigste aller Hautevilles. Obwohl er seine Bestrebungen auf das Festland beschränkte, hatte er doch ebenso seinen Anteil an der Eroberung Siziliens wie an Normannenzügen im östlichen Mittelmeer. Robert Guiscard hatte als gewissenloser Räuber begonnen; von ihm weiß man, daß er „vor keinem Blutvergießen zurückschreckte und ihm nichts heilig war; er nahm weder auf das hohe Alter Rücksicht noch auf Frauen und Kinder, und ergab sich eine gute Gelegenheit, verschonte er nicht Kirche noch Kloster". Die Normannen dehnten ihr Gebiet immer weiter aus. Schließlich war Papst Leo IX. ihre wachsende Macht nicht länger geheuer. Er verbündete sich mit den Byzantinern und den Schwaben, die zum Heiligen Römischen Reich gehörten, und erhob die Waffen gegen die Normannen. Er wurde 1053 in der Schlacht von Civitate geschlagen, die am Ufer des Flusses Fortore ausgetragen wurde. Der Papst hatte sich dort mit einem riesigen, aber schlecht aufgestellten und ausgerüsteten Heer eingefunden. Vor der Schlacht hatten die deutschen Truppen den Papst gedrängt, „den Normannen zu gebieten, Italien zu verlassen, hier die Waffen niederzulegen und in das Land zurückzukehren, aus dem sie kamen“. Jetzt waren es die Schwaben, die bis auf den letzten Mann getötet wurden. Papst Leo beobachtete die Schlacht von den Mauern Civitates und sah, wie die eine Hälfte seines Heeres schmählich in die Flucht geschlagen und die andere erbarmungslos niedergemetzelt wurde. Nach dieser verheerenden Niederlage wurde Leo von den Normannen gefangen- und in Bari für neun Monate in Gewahrsam genommen.

Nichtsdestoweniger hatte sich Robert Guiscard am Ende der Dekade als Verteidiger der päpstlichen Bestrebungen im Süden herausgestellt und fungierte nun als Gegengewicht zum deutschen Kaiser des Heiligen Römischen Reiches. 1057 bedrohte Robert Reggio, das Tor nach Sizilien, doch war ein weiterer Hauteville, Roger, gerade in Italien eingetroffen und hatte sein Hauptquartier bei Monteleone aufgeschlagen. Robert und Roger gerieten in Streit, und Roger schlug die Laufbahn eines Räubers ein, worunter hauptsächlich das Gebiet seines Bruders Robert zu leiden hatte. Am Ende schloß Robert Guiscard mit Roger Frieden und gab ihm halb Kalabrien zur Besiedlung frei. 1059 hatten sich die Normannen mit dem neuen Papst Nikolaus II. wieder versöhnt, der im August 1059 das Konzil von Melfi einberief, als Versuch, die Abhängigkeit des Heiligen Stuhls vom deutschen Kaiser zu verringern, aber ebenso als Erwiderung auf die normannische Bedrohung der päpstlichen Vasallenstaaten. Auf dem Konzil, das die Normannen in Unteritalien auf eindrucksvolle Art gesellschaftsfähig machte, erwiesen Robert Guiscard und Richard von Capua Nikolaus ihre Ehrerbietung und sagten ihm militärische Unterstützung zu. Die nutzte er, um in Rom einzudringen und den Gegenpapst Benedikt X. abzusetzen. Im Gegenzug bestätigte Nikolaus Robert als Herzog von Apulien, Kalabrien und, als Vorgriff auf die Zukunft, von Sizilien, und Richard als Fürst von Capua **(61)**. So vom Papst anerkannt und ermuntert, setzten die Normannen ihre Eroberungszüge in Unteritalien fort, so daß die Byzantiner 1060 nur noch ihre Hauptstadt Bari und einige wenige Küstenhäfen hielten. Geschlagen waren sie aber noch nicht.

Die Belagerung von Bari

1060 nahmen Roger und Robert Guiscard den Byzantinern Tarent, Brindisi und Reggio weg. Nach der Besetzung Reggios, so wird gesagt, „waren er und sein Bruder Roger von Sizilien unwiderstehlich angezogen“; doch hatten sie noch die Byzantiner in Apulien im Rücken. Zwischen 1060 und 1071 blieb Guiscard mit ihnen in Kämpfe verwickelt, eine Auseinandersetzung, die er letzlich für sich entschied, doch das Ergebnis seiner Beschäftigung mit den Byzantinern war, daß er die Eroberung Siziliens betreffend hinter seinen Bruder Roger zurückfiel. Während der gesamten 1060er Jahre kämpfte Robert Guiscard ununterbrochen mit den Byzantinern in Unteritalien.In einem Abnutzungskrieg drängte er diese allmählich immer weiter zurück. 1068 siegte er in Lechia, Gravina und Obbiano, und im Sommer dieses Jahres legte er den Belagerungsring um den letzten byzantinischen Stützpunkt, Bari **(62)**. Weil die Stadt von See her mit Nachschub versorgt werden konnte, hielt sie drei Jahre lang stand. Robert umgab die Altstadt mit einer Mauer von aneinandergeketteten Schiffen, und da sein Heer die Stadt zu Lande umschloß, war die Abschnürung vollkommen. Daher ist es um so erstaunlicher, daß die Einwohner so unglaublich lange aushielten. Zum Schluß überrumpelte die normannische Flotte die byzantinischen Schiffe, die außerhalb der Blockade Verstärkungen landeten. Daraufhin traten die Belagerten in Verhandlungen mit Guiscard ein und übergaben die Stadt schließlich im April 1071. Der Fall von Bari bedeutete das Ende der byzantinischen Herrschaft in Italien. Mehr noch –

61 *Normannenkirche in Molfetta, Apulien*

62 *Die Normannenkirche zu Bari*

er trug nicht nur erheblich dazu bei, Guiscards Macht zu festigen, sondern dieser günstig gelegene befestigte Hafen verschaffte ihm auch noch ein Sprungbrett in Richtung Osten.

Die Beziehungen zwischen den Normannen und dem Papst waren weiterhin häufig gespannt. Im März 1074 wurden Guiscard und seine Normannen von Papst Gregor VII. exkommuniziert. Cencius, der Führer des Adels in Rom, der dem Papst feindlich gesinnt war, trat nun mit dem Anerbieten an Guiscard heran, ihn zum Kaiser zu machen, wenn er ihm helfe, Gregor VII. abzusetzen. Doch Guiscard erkannte die Gefahren, die mit diesem Vorschlag verbunden waren, und schmiedete ein Bündnis zwischen seinen Normannen einschließlich der Truppen seines einstigen Feindes Richard von Capua, den Griechen und fremden normannischen Einheiten. Diese riesige normannische Streitmacht machte sich nun auf, Salerno und Neapel zu belagern.

Im Mai 1076 belagerte Robert Guiscard Salerno unter Mithilfe von Griechen und arabischen Kontingenten in seinem eigenen Heer sowie der Truppen Richards von Capua. Die Belagerungsarmee brach schließlich den Widerstand der geschwächten und erschöpften Bürger Salernos und fiel am 10. Dezember 1076 in die Stadt ein. Beim Kampf um die Zitadelle wurde Robert durch einen vom Turm herabgeschleuderten Stein ernsthaft verletzt, doch er genas von seiner Verwundung. Auf dem Konzil von Rom im März 1078 exkommunizierte der Papst einmal mehr „jene Römer, die das Territorium von St. Peter (soll heißen: die Mark Fermo und das Herzogtum Spoleto) angegriffen haben, jene, die Benevent belagert und sich vermessen haben, Kampanien, die Marittima und die Sabina zu verwüsten", und er untersagte sämtlichen Bischöfen und Priestern, den Normannen zu gestatten, an den heiligen Handlungen teilzunehmen. Nachdem ein Aufstand, der weite Teile von Guiscards Gebiet in Brand gesetzt hatte, mit Erfolg unterdrückt worden war, gelangte der Herzog von Apulien endlich am 29. Juni 1080 in Ceprano mit dem Papst zu einer Einigung.

Roberts Verhältnis zum Papst blieb gespannt, doch als Hildebrands Pontifikat seine letzte Krise erlitt, kam Robert dem Papst zu Hilfe und schritt gegen Kaiser Heinrich IV. ein. Diese Einmischung führte 1084 zu einem wilden Angriff normannischer Truppen auf Rom und zwang den Papst, sich unter den Schutz der Normannen nach Salerno zurückzuziehen, wo er 1085 starb.

Die normannischen Söldner Unteritaliens handelten wohl, zumindest in der ersten Phase der Eroberung, nicht viel anders als ihre skandinavischen Ahnen, aber im Gegensatz zu ihnen hatten sie nur wenige Siedler dabei. Sie wollten ihre Sitten und Gesetze bewahren und eine Herrenschicht über Bauern, Verwaltungsbeamten und der Geistlichkeit – langobardischer, byzantinischer und moslemischer – sein. Die ersten Generationen der normannischen Siedler nahmen das politische und kulturelle Erbe der Gegenden, die sie erobert hatten, an, und jene, die nach ihnen kamen, behielten diese Gewohnheit die ganze Zeit über bei **(63)**.

Die Normannen in der Adria

Guiscard hatte Konstantinopel schon lange als ein erreichbares Ziel betrachtet, und die byzantinischen Kaiser für ihren Teil konnten den machtvollen Nachbarn nicht übersehen und suchten von Zeit zu Zeit das Bündnis mit ihm. Gegen 1075 mündeten die Verhandlungen mit den Byzantinern in ein Verlöbnis einer der Töchter Guiscards mit dem jungen Sohn des Kaisers Michael VII. Michael verzichtete jedoch 1078 im Guten auf den Thron – er ging daran, Erzbischof von Ephesus zu werden –, und das bedeutete, daß das Bündnis mit den Normannen scheiterte und Guiscards Tochter Helena in ein Nonnenkloster geschickt wurde, bevor sie den jungen Prinzen heiraten konnte. Die ursprünglich geplante Ehe diente Guiscard als willkommener Anlaß für eine Kriegserklärung, als er 1080 beschloß, sich die Unruhen zunutze zu machen, die unter den Griechen ausgebrochen waren, und zu versuchen, Konstantinopel zu nehmen. Unter dem Vorwand, die Rechte seiner Tochter zu verteidigen, wurde der Herzog von Apulien zum Fürsprecher des entthronten Kaisers und begann eine Streitmacht zu sammeln, um Konstantinopel anzugreifen. Weil seine Absichten unter den Vasallen nur geringe Begeisterung weckten, griff Guiscard zu einer List und präsentierte Mitte 1080 einen falschen griechisch-orthodoxen Mönch namens Rector als den wahren Michael VII., der aus dem Kloster entkommen sei, in das sein Nachfolger ihn gesperrt habe. Mit diesem Kunstgriff hoffte der Normannenführer seine Gefolgsleute zu befeuern und die griechische Bevölkerung für sich einzunehmen.

Papst Gregor VII. entschloß sich, Guiscard zu unterstützen. Dieser hatte ihn überzeugt, daß der geplante Feldzug ein Kreuzzug gegen die dem Papsttum zunehmend entfremdete Ostkirche sei. Ähnliches hatte dem Papst schon seit Jahren am Herzen gelegen, weil es das Schisma zwischen östlicher und westlicher Christenheit beenden und die beiden Kirchen wieder unter einem Dach zusammenschließen würde. Im Juli 1080 schrieb der Papst den Bischöfen von Apulien und Kalabrien und ermunterte sie, des Herzogs Pläne zu unterstützen. Ende Mai 1081 nahm Guiscard das Heft in die Hand und landete bei Valona, das sein Sohn Bohemund bereits zusammen mit einer Reihe anderer Häfen in der östlichen Adria erobert hatte. Schon bald waren die Normannen im Besitz von Korfu und belagerten nun Durazzo, das römische Dyrrachium, Hauptstadt und Haupthafen Illyriens. Von hier aus lief die römische Via Egnatia ostwärts durch die Balkanhalbinsel nach Mazedonien und Thrakien und von da aus nach Konstantinopel. Zunächst erlitten die Normannen einen Rückschlag, den die Venezianer verursachten, die der neue byzantinische Kaiser Alexios I. Komnenos zu Hilfe gerufen hatte. Die Venezianer führten gegen die Normannen einiges ins Feld, augenscheinlich griffen sie auch auf das altbewährte Griechische Feuer zurück, das die Byzantiner häufig einsetzten. Der normannische Chronist Gottfried Malaterra berichtet: „Sie bliesen dieses Feuer, das das Griechische Feuer genannt wird und durch Wasser nicht gelöscht werden kann, durch unter dem Wasser befindliche Röhren und verbrannten so geschickt eines

63 *Schachfigur, normannische Arbeit aus Unteritalien. Man sieht deutlich das Kettenhemd, den Rundschild und das Breitschwert*

unserer Schiffe, während die Wellen der See hochschlugen." Trotzdem setzten die Normannen die Belagerung der illyrischen Hauptstadt fort, und am 18. Oktober 1081 schlugen sie ein byzantinisches Heer, das ein bedeutendes englisches Truppenteil enthielt und die belagerte Stadt entsetzen sollte. Schließlich, am 21. Februar 1082, wurde Durazzo genommen.

Im Frühjahr des Jahres 1082 war Guiscard gezwungen, nach Apulien zurückzukehren. Papst Gregor VII. hatte ihm dringende Hilfegesuche zukommen lassen, weil er sich durch den Italienzug Heinrich IV. aufs heftigste bedroht sah. Hinzu kam, daß Alexios Komnenos den deutschen Kaiser unterstützte und zur gleichen Zeit Abelard und Hermann, Robert Guiscards Neffen, in Apulien einen erfolgreichen Aufstand begonnen hatten. Guiscard verließ Bohemund, der den Krieg gegen die Byzantiner weiterführen sollte, und kehrte nach Italien zurück, wo er die Jahre 1082 und 1083 damit verbrachte, seine Herrschaft über Apulien wiederherzustellen. Im Mai 1084 marschierte er auf Rom, das zu dieser Zeit durch den deutschen Kaiser besetzt war. Heinrich wartete mit der Abreise nicht, bis die Normannen eingetroffen waren, aber sein Rückzug hielt Guiscard nicht ab, die Stadt mit Gewalt zu stürmen; er plünderte Rom und befreite Gregor VII., den die Parteigänger des Gegenpapstes Klemens III. seinerseits belagert hatten. Sobald der Papst befreit war, ließ Guiscard ihn nach Salerno in Sicherheit bringen. Er selbst wandte sich unverzüglich aufs neue seiner Aufgabe zu, Konstantinopel zu erobern. Die Plünderung Roms durch die Normannen unter Beteiligung arabischer Hilfstruppen aber war der gewalttätigste Übergriff, den diese geplagte Stadt jemals erlebt hatte.

Kirchen, Paläste, antike Tempel krachten in dem sich ausbreitenden Flammenmeer in sich zusammen. Das Kapitol und der Palatin brannten aus; im gesamten Bereich zwischen Kolosseum und Lateran wurde kaum ein Gebäude von den Flammen verschont. Zahlreiche Bewohner kamen in ihren Behausungen zu Tode; andere, die um ihr Leben liefen, wurden von den Normannen niedergemacht, oder sie wurden eingefangen und in die Sklaverei verkauft.

Nach der Abreise seines Vaters besiegte Bohemund die Griechen weitere Male bei Yanina und Arta. Dann besetzte er Ochrid, Veria, Servia, Vodena, Moglena, Pelagonia, Tzibikon und Trikala, wurde aber seinerseits 1083 bei Larissa von Alexios Komnenos geschlagen. Kurze Zeit später sah er sich gezwungen, nach Italien zurückzukehren, um Geld zur Besoldung seiner Truppen zu beschaffen. Nach diesem Rückschlag Bohemunds lag der Vorteil wieder bei den Byzantinern, und in der Folge verloren die Normannen alle eroberten Gebiete, auch Durazzo. Daher besaß Guiscard, als er den Schauplatz wieder betrat, an der Ostküste der Adria nicht einmal einen Brückenkopf. Während sein Sohn Roger Borsa Avlona besetzte, stieß der Herzog selbst auf Butrinto vor. Im November stand er wieder vor Korfu. Zweimal wurde Guiscard bei Kassiope von der venezianischen Flotte geschlagen, aber er machte alles mit einem überwältigenden Sieg nahe der Stadt Korfu wieder wett, die ihm daraufhin in die Hände fiel. Er ließ sein Heer am Ufer des Glycys überwintern und ging selbst nach Bundicea. Im Winter dezimierte eine Cholera-Epidemie das normannische Heer. Zu Beginn des Sommers wurden die Feinseligkeiten nichtsdestoweniger wiederaufgenommen, und Roger machte sich zum Angriff auf die Insel Kefallinia auf. Im Begriffe, sich mit seinem Sohn zu vereinen, wurde Guiscard plötzlich krank. Er war gezwungen, bei Arta beizudrehen, wo er am 17. Juli 1085 in Anwesenheit seiner Frau Sigilgaita und seines Sohnes Roger starb. Obwohl Guiscard in Salerno eine prächtige neue Kathedrale, die dem hl. Matthias geweiht war, in sizilisch-normannischem Stil erbaut hatte **(64)**, hatte er ausdrücklich befohlen, bei seinen Brüdern in der Kirche des Klosters zur Allerheiligsten Dreifaltigkeit in Venosa beigesetzt zu werden. Auf seiner Grabschrift heißt es: „Hier ruht Guiscard, der Schrecken der Welt.“ Mit Guiscards Tod neigt sich die Heldenzeit der Geschichte der Normannen des Südens dem Ende zu. Bohemund widmete Aufmerksamkeit und Kraft den Kreuzzügen, und seine unmittelbaren Nachfolger zeigten sich unfähig, Roberts Einfluß im Osten zu bewahren. Sie ließen seine Pläne zur Eroberung Konstantinopels fallen. Erst als die sizilischen Grafen Könige geworden waren, nahmen sie seine Vorhaben für eine Weile wieder auf.

Der Erste Kreuzzug

Fast ein Jahrhundert lang haben die Normannen nicht ernsthaft an den Kreuzzügen teilgenommen, als das Abendland auf Geheiß der römischen Kirche sich aufmachte, das Heilige Land wiederzugewinnen. Der Erste Kreuzzug wurde von Papst Urban II. am 27. November 1095 in Clermont-Ferrand im französischen Zentralmassiv ausgerufen. Damit kam er der Bitte um militärische Hilfe gegen die Mohemmedaner Kleinasiens nach, die der Kaiser von Byzanz, Alexios

64 *Kreuzgang der von Robert Guiscard erbauten Kathedrale von Salerno*

I. Komnenos, ausgesprochen hatte. Der Papst eröffnete den Kreuzzug nicht allein mit der Absicht, den Byzantinern zu helfen, sondern er wollte Jerusalem für die Christenheit zurückerobern und gleichzeitig dafür sorgen, daß sich die ewig unruhigen und kriegerischen Ritter, womit er hauptsächlich die Franken meinte, außerhalb Europas nützlich machten. Urban II. rief zur

Befreiung des Ostens, der Ostkirchen sowie der heiligen Stätten von der Unterdrückung und Besudelung durch Ungläubige auf. Seine leidenschaftliche Bitte wurde mit lauten Rufen von *Deus le vault* – „Gott will es!" aufgenommen.

Der Erste Kreuzzug war vornehmlich eine fränkische Angelegenheit, an der Normannen sowohl aus dem Herzogtum wie aus Unteritalien teilnahmen, ausgenommen die Normannen Siziliens. Das Übergewicht der Franken auf dem Kreuzzug war so groß, daß die Sarazenen und Byzantiner alles, was aus dem Westen kam, Franken nannten. Unter den berühmten Normannen, die teilnahmen, war Robert Kurzhose, Herzog der Normandie, der zwei Heere mit vielleicht 1.000 Rittern und zusätzlichen Fußtruppen beisteuerte. Er wurde von Stephan Heinrich, Graf von Blois, Schwiegersohn des Eroberers durch seine Hochzeit mit Adela, und Robert, Graf von Flandern, begleitet, der eine mit 300, der andere mit 600 Rittern, zu denen noch Fußtruppen gehörten. Unter den weiteren normannischen und anglo-normannischen Lords, die sich Herzog Robert anschlossen, hatten viele an der Schlacht von Hastings teilgenommen, besonders hervorzuheben der schurkische Odo, Bischof von Bayeux, des Eroberers Halbbruder. Ihm war nicht beschieden, die Levante zu erreichen, denn er starb 1097 in Salerno, wo er auch begraben ist. Weiter waren noch dabei Ralph Guadar, der Graf von Norfolk, der seit 1075 außerhalb Englands leben mußte, Wilhelm de Gourcy und der einstige Anwärter auf den englischen Thron, Edgar der Ätheling. Dieses Heer erreichte die Levante über das normannische Italien, wo es den Winter 1096/97 bei Roger Borsa verbrachte, der jetzt Herzog von Apulien und Kalabrien war. Das zweite der beiden normannischen Kontingente war im normannischen Italien selbst ausgehoben worden und stand unter Bohemunds Befehl. Es bildete ein kleines, aber eindrucksvolles Heer mit etwa 500 Rittern, unter ihnen die Abkömmlinge der führenden Normannenfamilien Italiens unter Einschluß der Hautevilles **(65)**.

1097 zog das Kreuzfahrerheer von Konstantinopel durch Kleinasien, nahm den Türken Nizäa weg und errang kurz darauf in der Schlacht von Doryläum einen wichtigen Sieg. Danach teilte es sich, und am 20. Oktober 1097 erreichte die erste Einheit nach einem entsetzlichen Marsch im Herbstregen über das Anatolische Gebirge Antiochia in der Levante. Weitere sieben Monate verstrichen, bis die Kreuzfahrer die Stadt am 3. Juni 1098 eroberten, um nun ihrerseits innerhalb ihrer Mauern belagert zu werden. Diese Belagerung zog zwei größere Feldschlachten nach sich, die beide von den Christen gewonnen wurden und Bohemunds Ruf begründeten, der herausragende militärische Führer des Ersten Kreuzzuges zu sein **(66)**. Als die christlichen Heere 1099 zusammen mit den meisten seiner italienischen Normannen auf Jerusalem vorrückten, blieb Bohemund zurück, nahm den Titel eines Fürsten von Antiochien an und damit das am meisten exponierte Staatsgebiet des zerstreuten normannischen „Reiches" in Besitz.

Raimund IV., Graf von Toulouse, der der erste Fürst gewesen war, der Urban II. Aufruf gefolgt war, machte geltend, daß Antiochien dem byzantinischen Kaiser überlassen werden solle. Bohemund I. beanspruchte es jedoch für sich selbst und vertrieb Raimunds Garnison. Danach war es Raimund, dem die Rolle eines Führers dieses Kreuzzuges zufiel. Er war es auch, der den Marsch auf Jerusalem organisierte und sich besonders hervortat, als die Stadt im Jahre 1099 gestürmt wurde.

Antiochien

Antiochia besaß für die Kreuzfahrer eine besondere Bedeutung, weil es früher ein bedeutender Mittelpunkt der Christenheit und der hl. Petrus hier einst Bischof gewesen war. Außerdem war es von Kleinasien aus gesehen das Tor zum Heiligen Land, das dementsprechend stark befestigt war. Der mittelalterliche Stadtkern ist heute mitsamt seinen äußeren Verteidigungsanlagen weitgehend verschwunden, aber es soll dort einmal in den Mauern 360 Türme gegeben haben,

65 *Ein fränkisches und ein moslemisches Heer im Ersten Kreuzzug*

fünf Haupt- und Nebenportale sowie nach Süden hin eine mächtige Zitadelle (**67a und b**). Die anglo-normannische Einheit rückte nach Jerusalem vor, wo sie sich bei der Belagerung und der Eroberung am 15. Juli 1099 hervortat, doch nach wenigen Monaten verließ Herzog Robert von der Normandie Jerusalem mit dem gesamten ihm verbliebenen Heer, um die Heimreise anzutreten.

Der Kreuzzug hatte Roberts Ansehen enorm gehoben. Auf der Heimreise machte er in Süditalien halt und heiratete indirekt in das Geschlecht derer von Hauteville ein. Seine Gattin war Sibylle, die Tochter des Grafen von Conversana, einem Neffen Robert Guiscards. Obwohl die Normannen Jerusalem in der Folge nicht links liegen ließen, war es doch Antiochien, das von der Beteiligung der Normannen am Ersten Kreuzzug am ehesten Zeugnis ablegen sollte. 1104 plünderte der byzantinische Kaiser Alexios Komnenos, der Antiochien als Lehensgebiet beanspruchte, Bohemunds Hoheitsgebiet aus. 1105 wich Bohemund angesichts der Bedrohung seitens der Sarazenen, Griechen und Franken nach Frankreich, um dort Verstärkungen aufzutrei-

66 *Die Belagerung von Antiochia, Ausschnitt aus einer Handschrift*

ben. Dort heiratete er König Philipps Tochter Konstanze und besorgte sich ein neues Heer, das er törichterweise nach Konstantinopel führte. Noch auf dem Balkan wurde er von den vereinigten Venezianern und Byzantinern geschlagen und gezwungen, um Bedingungen nachzusuchen, unter denen die Normannen unter byzantinischer Oberherrschaft in Antiochien bleiben durften. Bohemund kehrte niemals wieder in den Osten zurück, sondern starb 1111 in Apulien, wo er im Dom von Canosa beigesetzt wurde. Sein merkwürdig orientalisch anmutendes Mausoleum steht außerhalb der Südmauer der Kirche – die älteste noch erhaltene normannische Begräbnisstätte Unteritaliens **(68)**.

Das ganze 12. Jahrhundert hindurch waren die byzantinischen Kaiser an den Angelegenheiten Antiochiens immer eng beteiligt. 1136 belagerte Kaiser Johannes Komnenos Antiochia im Rahmen eines Feldzugs gegen die Normannen in Sizilien **(69)**. Der Fürst von Antiochien, Raimund von Poitiers, mußte die Stadt übergeben und den Kaiser als Oberherrn anerkennen. Die Beziehungen zwischen Byzantinern und Normannen waren danach alles andere als einfach, und im Jahre

67a *Ausgrabungen in Antiochia im 18. Jahrhundert.*
Aus der Normannenzeit ist nur ein Teil der Stadtmauer mit Bollwerken übrig geblieben

1144 wurde das Fürstentum von Johannes' Sohn Manuel Komnenos verwüstet. Nur der Fall des benachbarten Kreuzfahrerstaates von Edessa verhinderte die vollständige Übernahme durch die Byzantiner. In der Folge bildete Antiochien eine fränkische Festung im Angesicht einer immerwährenden Bedrohung durch die Muselmanen.

Eroberung und Aufbau des Fürstentums Antiochien im Zeitraum von 1098 bis 1119 waren eine Übung in der *Norminitas* und ein gutes Beispiel dafür. Hier wurde exemplarisch vorgeführt, wie der Adel sich Kolonien verschaffte. Antiochien wurde zum Mittelpunkt der normannisch beherrschten Fürstentümer im Heiligen Land. Unter seinen ersten beiden Fürsten Bohemund (1098–1111) und Roger (1112–1119) bedeckte der Staat Antiochien das gesamte Gebiet zwischen Kilikien im Norden und Zentralsyrien im Süden. Als Saladin Jerusalem im Jahre 1187 zurückeroberte, blieb Antiochia ein fränkischer Stützpunkt, bis es schließlich 1268 von den moslemischen Streitkräften erobert wurde. Somit war es das am längsten bestehende „normannische" Staatsgebiet. Der neue fränkische Adel in Antiochien, fast ausschließlich Normannen aus Italien, verdrängte oder unterdrückte seine muselmanischen Vorgänger, war der eingesessenen Bevölkerung jedoch zahlenmäßig bei weitem unterlegen. Genau wie in Italien konnten die Normannen auch hier Uneinigkeiten zwischen Moslems und den hier lebenden Christen für sich ausnutzen. Vergleicht man die Besetzung von Edessa mit der Errichtung des Fürstentums Antiochien, dann sah man auf der einen Seite die weitgehend friedliche Übernahme durch Balduin von Boulogne und seine Nachfolger, auf der anderen harte Gefechte gegen moslemische Adelige, die sich irgendwo verschanzt hatten, und ein glänzend erholtes Byzanz. Das Ergebnis all dessen war ein dünner, verstreut lebender Militäradel, dem freundschaftliche, ja schon gelegentliche gesellschaftliche Verbindungen mit seiner Umgebung verwehrt waren. Zusammengehalten wurde das Fürsten-

67b *Geldmünzen mit König Bohemund I. von Antiochien*

tum durch das Bewußtsein der gleichen Abstammung oder Verwandschaft und die Bande der Gefolgschaftstreue, der Dienstbarkeit und der gegenseitigen Verpflichtungen. Es gab vor Ort nicht nur den Militär-, sondern auch Abstammungsadel. Beide aber blieben Fremde im Land und konnten sich in die eingesessene Gesellschaft nicht eingliedern, wie es den Normannen in England und Unteritalien am Ende gelungen war. Wie so oft in vergleichbaren Fällen artete das Einziehen der Pacht von den Bauern der Umgebung oft genug in willkürliche Militärexpeditionen aus. Der normannische Adel lebte in Burgen, die alles Land im Umkreis beherrschten und den gesellschaftlichen Mittelpunkt ihrer Herren bildeten. Passenderweise sind die besterhaltenen Gebilde aus der Geschichte der Kreuzfahrten eben jene Kreuzritterburgen, die das umliegende Gebiet mit einer unübertroffenen Sparsamkeit an Überwachungspersonal beherrschten.

Als eine der schwierigsten Aufgaben erwies sich für die Normannen die Einführung des lateinischen Ritus in der Kirche Antiochiens, was nur gegen den härtesten Widerstand der Byzantinischen Kirche erreicht werden konnte. Bei Gelegenheit wurden römische Bischöfe ernannt, und der Patriarch von Antiochia baute die Kirche nach römischen Richtlinien neu auf. Auch das Mönchtum half sehr bei der Verwestlichung der Kirche, indem, ausgehend von den neugegründeten großen Benediktinerabteien St. Paulus, St. Georg und St. Simian, Mönche aus dem Westen ihre griechisch-orthodoxen Brüder ersetzten. In ähnlicher Weise bestimmte das Erscheinen der Ordensritter wie der Templer und der Mitglieder des Hospitälerordens das Bild, besonders, als sie ab der Mitte des 12. Jahrhunderts durch die enormen Reichtümer, die sie erworben hatten, das religiöse und politische Leben in Antiochien beherrschten. Die meisten Gebäude, die ihre Errichtung der Einführung der neuen Lehre verdankten, stehen nicht mehr. Deshalb können wir die normannische Handschrift nurmehr in den großen Burgruinen wie denen in Baghras, Bourzay, Margat und Soane erkennen. Im nun folgenden Jahrhundert nahm Antiochien einen zunehmend östlichen Charakter an, obwohl jüngste Untersuchungen nahelegen, daß seine normannischen Beherrscher unterschiedliche, wenn auch fränkische Eigenschaften bewahrten **(70)**. Die Kreuzfahrerstädte beherbergten in ihren Mauern Kaufmannschaften aus Oberitalien, besonders aus Venedig, Genua und Pisa, ebenso wie Tempelritter und den Hospitälerorden. Es sollte das letzte

68 *Bohemunds kunstvolle Begräbnisstätte in Canosa, Apulien*

69 *Johannes Komnenos, Kaiser von Byzanz.*
Er widerstand der normannischen Ausbreitung in der Mitte des 12. Jahrhunderts

aller normannischen Fürstentümer sein, das erst fiel, als es 1268 vom ägyptischen Mameluckensultan Baibar I. erobert und brutal geplündert wurde. Der Fall von Antiochia und im gleichen Jahr von Jaffa waren der Anfang vom Ende der fränkischen Herrschaft in der Levante.

70 *Antiochien und die weiteren Kreuzritterreiche*

Der Zweite und der Dritte Kreuzzug

Der Zweite Kreuzzug wurde nach der Eroberung des Kreuzfahrerstaates Edessa im Jahre 1144 ausgerufen. Er stand unter der Führung von Ludwig VII. von Frankreich, und er wurde ein vollkommener Fehlschlag. Wie im Ersten Kreuzzug beteiligten sich die sizilischen Normannen nicht direkt, hauptsächlich, weil die Moslems in der Regierung immer noch eine bedeutende Rolle spielten. Zu dieser Zeit war König Roger II. der Herrscher Süditaliens, so daß keine Veranlassung bestand, das Kreuz zu nehmen, wie Bohemund das von Apulien aus getan hatte. Roger bot, wohl nicht sehr originell, den Kreuzfahrern die Überfahrt ins Heilige Land an. Als sein Anerbieten nicht angenommen wurde, faßte er einen Feldzug ins östliche Mittelmeer ins Auge, der von Georg von Antiochien **(71)** angeführt werden sollte, was byzantinische Geschichtschreiber als einen Verrat an der Christenheit betrachteten und den deutschen wie den byzantinischen Kaiser in ein Bündnis mit den Venezianern gegen die Normannen in Italien zusammenführte.

Im Herbst des Jahres 1147 stachen die Normannen von Otranto aus in See und nahmen Korfu im Handstreich. Danach umrundeten sie die Peleponnes, wobei sie an strategischen Stellen Bedeckungen zurückließen, und segelten die Ostküste hinauf nach Euböa. Dann scheint es einen Angriff auf Athen gegeben zu haben, woraufhin Georg seine Schritte heimwärts lenkte, aber nicht, ohne die Ionischen Inseln angegriffen und die Küstenstädte im Golf von Korinth verheert zu haben. Seine Vorgehensweise, schrieb Choniates Niketas, war „wie ein Seeungeheuer, das alles auf seinem Wege verschlingt."

Einer der Raubzüge, die auf Georgs Geheiß an Land gemacht wurden, führte weit ins Hinterland bis nach Theben, dem Zentrum der byzantinischen Seidenmanufaktur. Der Oberbefehlshaber raubte nicht nur große Mengen Seide, sondern entführte auch noch zahlreiche jüdische Seidenarbeiterinnen, die man zu den Werkstätten des Schlosses von Tiraz in Palermo brachte. Von Theben gelangten die Räuber nach Korinth. Hier plünderten sie alles aus und entführten sogar die Gebeine des hl. Theodor. Jetzt konnte Niketas schreiben: „Die sizilischen Schiffe lagen wegen der Beute, die sie mit sich führten, so tief im Wasser, daß sie eher wie Kauffahrer aussahen als wie Seeräuberschiffe, die sie in Wirklichkeit waren."

1149 eroberten die Byzantiner Korfu zurück, doch Georg von Antiochien, „der Emir der Emire", führte eine Flotte von 40 Schiffen den Hellespont hinauf durch das Marmarameer vor die Mauern von Konstantinopel. Nach einem mißglückten Landungsversuch hielten die Sizilianer einigen Abstand vom Bosporus und verlegten sich darauf, die reichen Villen an der Adriaküste in einer Weise auszurauben, die wohl den Beifall ihrer wikingischen Ahnen gefunden hätte, wenn die es nur hätten sehen können. Dieser Zug in den östlichen Mittelmeerraum bedeutete das Ende von Rogers Überseeabenteuern. Er hätte durchaus dazu führen können, die Macht der Christen nachhaltig zu erschüttern, er mag aber auch einen konzentrierten Angriff auf das normannische Königreich aufgehalten haben. Innerhalb von fünf Jahren waren Georg von Antiochien und König Roger gestorben, und diese wichtige Phase normannischer Expansion war vorüber.

König Wilhelm II. belebte den normannischen Willen zur Ausdehnung 1174 aufs neue, als er gegen Saladin ein Heer nach Ägypten führte, doch war dies Teil der Anstrengungen eines Bündnisses, und der Fehlschlag bedeutete, daß es nun keine bedeutenden Feldzüge von Sizilien aus mehr gab, bis auf die von 1180 und 1182 nach den Balearen, die als ein beliebtes Ziel der Normannen für Raubzüge in den letzten Jahrzehnten ihrer Herrschaft auf Sizilien herhalten mußten.

Im Juni 1185 lichtete eine riesige sizilische Flotte unter dem Kommando von Wilhelm II. Vetter Tankred von Leche in Messina die Anker. Wieder einmal war Durazzo das Ziel, der Byzantiner größter Hafen an der Adria. Durazzo fiel, und nach einem Eilmarsch quer durch den Balkan schlug das Heer der Normannen am 6. August vor den Mauern von Thessalonike das Lager

71 *Georg von Antiochien wirft sich der Jungfrau Maria zu Füßen. Mosaik in der Martorana, Palermo*

auf. Ab dem 15. August blockierte die Flotte, die um die Peloponnes gesegelt war, den Hafen. Das war das Zeichen für den Beginn der Belagerung. Am 24. August fluteten die Truppen der Sizilianer von beiden Seiten gleichzeitig in die zweitwichtigste Stadt des Byzantinerreiches, plünderten sie und töteten die Bevölkerung. Es war eine der schlimmsten Greueltaten der normannischen Geschichte, die wir kennen. Niketas schreibt:

> *Diese Unmenschen trugen ihre Gewalt sogar vor die Stufen der Altäre im Angesicht der heiligen Bilder... Man hatte schon geargwöhnt, sie würden unsere Ikonen zerstören wollen, indem sie sie als Brennstoff für ihre Kochfeuer gebrauchten. Weitaus verwerflicher noch tanzten sie auf den Altären, wovor selbst die Engel zitterten, und sangen lästerliche Lieder. Dann überschwemmten sie die Kirche mit ihrem Urin.*

Die Normannen wandten sich nach Osten, und als ihre Flotte sich schon im Marmarameer befand und auf die nahe bevorstehende Ankunft des Heeres wartete, da wurde dieses angegriffen und geschlagen. Die Sizilianer mußten Thessalonike den Byzantinern zurückgeben. Die Flotte trennte sich vom geschlagenen Heer, das durch den Balkan nach Italien marschieren sollte. Die Flotte war jedoch vollkommen intakt, und so griff sie auf dem Rückweg Zypern an. In den zusammenhanglosen Gefechten, die folgten, hören wir zum ersten Male vom neuen Admiral der Flotte, Margaritus von Brindisi, der letzte große Seebefehlshaber des normannischen Sizilien.

Im Herbst 1187 wurde Margaritus nach Sizilien zurückbeordert. Hier ließ er die Flotte eilig wieder in Ordnung bringen und befahl, so schnell wie möglich die Segel zu setzen, um ins Heilige Land zu gelangen. Dort hatte Saladin mit seinen Truppen am 2. Oktober Jerusalem eingenommen. Damit hatte er den Dritten Kreuzzug ausgelöst. Diesmal gab es auf seiten der Sizilianer kein Zögern. Wilhelm II. bildete sogar die Vorhut, weil er als einziger europäischer Monarch schon eine Truppeneinheit im Felde hatte. Zur sizilischen Flotte gehörten 200 Ritter, und beide stellten in den Jahren 1188 und 1189 praktisch den einzigen geordneten Widerstand gegen die Sarazenen dar. Vor den Küsten ließ Margaritus seine Schiffe ständig die Seewege überwachen und verwehrte Saladins Streitkräften bei verschiedenen Gelegenheiten das Auslaufen. Im Juli 1188 veranlaßte die Ankunft des Admirals vor Tripoli Saladin, die Belagerung von Krak des Chevaliers aufzuheben, doch am 18. November 1189 starb König Wilhelm II., womit der bevorstehende Ausklang der normannischen Herrschaft in Unteritalien schon begonnen hatte.

Heinrich II. von England war im selben Jahr gestorben und von Richard I. Löwenherz gefolgt worden, der der tatsächliche Führer des Kreuzzuges wurde. König Philipp August von Frankreich und Richard I. trafen beide im September 1190 in Messina ein. Richards Schwester Johanna war mit Wilhelm II. verheiratet gewesen. Innerhalb zweier Wochen hatte Richard Messina, die zweitgrößte Stadt der Insel, erobert und ausgeplündert. Nachdem er den Winter in Messina verbracht hatte, kam es zu einer Einigung mit Tankred, dem neuen König Siziliens. Sie tauschten Geschenke aus: Fünf Galeeren und vier Schiffe, die Pferde befördern konnten, für Richard und für Tankred König Arthurs Schwert Excalibur, das, man sollte es nicht für möglich halten, gerade wenige Wochen zuvor neben dem Leichnam des alten Königs in Glastonbury gefunden worden war.

Zeitig im Frühjahr 1191 segelten die beiden Könige Philipp und Richard schließlich in Richtung des Heiligen Landes. Die englische Flotte kehrte 1194 zusammen mit der Flotte Pisas und Genuas zurück. Sie alle waren hier, um den Anspruch des deutschen Kaisers Heinrich VI. auf das „Königreich Beider Sizilien" zu unterstützen. Was Richard betrifft, so war er gerade aus der Gefangenschaft bei einem von Heinrichs Vasallen in Deutschland entlassen worden, und ein Teil seines Lösegelds bestand in der Verpflichtung, dem Kaiser zu helfen, die Krone zu gewinnen.

Die Normannen in Nordafrika

In Anbetracht der starken strategischen Lage Siziliens im Zentrum des Mittelmeers mag es vielleicht überraschen, daß die Normannen auch noch Gebiete in Nordafrika erwarben. Georg von Antiochien war der Hauptarchitekt von Roger II. nordafrikanischem Reich. 1146 eroberte er Tripolis, der Höhepunkt eines zwölfjährigen Raub- und Eroberungszuges entlang der Küste. Dieser Erfolg ermöglichte Roger die Kontrolle des Küstenstreifens bis nach Tunis, aber in diesem Fall legten die Normannen keinen Wert darauf, das Gebiet politisch zu beherrschen, sondern sie lockten vielmehr die wirtschaftlichen und strategischen Vorteile, die jene Besitzungen an der Südküste des Mittelmeers ihnen boten. Wirtschaftlich: Durch den Gewinn der Haupthäfen war es möglich, den Zwischenhandel auszuschalten; man konnte sogar königliche Beauftragte mit der Führung der großen Karawanen betrauen, die das Land weit im Süden erschlossen. Strategisch: Das Ziel war, die Meerenge zwischen Sizilien und Tunis zu beherrschen, denn wer die beherrschte, beherrschte das zentrale Mittelmeer.

Wie immer in der Politik des 12. Jahrhunderts ging die Sache nicht glatt vonstatten. Nach einem Streit mit Prinz Hassan von Mahdija ließ Georg von Antiochien 1148 eine Flotte von 250 Schiffen gegen diesen Hafen auflaufen. Georgs Tod im Jahre 1153 bedeutete für die sizilische Landnahme in Nordafrika das Ende. Kaum waren die Normannen in Nordafrika aufgetaucht, da begann ihnen alles unter den Händen zu zerbröckeln. Im Februar 1156 massakrierten die Einwohner von Sfax alle Christen in der Stadt. 1158 gab es auf den der Küste Tunesiens vorgelagerten Inseln Djerba und Kerkinna Aufstände, was für Tripolis das Zeichen war, sich seinerseits zu erheben. Mitte 1159 war den Normannen nur noch Mahdija geblieben. Die im nordafrikanischen Normannenreich verbliebenen Christen strömten in hellen Scharen herbei. So groß war ihre Zahl, daß zu ihrer geistlichen Betreuung eigens ein neuer Erzbischof eintraf. Den Moslems war daran gelegen, die letzten Spuren christlicher Herrschaft auf ihrem Kontinent zu tilgen. Am 20. Juli war Mahdija von allen Seiten umschlossen, und die Belagerung begann. Eine Flotte lief aus, die Stadt zu entsetzen, doch aus unbekannten Gründen kam sie mit dem Feind nicht in Berührung und kehrte nach Italien zurück. Weitere Hilfe leistete Palermo nicht; am 11. Januar 1160 ergab sich Mahdija. Der Garnison wurde freier Abzug gewährt, und sie kehrte unter vollen Waffen, mit schwerem Gepäck nach Italien zurück.

Der Verlust der nordafrikanischen Besitzungen wurde Wilhelm I. und seinem Minister Majo angekreidet, die sie, wie man glaubte, zu schnell aufgegeben hätten. Die freundliche und allgemein anerkannte Lesart ist, daß Wilhelm zu viele andere Dinge zu erledigen hatte, um auch noch in langwierige afrikanische Nachhutgefechte verwickelt zu werden. Er lag noch im Streit mit dem deutschen und dem byzantinischen Kaiserreich, dem Papst und einer unüberschaubaren Zahl unabhängiger und fast unabhängiger Staaten, von immer wieder aufflackernden Empörungen innerhalb seiner eigenen Grenzen ganz zu schweigen. Deshalb mag er gut beraten gewesen sein, von einem weiteren Krieg, diesmal mit den Almorawiden, abzusehen.

Die Normannen hatten es in schweren Kämpfen wider Erwarten geschafft, sich ihr Königreich in Süditalien und Sizilien anzueignen. Die „Beiden Sizilien" waren ein Machtfaktor im Mittelmeer geworden, immer in der Lage, Wirtschaft und Handel zu bestimmen und in militärischen Angelegenheiten ein gewichtiges Wort mitzureden. Das Königreich der Normannen hatte aber wenig natürliche Freunde; es war sogar in mancher Hinsicht jedermanns natürlicher Feind. Kaum errichtet, mußte es innen und außen um sein Überleben kämpfen. Niemals war ihm eine ausgiebige Friedensperiode beschieden, in der es einen Grundstock an Reichtum und Zugewinn aufbauen konnte, der es ihm erlaubt hätte, sein Ziel zu erreichen, der wahre Beherrscher des Mittelmeers zu sein.

8 *Das normannische Königreich Sizilien*

Die Eroberung Siziliens (72)

Auch als die Normannen in Feldzüge in Unteritalien und auf dem Balkan verwickelt waren, waren sie gleichzeitig bestrebt, der christlichen Welt Sizilien zurückzugewinnen. Siziliens Wohlstand und Fruchtbarkeit waren berühmt und haben die Normannen bestimmt gereizt, zumal die Gegenwart der Sarazenen auf der Insel ihnen als eine ständige Bedrohung ihrer neugewonnenen Erwerbungen in Italien erschienen sein muß **(Farbtafel 27)**. Malaterra schrieb:

> *...als er vom ungläubigen Sizilien gehört und beobachtet hatte, daß es auf der anderen Seite dieses schmalen Wasserstreifens lag, da wurde Robert, der immer begierig auf Herrschaftsgebiet bedacht war, vom Wunsch ergriffen, es zu besitzen, und er dachte, es sei wohl von Gewinn für seine Seele wie für seinen Körper, wenn er dieses Land, das sich den Götzen ergeben hatte, der göttlichen Anbetung zu Füßen legen und über es im Dienste Gottes verfügen, und weltlichen Besitz von den Früchten und Erzeugnissen des Landes ergreifen könnte, die diese Leute, die Gott nicht wohlgefällig sind, an sich gerissen haben.*

Malaterra will wissen, daß Robert und Roger ihren Feldzug nach Sizilien schon planten, bevor sie sich Reggios versichert hatten und bevor Roger zu seiner Erkundungsreise nach Messina aufgebrochen war. Im Februar 1061 verbündete sich Roger mit dem Emir von Syrakus und Catania, Ibn Thimna, der Rogers Unterstützung gegen seinen Rivalen Ibn Hawwas Enis von Castrogiovanni und Agrigent zu gewinnen trachtete. Roger verbrachte den März und April mit Vorbereitungen für eine Invasion. Im Monat darauf traf Robert Guiscard mit Verstärkungen in Reggio ein, doch eine Sarazenenflotte aus Palermo hinderte die Normannen an der Überfahrt. Robert blieb mit dem Großteil des normannischen Heeres als Lockvogel zurück, während Roger die Meerenge mit einem weitaus kleineren Heer überquerte und es fertigbrachte, die praktisch unverteidigte Stadt Messina zu überraschen und einzunehmen. Die Sarazenen zogen ihre Flotte nach Palermo zurück, so daß Robert nun mit den übrigen normannischen Streitkräften Roger nach Messina folgen konnte. Die beiden Normannen führten für den Rest des Jahres in Sizilien einen Feldzug nach dem anderen, konnten aber auf der Insel keinen festen Fuß fassen, außer daß es ihnen gelang, die Stadt Troina zu erobern.

Das Frühjahr des Jahres 1062 sah Roger und Ibn Thimna erfolgreich Petralia belagern, das 30 Meilen östlich von Troina lag, aber später in der Jahreszeit wurde sein moslemischer Bundesgenosse in einen Hinterhalt gelockt und getötet, nachdem Roger nach Kalabrien zurückgekehrt war. Im Hochsommer des Jahres kehrte Roger nach Sizilien zurück, marschierte auf Troina und fand die Stadt zu seiner Überraschung von den Sarazenen unbesetzt, obwohl die normannische Garnison sich zurückgezogen hatte. Doch beim Versuch, die Stadt aufs neue mit einer Garnison zu belegen, verscherzte sich Roger die Gunst der örtlichen griechischen Bevölkerung. Die beklagte sich, wahrscheinlich mit Recht, daß seine Truppen ihre Frauen geschändet hätten, und antwortete mit einer Empörung. Mit Hilfe der Sarazenen aus einer nahe gelegenen Festung belagerte sie den Grafen, seine Frau und seine Männer vier Monate lang; dann hatten die Normannen einmal mehr die Oberhand gewonnen.

Im Sommer 1063 erhielt Ibn Hawwas aus Afrika Verstärkung. Unbeeindruckt nahmen die Normannen den Kampf an und schlugen die Moslems in der Schlacht von Cerami, der wichtigsten Einzelschlacht des gesamten sizilischen Feldzugs. Malaterra: „Über und über mit Beute beladen,

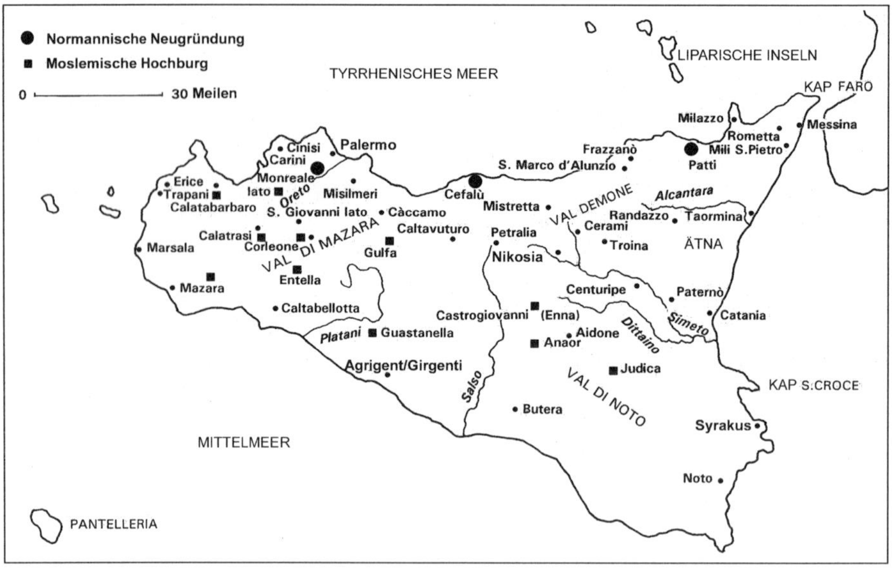

72 *Das Sizilien der Normannen*

nahmen die Normannen jetzt die Zelte der Mohammedaner in Beschlag, nahmen ihre Kamele und alles, was sie nur finden konnten." Roger soll Papst Alexander II. vier der im feindlichen Lager erbeuteten Kamele geschickt und zum Dank ein päpstliches Banner erhalten haben. Der Emir von Palermo war in der Schlacht von Cerami gefallen und hatte die Hauptstadt der Moslems in einer gefährlichen Lage zurückgelassen. Als wäre das noch nicht genug, suchte Roger in Troina ein Abgesandter aus Pisa auf und schlug ihm eine gemeinsame Unternehmung gegen Palermo vor. Rogers Zögern, vollständigen Vorteil aus der gegebenen Lage zu ziehen, läßt sich nur mit seinem mittlerweile notorischen Mangel an geeigneten Mannschaften erklären, ein mißlicher Umstand, der großangelegte Militäroperationen so lange ausschloß, bis seine Streitmacht durch die Vereinigung mit der seines Bruders Robert eine Verstärkung erfahren hatte. An diese Verstärkungen vom italienischen Festland war aber überhaupt nicht zu denken, und so beschränkte Roger sich auf gelegentliche Plünderungen und Nadelstiche, bis Robert sich 1064 endlich von Apulien losriß und mit Roger einen gemeinsamen Feldzug aufnahm, der das Ziel hatte, sich Palermos zu bemächtigen. Robert sah sich jedoch bald wieder genötigt, sich seinen Problemen auf dem Festland zu widmen, was ihn mehrere Jahre in Anspruch nahm. In der Zwischenzeit verlegte Roger sich wiederum auf Raubzüge innerhalb Siziliens, erreichte damit aber nur wenig von bleibender Bedeutung. Auf einem dieser Beutezüge in der Umgebung Palermos stieß Roger 1068 überraschend auf eine riesige afrikanische Streitmacht, die von Ajub, dem Sohn des Kalifen Temin, befehligt wurde. Wider Erwarten gewannen die Normannen die nun folgende Schlacht. Unter der Beute fand Roger Brieftauben, die laut Gottfried Malaterra die Nachricht von seinem Sieg nach Palermo bringen mußten. Diese Schlacht scheint ein Wendepunkt gewesen zu sein. Der Widerstand der Araber wurde schwächer, und Ajub hielt es nicht mehr länger in Sizilien, er kehrte nach Afrika zurück.

1071 hatte Robert seine Gewalt über Kalabrien wiederhergestellt. Nun konnten die Brüder weitere Maßnahmen gegen Palermo ins Auge fassen. Roger gelang es, die Kontrolle über Catania in

Ostsizilien wiederzuerlangen, wohin Robert ihm folgte. Hier stellten sie eine Flotte aus Kalabriern und Griechen zusammen, vorgeblich, um nach Malta zu segeln. In Wirklichkeit war sie für Palermo bestimmt, und so begannen die Normannen im August, die Stadt vom Meer und vom Land aus zu belagern. Von Nordafrika kam eine Flottille, um der belagerten Metropole beizustehen. Sie konnte den Blockadering zwar durchdringen, erlitt dabei aber schwere Verluste. Die Belagerung dauerte noch weitere Monate an, und am 10. Januar 1072 ergab sich die Stadt. Robert, Herzog von Apulien, zog feierlich in Palermo ein. Hinter ihm sein Bruder Roger und die normannischen Herren, die in Sizilien an seiner Seite gekämpft hatten. So ritten sie durch die Stadt zur uralten Marienbasilika, die 240 Jahre als Moschee gedient hatte und nun eilig aufs neue eingesegnet wurde. Hier wurde vom alten Erzbischof von Palermo („Obwohl ein ängstlicher Grieche," läßt man uns wissen, „hatte er die christliche Religion weiterhin befolgt, so gut er es eben vermochte") im griechischen Ritus der Dankgottesdienst abgehalten, und, wie Amatus berichtet, „die Engel des Himmels vereinigten ihre Stimmen mit denen der Gemeinde" in der Feier der Wiedererrichtung des christlichen Glaubens auf der Insel.

Zur Zeit der Eroberung durch die Normannen war Palermo eine geschäftige Handelsmetropole, die nicht weniger als 300 Moscheen aufzuweisen hatte. In der größten, vormals eine christliche Kirche, sollen die sterblichen Überreste des Aristoteles in einem Sarg, der von der Decke hing, aufbewahrt worden sein. Ferner gab es in Palermo zahllose Märkte, Wechselstuben, Handwerkergassen und eine der besten europäischen Papiermühlen. Von ihr stammt wahrscheinlich das älteste mit einem Datum versehene Papierdokument Europas, eine Übertragungsurkunde, die Rogers Unterschrift trägt und 1102 ausgestellt wurde. Die Stadt war von Parkanlagen und Lustgärten umgeben. Die Begeisterung führt Amatus die Feder, wenn er beschreibt, was die Normannen nach der Einnahme der Stadt unter sich aufteilten: „Die Paläste und alles, was sie außerhalb der Stadtmauern fanden; und dem Adel gaben sie die Lustgärten, voll von Früchten und Wasserläufen. Selbst die Ritter wurden in diesem wahren Paradies auf Erden noch königlich bedacht" **(73)**. Mit den Sarazenen pflegten die Normannen von Anfang an eine Politik des Mit- und Nebeneinander. Dies sollte ein wichtiges Merkmal ihrer Herrschaft auf Sizilien werden. Die moslemische Bevölkerung wurde der Wahrung ihrer Lebensrechte sowie ihrer Religions- und Gesetzesfreiheit versichert; trotz der Mittel, die sie einsetzten, um die Macht zu erlangen, und trotz des kreuzfahrerischen Anstrichs des Sizilienfeldzugs sahen die Normannen im Süden über religiöse Unterschiede in der Regel hinweg, was für die Stellung der christlichen Kirchen zueinander bezeichnenderweise nicht galt.

Nach dem Fall Palermos ließ sich Robert Guiscard in Sizilien nicht mehr sehen, wodurch Rogers militärische Möglichkeiten empfindlich eingeschränkt wurden. Statt ausgedehnter Feldzüge gab es wieder nur Angriffe, die von strategisch gelegenen Festungen aus unternommen wurden. Auch wartete er durchweg auf günstige Gelegenheiten, um einzelne Städte zu zwingen, sich ihm zu unterwerfen **(74)**. Andererseits gab es gegen ihn keinen gemeinsamen Widerstand, weil die einzelnen Städte der Sarazenen in der südlichen Inselhälfte unabhängig voneinander und selten zusammen mit nordafrikanischen Kräften handelten. Die militärischen Vergeltungsschläge der Moslems ähnelten ebenfalls mehr gelegentlichen Überfällen als ordentlichen Schlachten. 1076 nutzte der Emir von Syrakus einen Ausflug Rogers auf das Festland zu einem Angriff auf Catania, wobei Rogers Schwiegersohn Hugo getötet wurde. Rogers Antwort bestand in einer Reihe grausamer Angriffe in der Provinz Noto. Dabei wurde so viel fruchtbares Land verwüstet, daß man eine ernste Hungersnot, die Sizilien um diese Zeit heimsuchte, auf jene Angriffe zurückführte. 1077 nahm Roger die Übergabe von Trapani und Castranova entgegen, und zwei Jahre später fiel auch Taormina nach einer Belagerung. Im April 1086 belagerte Roger Agrigent; im Juli öffnete die Stadt ihre Tore. Von dort aus verlegte das normannische Heer nach Castrogiovanni, das zur Stadt

73 *Mosaik mit fremdländischen Tieren und Pflanzen. Königlicher Palast, Palermo*

Enna gehörte. Hier erreichte Roger die Übergabe durch Verhandlungen. Der Emir und seine Familie traten zum Christentum über, sie mußten aber ihren Wohnort wechseln und erhielten ein Gebiet nahe Maletto in Kalabrien zugewiesen. Roger beherrschte nun ganz Sizilien mit Ausnahme von Noto und Buterra. 1091 schließlich gaben auch diese beiden letzten Sarazenenstädte auf der Insel auf, und die normannische Eroberung Siziliens war endlich abgeschlossen.

Einmal im vollständigen Besitz der Insel, wollte Roger es Wilhelm dem Eroberer in England gleichtun und machte sich auf, die griechische Kirche Siziliens zu zerwirken und durch die römische Kirche zu ersetzen. Er überwachte den Bau neuer Kirchen und berief Bischöfe aus dem Westen in Schlüsselstellungen. Guerland von Savoyen wurde Bischof von Agrigent, Stephan von Rouen Bischof von Massara, Stephan von der Provence Bischof von Syrakus und Angenius von der Bretagne Bischof von Catania. Gleichzeitig begann Roger das westliche Mönchtum auf der Insel einzuführen, indem er zahlreiche Benediktinermönche vom Festland herüberzog. Er hütete eifersüchtig seine Macht über kirchliche Angelegenheiten und hatte insoweit Erfolg, als ihm und seinen Nachfolgern 1098 das päpstliche Legat über Sizilien verliehen wurde. Die griechische Kirche war nach den zwei Jahrhunderten der arabischen Herrschaft schon beträchtlich geschwächt, aber trotzdem gibt es nur wenig Zweifel, daß die Einsetzung der Westkirche in weiten Teilen der christlichen Gemeinschaft sehr unbeliebt gewesen sein muß. Viele dieser kirchlichen Änderungen waren nicht direkt das Werk der Normannen, sondern sind auf die Ankunft großer Auswandererkontigente aus Kampanien, Apulien, Ligurien, der Toskana und sogar von jenseits der Alpen zurückzuführen. Die Beharrlichkeit der normannischen und fränkischen Eroberer, im östlichen Mittelmeerraum die orthodoxe Kirche durch die lateinische zu ersetzen, verbitterte die Byzantiner sehr. Oft fühlten sie sich von den Moslems besser verstanden als von ihren christlichen Brüdern,

74a *Die Normannenburg in Misilmeri. Die arabische Festung, die an dieser Stelle stand, war eine der letzten, die vor der Einnahme Palermos übergeben wurden*

deren Neuerungsbestrebungen bis zur Eroberung Konstantinopels durch die Türken 1453 eine Quelle ständigen Streits bildeten.

Das Normannenheer, das Sizilien erobert hatte, war ethnisch gemischt. Sein Führungsadel bestand aus Normannen, die übrigen Truppen zu bedeutenden Teilen aus Italienern. Das normannische Besitztum auf der Insel wurde unter die beiden Brüder aufgeteilt: Guiscard erhielt die Suzeränität über die Insel, d.h. er bestimmte ihre Außenpolitik, und halb Palermo zu eigen, der Rest fiel an Roger, der als Graf von Sizilien eingesetzt wurde. Er begann nun damit, seine Besitzungen in Lehen einzuteilen und diese Mitgliedern der Familie sowie seinen Nachfolgern zu verleihen. So wurde Sizilien mit seinem großen griechischen und moslemischen Bevölkerungsanteil zum Feudalstaat.

Die Eroberung Siziliens wurde in 30 Jahren von 1061 bis 1091 bewerkstelligt und war zu großen Teilen das Werk eines Mannes, des Grafen Roger, dem sein Bruder Robert Guiscard bei verschiedenen Gelegenheiten kräftig beisprang. Die Eroberung mag möglicherweise schneller erreicht worden sein können, aber Roger konnte immer nur über jene Truppenteile verfügen, die sich bei den Verpflichtungen und Zusammenstößen der Normannen in Italien und im Mittelmeerraum entbehren ließen. Mit dem Tod seines Bruders Robert Guiscard im Jahre 1085 wuchs Graf Rogers Macht zusehends; er verkörperte Beständigkeit und Macht inmitten der allgemeinen Unordnung, die in den anderen normannischen Besitzungen Italiens von Haus aus herrschte. 1090 eroberte Roger, noch bevor Sizilien sich endgültig ergeben hatte, die Inseln Malta und Gozo, die noch unter sarazenischer Herrschaft gestanden hatten, behielt den Rahmen einer moslemischen Regierung jedoch bei. Als Gegenleistung für seine Schiedssprüche preßte Roger seinem gleichnamigen Neffen, der Robert Guiscards Besitztümer geerbt hatte, Stützpunkte in Kalabrien wie auch Guiscards Hälfte von Palermo ab. In Apulien, Capua und Tarent gab es weiterhin gesonderte Herzogssitze, aber die bestimmende Macht war Roger, Graf von Sizilien, einer der mächtigsten Herrscher Europas.

74b *Ein normannischer Befestigungshügel in Sizilien*

Die Normannenkönige

Graf Roger starb im Alter von 70 Jahren am 22. Juni 1101 in seiner Hauptstadt auf dem Festland, Miletus in Kalabrien. Er wurde in der Abtei der Allerheiligsten Dreifaltigkeit beigesetzt, die er dort begründet hatte und die 1783 durch ein Erdbeben vollständig zerstört wurde. Obgleich Roger zahllose illegitime Kinder hinterließ, hatte er nur drei eheliche Söhne. Gottfried, der älteste, war ein Aussätziger, von der Lepra befallen, Simon und Roger, die er mit seiner Frau Adelheid hatte, welche aus dem oberitalienischen Adel stammte, waren beide noch minderjährig. So herrschte seine Witwe Adelheid nach Rogers Tod als Regentin. Zur Seite standen ihr meist griechische und arabische Minister. Im September 1105 verstarb Adelheids ältester Sohn Simon. Im Alter von neun Jahren folgte nun sein gleichnamiger Sohn, der einzige in Frage kommende männliche Erbe, Graf Roger nach. Über Roger II. Kindheit ist wenig bekannt. Nach einer unbestätigten Überlieferung ist er vom Hl. Bruno von Köln, dem Stifter des Kartäuserordens, getauft worden. Seine ersten Jahre verbrachte er in Kalabrien und Messina. 1112 wurde er im Alter von 16 Jahren in Palermo im alten Emirpalast zum Ritter geschlagen und übernahm anschließend die Regierungsverantwortung. Sein Vater Roger I. und seine Hauteviller Onkel waren noch normannische Abenteurer reinsten Wassers gewesen. Der zweite Roger war ein Mensch vom Mittelmeer, der, seit er im Alter von fünf Jahren dem väterlichen Einfluß entzogen war, von griechischen und arabischen Hauslehrern in einer kosmopolitischen, vielsprachigen Umgebung angeleitet wurde, die Staatsgeschäfte in vier Sprachen zu führen. Als Herrscher lag ihm Diplomatie mehr als rohe Gewalt, und seine Zeitgenossen mußten rasch, manchmal zu ihrem Nachteil, erkennen, daß er nicht nur ein Südländer, sondern seinem Wesen auch ein ausgeprägter orientalischer Zug eigentümlich war. Der Hofgeograph hielt neckisch fest, daß Roger „im Schlaf mehr leistete als andere im wachen Zustand“. Roger war ein guter Christ westlicher Prägung, der nordeuropäische Orden, vor allem die Zisterzienser, nach Unteritalien holte. Das hielt ihn nicht davon ab, ein Leben zu führen wie ein Ottomane, wozu ein Harem gehörte, der von Eunuchen bewacht wurde (und wahrscheinlich nur mit Mohammedanerinnen versehen war). Eine Folge seiner multikulturellen Vorliebe war, daß er sich besserer Beziehungen zu seinen östlichen Nachbarn erfreute als sein Vater und seine Onkel – was ihm als Grundlage für eine ehrgeizige Politik der Ausdehnung diente.

Roger hatte aber auch Eigenschaften seiner normannischen Vorfahren geerbt, darunter ihren Ehrgeiz und ihre Energie. Das und die Gabe der einfallsreichen Staatskunst halfen ihm, aus der absoluten Nutzlosigkeit seiner Vettern Gewinn zu schlagen und ihre Gebiete auf dem Festland als Gegenleistung für seine Waffenhilfe gegen aufrührerische Barone zu erwerben. Bis 1122 war ganz Kalabrien unter seiner Kontrolle, und als Herzog Wilhelm von Apulien 1127 ohne Nachkommen starb, beanspruchte Roger auch das Herzogtum. Dagegen regte sich beträchtlicher Widerstand, denn viele normannische Barone ärgerte die Vormacht der Hautevilles, auf die sie als Emporkömmlinge herabsahen, die nicht besser seien als sie; und auch das Papsttum, das mit dem Haus Hauteville fast ein Jahrhundert lang immer wieder im Streit gelegen hatte, fürchtete solch einen mächtigen Staat, der sich an seiner Südflanke festsetzte. Doch seine Gegenspieler hatten Rogers besonderer Methode der bewaffneten Diplomatie nichts entgegenzusetzen, und so sah sich Papst Honorius II. im Jahre 1128 gezwungen, Roger als übermächtigen Herzog von Apulien, Kalabrien und Sizilien anzuerkennen. Damit waren diese Gebiete seit der Zeit des großen byzantinischen Kaisers Justinian, der Italien vor 600 Jahren zurückerobert hatte, erstmals wieder unter einer einzelnen politischen Autorität vereint.

Im Alter von 32 Jahren war Herzog Roger einer der einflußreichsten und mächtigsten Fürsten Europas. Es fehlte ihm nur noch eines, um sein dreifaches Herzogtum zu einem einzigen Staat zu verschweißen und mit den benachbarten Herrschern auf gleicher Ebene verhandeln zu können – die Königskrone. Zwei Jahre später hatte er diesen Preis errungen. 1130 führte Papst Honorius' früher Tod zu den üblichen Auseinandersetzungen um seine Nachfolge. Der energischen Fürsprache des Hl. Bernhard von Clairvaux wegen wurde Innozenz II. bald vom Großteil der westlichen Christenheit unterstützt. Sein Widerpart Anaklet II. wandte sich an Roger um Hilfe, die ihm auch als Gegenleistung für eine Krönung in Aussicht gestellt wurde. Und Roger sicherte Anaklet wider Erwarten die Wahl. Die Folge war, daß Roger II. am Weihnachtstag des Jahres 1130 in der Kathedrale von Palermo zum ersten König von Sizilien gekrönt wurde **(Farbtafel 29)**. Der Abt von Telese, der bei der Krönung anwesend war, fand folgende Worte: „Es war, als ob die ganze Stadt gekrönt würde. So wurde in ihr, der weltoffensten Stadt Europas, gefeiert." Roger hatte es im wesentlichen geschafft und war nun der regierende Monarch dessen, was als das „Königreich Beider Sizilien" bekannt werden sollte. Papst Anaklet starb 1138. Im folgenden Jahr wurde sein Nachfolger Innozenz gefangengenommen, nachdem ein Heer unter seinem Befehl bei Gallucio am Fluß Garigliano geschlagen worden war. Anschließend wurde Innozenz von Roger genötigt, dessen Herrschaft im Königreich Sizilien zu bestätigen, die Oberherrschaft auf dem italienischen Festland über das gesamte Gebiet südlich des Garigliano eingeschlossen. Damit konnte er diesen Abschnitt auf dem Festland, der von seinen Vasallen mit Unterstützung des deutschen Kaisers Lothar II. in einem Zustand nahezu beständiger Auflehnung gehalten worden war, endlich befrieden.

Unter König Roger wuchs das neue Königreich in Sizilien immer mehr an Macht und Reichtum. Roger selbst war ein Intellektueller, der seine Regierungsaufgabe ernst nahm. Obwohl er für das Byzantinerreich, das seinen Anspruch auf die früheren Gebiete auf dem italienischen Festland weiterhin wahrte, wenig übrig hatte, ließ seine Erziehung ihn dem Monarchiemodell der Byzantiner gegenüber geneigt sein, in dem der Souverän als Gottes Vizekönig absolutistisch herrschte, den Untertanen in seiner Rolle als Mittler zwischen Himmel und Erde in höchste Höhen entrückt. Es ist kein Zufall, daß er auf einem seiner beiden verbürgten Portraits, dem Mosaik in der Martoranakirche zu Palermo, in byzantinische Gewänder gekleidet von Christus gekrönt wird **(75)**. In der Tat unterliegt es keinem Zweifel, daß Roger überzeugt war, in der byzantinischen Tradition zu handeln, und daß die sizilischen Normannen ihre ehrgeizigen Pläne in Bezug auf Konstantinopel und das kränkelnde Kaiserreich von Byzanz weiterhin aufrechterhielten.

Rogers Regierung

Roger konnte nun auf den Fundamenten, die sein Vater hinsichtlich der Verwaltung der von ihm beherrschten Gebiete gelegt hatte, aufbauen. Er tat es, indem er einen Staatsdienst schuf, der auf normannischen, griechischen und arabischen Vorbildern beruhte und in Europa ohne Beispiel war **(76)**. Die Regierung in Palermo bestand aus der *Dohana de Secretis* (Finanzen) und der *Dohana Baronorum* (Örtliche Verwaltung), die in den Händen der Friedensrichter lag, die ebensogut Griechen oder Araber wie Italiener sein konnten. Der alte normannische Adel wurde von der Zentralverwaltung zunehmend ferngehalten, doch kam dies seinen Vertretern bis zu einem gewissen Grade entgegen. Die Macht, die sie sich bewahrten, zeigte sich übrigens später bei den Aufständen, die sie unter Rogers Nachfolgern, Wilhelm I. und Wilhelm II., führten.

Palermo war die Hauptstadt des sizilischen Königreiches der Normannen und sorgte durch seine zahlreichen Paläste, Verwaltungsgebäude und die Münzprägestätte für das Aufblühen von Industrie und Handwerk. Während der gesamten Zeitdauer, die den Normannen eingeräumt war, waren in Sizilien das Schatzamt und die Münze großenteils von Arabern besetzt, die von Griechen beaufsichtigt wurden. Manches Geldstück, das die Normannen prägen ließen, trug die alten arabischen Inschriften, sogar mit islamischem Inhalt – manchmal war ein Kreuz hinzugefügt oder die byzantinische Inschrift „Christos Pantokrator“ **(77)**. Das italienische Wort für Münze, *zecca*, das aus dieser Zeit stammt, ist eine direkte Aneignung aus dem Arabischen. Araber bildeten auch die Speerspitze von Rogers Heer, während in den Seestreitkräften die Griechen vorherrschten. Deren Befehlshaber, der unter seinem arabischen Titel „Emir der Emire“ bekannt war, wovon sich wiederum das Wort „Admiral“ ableitet, war gleichzeitig auch das Haupt der Regierung und in der sizilischen Hierarchie allein dem König unterstellt.

Waren die nordwesteuropäischen Normannen im wesentlichen Landsoldaten, so entdeckten sie auf den Wellen des Mittelmeeres das Seekriegswesen aufs neue, wobei sie Techniken der Griechen und Araber einbezogen. So schufen sie eine Kriegsflotte, die große Erfolge gegen ihre Feinde erzielte. Auf dieser Flotte ruhten des normannischen Sizilien Sicherheit und Wohlstand, und Roger zögerte nie, sie mit Wirkung und mit Nachdruck einzusetzen. Unter ihrem größten Admiral, Georg von Antiochien, unterwarf sie einen Teil des heutigen Tunesien, um so ein Gewinn abwerfendes, wenn auch kurzlebiges nordafrikanisches normannisches Reich zu bilden; sie unterwarf Korfu; sie störte die griechische Küste, entführte thebanische Seidenarbeiterinnen, um sie in die Werkstätten des Hofes von Palermo zu stecken; und im Jahre 1149 führte sie einen Überraschungsangriff durch den Bosporus auf den Kaiserpalast in Konstantinopel. Bezeichnenderweise nahm das normannische Sizilien nicht direkt am Ersten oder Zweiten Kreuzzug teil, weil viele der sizilischen Ratgeber, Ärzte oder Wissenschaftler Moslems waren und die religiöse Toleranz bei Hofe einen hohen Stellenwert hatte.

Ein weiterer Beweggrund mehr persönlicher Natur war der Umstand, daß Roger die fränkischen Beherrscher Jerusalems seit der desaströsen Wiederverheiratung seiner Mutter mit König Balduin I. von Jerusalem herzlich verabscheute und nicht geneigt war, den Kreuzfahrern in der Levante zu helfen. Balduin von Boulogne, vormals Graf von Edessa, war am Weihnachtstag des Jahres 1100 zum König von Jerusalem gekrönt worden. Seine ersten beiden Heiraten waren nichts weniger als erfolgreich gewesen, doch 1112 hörte er, daß Gräfin Adelheid von Sizilien mit

75 *Roger wird von Christus zum König von Sizilien gekrönt. Mosaik aus der Martoranakirche, Palermo. Roger trägt die Gewänder eines Kaisers von Byzanz*

76 *Der kosmopolitische sizilische Hof mit seinen Arabern, Griechen, Lateinern und Normannen auf einer Handschrift aus dem 12. Jahrhundert*

der eingetretenen Volljährigkeit ihres Sohnes Roger aufgehört hatte, Regentin zu sein, und nach einem zweiten Ehemann Ausschau hielt. Balduin erblickte seinerseits eine Möglichkeit, die Mittel seines armen Königreiches zu mehren. Adelheid war immens reich. Darüber hinaus würde diese Verbindung die Unterstützung durch die sizilische Flotte nach sich ziehen, eine Streitmacht, mit der man damals schon rechnen mußte. Kurz und gut, Adelheid wurde mit Balduin einig unter der Bedingung, daß der Thron von Jerusalem an Roger falle, wenn ihre Ehe kinderlos bliebe. So verließ Gräfin Adelheid 1113 Sizilien in Richtung Osten. Nach einer ereignisreichen Fahrt erreichte der sizilische Geleitzug Akko. Albert von Aix, ein Geschichtschreiber des Ersten Kreuzzugs, hielt das Ereignis fest:

> *Mit ihr kamen zwei Triremen, jede mit 500 Kriegern, und sieben Schiffe, die mit Gold, Silber, Purpur und großen Mengen von Edelsteinen und Prachtgewändern beladen waren, gar nicht zu reden von den Waffen, Brustharnischen, Schwertern, Helmen und Schilden, die vor Gold glänzten, und all der übrigen Kriegsausrüstung, wie sie von großmächtigen Fürsten zur Bedienung und Verteidigung ihrer Schiffe gebraucht werden. Das Gefährt, das die große Dame sich zur Reise ausgewählt hatte, war mit einem Mast geschmückt, der außen ganz vergoldet war, so daß er schon von*

77 *Kufische Inschrift auf einem Mosaik, Schloßkapelle, Palermo*

> *weitem in der Sonne funkelte und blitzte; Bug und hinterer Aufbau dieses Schiffes, in ähnlicher Weise mit Gold und Silber gedeckt und von den trefflichsten Handwerkern gefertigt, waren herrlich anzuschauen. Und auf einem der sieben Schiffe waren die sarazenischen Bogenschützen, kräftige Männer zumeist, die in glänzende, kostspielige Gewänder gehüllt waren und dem König als Geschenk dargebracht werden sollten – Männer, wie man sie in ihrer Art im ganzen Jerusalemer Land nicht findet...Als dem König die Ankunft seiner erlauchten Dame kundgetan war, begab er sich mit seinem Hofstaat und allen Fürsten des Königreiches zum Hafen hinunter, alle großartig und verschieden gekleidet; er war umgeben von seinem ganzen königlichen Prunk, gefolgt von seinen Pferden und Maultieren, die mit Gold und Purpur bedeckt waren, und begleitet von seinen Musikanten, die in die Trompeten stießen und auf allen Instrumenten spielten, die es nur gibt, das Ohr zu erfreuen. So empfing der König die Fürstin, als sie das Schiff verließ. Offene Stellen waren mit schönen Teppichen in mannigfachen Farben bedeckt und die Straßen mit Purpur umhüllt, alles dieser großen Dame zu Ehren, die selbst über solchen Überfluß gebot.*

Balduin hatte jedoch bald nach der Hochzeit Adelheids Mitgift schon fast ausgegeben, indem er seine Schulden tilgte und Barone, Ritter und Soldaten bezahlte. Außerdem wurde bekannt, daß er seine zweite Frau nicht ordnungsgemäß verstoßen hatte. Die öffentliche Stimmung in Jerusalem erhob sich gegen Adelheid, und so wurde die Königin, gedemütigt und ohne einen Pfennig, 1117 nach Sizilien zurückgeschickt. Sie starb im Jahr darauf und wurde in der Kathedrale von Patti beigesetzt. Später berichtete ein anderer Chronist der Kreuzzüge, Wilhelm von Tyrus, daß Roger die Behandlung seiner Mutter sowie der Bruch des Versprechens, ihm den Thron von Jerusalem zu überlassen, mit unauslöschlichem, bitterem Haß auf das Königreich Jerusalem und seine Bevölkerung erfüllt habe.

Roger selbst war dreimal verheiratet. Er überlebte seine erste Frau Elvira, Tochter Alfons VI. von Kastilien, und auch seine zweite, Sibylle von Burgund. Seine dritte Frau, Beatrix von Rethel, die er in seinem letzten Jahre ehelichte, kam nach seinem Tode mit seiner Tochter Konstanze

78 *Innenansicht der Kathedrale von Cefalu*

79a *König Rogers Begräbnisstätte aus Porphyr in der Kathedrale von Palermo*

nieder. Konstanze sollte den späteren Kaiser Heinrich VI. heiraten und damit Sizilien schließlich unter die Herrschaft des Hauses Hohenstaufen bringen. Roger starb im Alter von 58 Jahren am 26. Februar 1154. Das Leben König Rogers von Sizilien endete, wie es begann, im Halbdunkel. Die Todesursache ist unbekannt. Immerhin führt Hugo Falcandus, vielleicht der scharfsinnigste unter den Geschichtsschreibern des normannischen Sizilien, des Königs Tod zurück auf „Erschöp-

79b *Blick auf die Ostseite der Kathedrale von Palermo*

fung auf Grund seiner gewaltigen Arbeitslast sowie eine beginnende vorzeitige Altersschwäche, die auf seine Abhängigkeit von der Fleischeslust zurückzuführen ist, der er bis zu einem Punkt frönte, daß es seiner Gesundheit schaden mußte". Obwohl er bestimmt hatte, in der Kathedrale von Cefalu beigesetzt zu werden, die er selbst erbaut hatte und wo noch neun Jahre lang ein großer Sarkophag aus Porphyr auf ihn wartete, fand der König in der Kathedrale von Palermo seine letzte Ruhestätte, dies auch ein Ergebnis seines lange währenden Streites mit dem Erzbischof von Palermo **(78)**. Er wurde in ein einfacheres Grab aus Porphyr gelegt, das zu verschiedenen Gelegenheiten geöffnet worden ist, um den Blick auf Rogers Leichnam freizugeben, der immer noch in den Königsmantel und die Dalmatika gehüllt war und auf dem Kopf die Krone mit den Perlanhängern trug, ganz wie auf dem Mosaik in der Martoranakirche **(79a und b)**. Auf seinem Schwertring eingraviert waren die Worte: „Der Apulier, Kalabrenser, Sizilianer, Afrikaner, sie alle folgen meinem Willen."

Wilhelm I. (der Böse)

Nachfolger Rogers war sein Sohn Wilhelm I. (1154–1166), der den Beinamen „Wilhelm der Böse" erhielt. Wilhelm war schon drei Jahre vorher zum Mitherrscher Rogers gekrönt worden, was eine vorbeugende Maßnahme gewesen zu sein scheint, um ihm den Thron zu sichern. Dem Vernehmen nach war er weit weniger tatkräftig als sein Vater, und wenn man seinen Biographen glauben darf, dann überließ er die Staatsgeschäfte seinen Ministern, besonders einer grauen Eminenz mit Namen Majo von Bari **(80a und b)**. Unter seiner Herrschaft gelang es den Byzantinern, den Normannen eine Anzahl ihrer Städte in Unteritalien wieder zu entreißen, der Papst setzte Heere gegen ihn in Marsch, und unter seinen eigenen Vasallen kam es zu Empörungen. 1156 konnte Wilhelm die Aufständischen jedoch züchtigen, und es gelang ihm sogar, die Städte, die

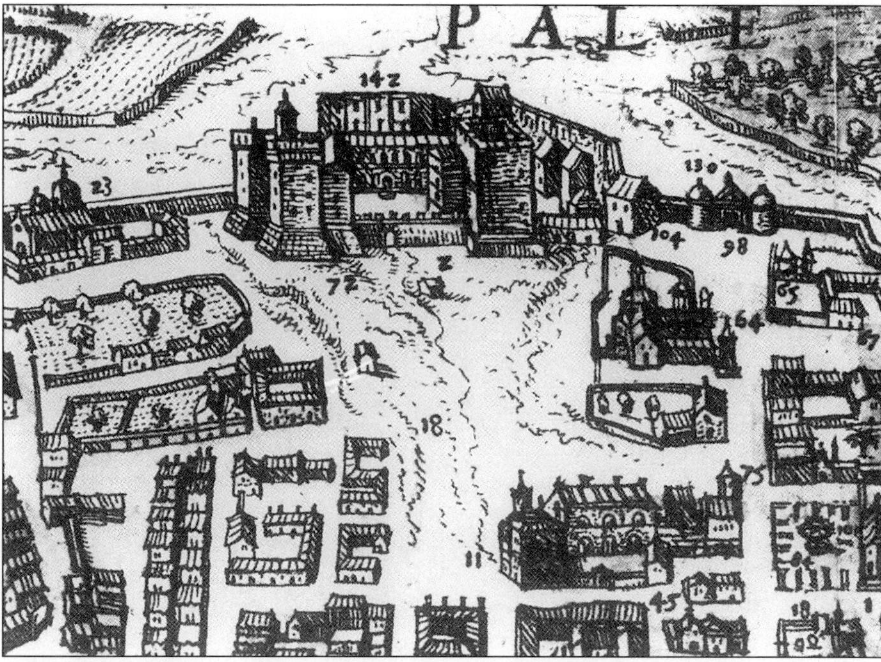

80a *Karte aus dem 18. Jahrhundert mit dem Normannenschloß am südlichen Ende der mauerumgürteten Innenstadt von Palermo*

die Byzantiner genommen hatten, wiederzugewinnen. Schließlich bestätigte Papst Hadrian IV. seine sizilischen und italienischen Besitzungen. Trotzdem hielten Wilhelms Schwierigkeiten an, und das Land begann in einander bekämpfende Parteien zu zerfallen. Eine von ihnen wurde von Majo, seinem Ersten Minister, geführt und bestand aus unzufriedenen Adeligen, einige davon Abkömmlinge der ursprünglichen normannischen Eroberer. Die Bürger von Palermo bildeten eine weitere dieser Splittergruppen. Schließlich wurde Majo ermordet, und Wilhelm konnte die Ordnung wiederherstellen. Doch war Wilhelms Herrschaft keine glückliche, und das Durcheinander in Sizilien hatte seine Entsprechung in Nordafrika, wo er 1160 den von seinem Vater und dessen Admiral Georg von Antiochien geschaffenen Außenposten einbüßte.

Zeitgenössischen Chronisten zufolge war Wilhelm träge und grausam, doch ist es umstritten, ob er den Titel „der Böse", den der Geschichtschreiber Falcandus ihm verliehen hatte, wirklich verdient. Er war den Vergnügungen eines halborientalischen Hoflebens und des Serails sogar noch mehr verfallen als sein Vater; wie sein Vater liebte er es auch, mit griechischen und arabischen Gelehrten Fragen der Literatur und der Philosophie zu erörtern **(81)**. Vor seinem Tod 1166 ernannte er seine Frau, die Königin Margarete, zur Regentin, aber die Macht wurde ihr von einem Rat der Zehn, der aus aufbegehrenden Adeligen bestand, entrissen. Eine besonders wichtige, bisweilen machiavellistisch anmutende Erscheinung war der englische Priester Walter von der Mühle, der 1169 zum Erzbischof von Palermo ernannt wurde und dem es gelang, den Rat der Zehn der Macht, die er an sich gerissen hatte, wieder zu berauben. Er kehrte zur Politik Roger II. zurück, nahm die Regierungsgewalt in die Hand und behielt Wilhelm II. Vertrauen, als dieser die Volljährigkeit erlangte.

80b *Blick auf das Normannenschloß von Palermo*

81 *Arabischer Musikant, Schloßkapelle, Palermo*

Wilhelm II. (der Gute)

Wilhelm II. (1166–1189) war, anders als sein Vater, dem Vernehmen nach in seinem Reich beliebt. In der Geschichte ist er bekannt als „Wilhelm der Gute" **(Farbtafel 30)**. Als er den Thron bestieg, war er gerade 13 Jahre alt und minderjährig. Seine eigentliche Herrschaft begann daher erst 1171. Gegen den Rat seiner Minister ließ er auf der anderen Seite des Mittelmeeres Besitzungen der Moslems angreifen. Dies hatte in erster Linie religiöse Gründe; er wollte aber auch die Vormacht auf See und in der Wirtschaft erringen, um den sizilischen Handel mit dem normannischen Kreuzfahrerstaat Antiochien zu schützen. Die Hauptziele waren dabei, die Nachrichtenwege zwischen Europa und dem Heiligen Land offen zu halten und den christlichen Gemeinden dort den Schutz der Normannen angedeihen zu lassen. Wilhelm II. war einer der ersten, die zu Beginn des Dritten Kreuzzugs das Kreuz nahmen. Allerdings nahm er nicht persönlich teil und starb 1189. Wilhelm hatte nie selbst eine Schlacht geführt, aber er war ein kluger Politiker, und seine Herrschaft war vergleichsweise friedlich.

Wilhelm war gewiß kein Anführer in der normannischen Militärtradition, er erschien überhaupt selten in der Öffentlichkeit. Ihm hing der Ruf an, etwas für „Komfort und Luxus" übrig zu haben, und weil er ständig den Einflüssen der arabischen Kultur ausgesetzt war, übernahm er manche arabische Gepflogenheiten. Er las und sprach Arabisch, hielt auch moslemische Nebenfrauen und schwarze Sklaven. Ein Zeitgenosse schrieb: „Seinen moslemischen Ärzten und Astrologen schenkte er große Aufmerksamkeit und gab auf sie acht." So nimmt es nicht wunder, daß ganz Palermo während Wilhelms Regierungszeit im Rufe stand, „mit dem Geist des Islam erfüllt" zu sein. Wie um die Leichtigkeit zu betonen, mit der das normannische Sizilien sich zwischen den verschiedenen Kulturen zu bewegen wußte, hätte er 1172 beinahe die Tochter des oströmischen Kaisers geheiratet, entschied sich am Ende aber für Johanna, die Tochter Heinrich II. von England und Eleonores von Aquitanien und Schwester von Richard Löwenherz.

Das Ende des normannischen Sizilien

Nach Wilhelms frühem Tod im Jahre 1189 kam es für das normannische Königreich im Süden zu einem plötzlichen und unziemlichen Ende. Wilhelm II. starb ohne Nachkommen. Es war sein Wunsch, daß Konstanze, die Tochter von Roger II., die mit dem deutschen Kaiser Heinrich VI. verheiratet war, ihm auf den Thron von Sizilien folgte. Der sizilische Adel entzweite sich jedoch über der Frage der Nachfolge. 1190 bestieg schließlich Tankred, ein Enkel König Roger II., den Thron. Gegen Tankred gab es einige Aufstände, einer sogar von den Arabern Siziliens, die ihn im ersten Regierungsjahr in Beschlag nahmen. Die Moslems von Palermo machten sich eines Massakers schuldig, woraufhin viele von ihnen ins gebirgige Innere der Insel flohen und einige der starken Festungen dort besetzten, die ihre Väter 100 Jahre früher gegen die eindringenden Normannen verteidigt hatten **(82a)**. Arabische Leibeigene, die ihren normannischen Herren entsprungen waren, schlossen sich ihnen an, doch war mit diesem Aufstand und seiner Niederwerfung der Anfang vom Ende der Moslems auf Sizilien gekommen.

Der Dritte Kreuzzug erreichte die Gestade Siziliens. Richard Löwenherz besetzte Messina, doch Tankred verlegte sich aufs Verhandeln und einigte sich mit ihm **(Farbtafel 28)**. Heinrich VI., der Kaiser des Heiligen Römischen Reiches, hatte unterdessen beschlossen, Sizilien in Besitz zu nehmen, denn er wollte die Erbansprüche seiner Frau Konstanze erfüllen. Er schloß mit Genua und Pisa Abkommen, damit sie sich aus der Auseinandersetzung heraushielten, und belagerte 1191 Neapel und Salerno. Wegen einer Seuche, die in seinem Heer ausbrach, mußte der Kaiser jedoch nach Deutschland zurückkehren, und die Kaiserin wurde in Salerno von den Normannen gefangengenommen.

82a *Normannische Festung im Süden Palermos*

Tankred, der letzte Normannenkönig Siziliens, starb 1194. Der minderjährige Wilhelm III. folgte seinem Vater auf dem Thron, Regentin war seine Mutter Sibylla. 1194 machte sich Heinrich VI. erneut nach Süden auf, schloß ein Abkommen mit den langobardischen Städten auf dem italienischen Festland, versicherte sich der Unterstützung der Flotten Pisas und Genuas – und eroberte schnell und leicht das Königreich Sizilien, womit das ungewöhnliche normannische Kapitel im Geschichtsbuch der Insel und Süditaliens abgeschlossen war. Mit der Krönung des Kaisers des Heiligen Römischen Reiches, Heinrich VI., zum König von Sizilien in der Kathedrale von Palermo am Weihnachtstag des Jahres 1194 ging die Herrschaft über Sizilien von den Normannen auf das deutsche Herrschergeschlecht der Hohenstaufen über. Der Nachfolger Friedrich II. war ein halber Normanne, aber den Normannen war der direkte Einfluß entzogen, und Sizilien hörte auf, ein unabhängiges Königreich zu sein. Von nun an war es ein nachgeordnetes Element im riesigen Heiligen Römischen Reich Kaiser Friedrichs. Für viele war es ein schmähliches Erlöschen des hellsten Sternes am normannischen Firmament.

Der Reichtum des normannischen Sizilien

In der Römerzeit war Sizilien eine der Kornkammern Roms; seine Fruchtbarkeit machte es in Verbindung mit dem Klima zu einem der ertragreichsten Anbaugebiete im Mittelmeer, eine Eigenschaft, die den nordafrikanischen Arabern, die das Eiland im 9. Jahrhundert erobert hatten, besonders anziehend erschienen sein muß. Bezeichnenderweise wurden noch in der Normannenzeit große Mengen an Getreide nach Nordafrika ausgeführt. Neben dem Weizenanbau ist in Zeugnissen aus dem 10. Jahrhundert von Orangen und Zitronen, Melonen und Mandeln die Rede. Aus Henna und Indigo machte man Farbstoffe. Gärtnereien und Gemüseanbaubetriebe rund um Palermo werden erwähnt und Bewässerungsanlagen. Der arabische Geograph Al Edrisi nannte Dutzende von Stellen, die reich mit Obstbäumen bestanden waren. Auch die sizilischen Wälder waren ein bedeutender Wirtschaftfaktor zur Bereitstellung von Brenn- und Baumaterial.

Es war Bauholz aus Sizilien, mit dem Papst Innozenz II. das Dach von St. Johannes im Lateran ausbessern ließ und das auch für die königliche Flotte einfach unentbehrlich war. Die Normannen richteten neue Lager zum Verteilen von Bauholz in Monreale, Patti und Cefalu ein **(82b)**.

Kein anderer König in Europa verfügte über derart üppige Staatseinkünfte wie Roger; allein Palermo trug ihm angeblich soviel ein, wie seine normannischen Vettern in ganz England zusammenbrachten. Die Autorität des Königs war üblicherweise groß genug, um sicherzustellen, daß die Steuern auch bezahlt wurden, auch wenn die Mittel, die er anwandte, anderswo undurchführbar gewesen wären. Ihm standen beispielsweise beträchtliche Einnahmen von seiten der öffentlichen Bäder zu, ein Überbleibsel aus der arabischen Vergangenheit, das man im übrigen Europa nicht kannte. Der König beteiligte sich an Wirtschaft und Handel, wobei sein eigenes Recht galt. Auch sein Einkommen aus der Landwirtschaft wird ein beträchtliches gewesen sein. Die Einnahmen aus der Gerichtsbarkeit strich er ebenfalls ein.

Roger war in der glücklichen Lage, mögliche Quellen des Reichtums in einer Weise anzuzapfen, wie es keinem seiner Nachfolger mehr gelingen sollte. Das afrikanische Gold war die Stütze eines reichen Währungsflusses. Der erste Dukaten erblickte in dieser Zeit das Licht der Welt, mit königlicher Hilfe wuchs eine Handelsflotte heran, während die Kriegsflotte die Meere beherrschte und für jedes Schiff, das das zentrale Mittelmeer befuhr, den Zehnten erhob. Der Baumwollanbau scheint weniger geworden zu sein, was vielleicht am Wegzug der arabischen Bauern lag, die durch Norditaliener ersetzt wurden, doch die Seidenverarbeitung erhielt durch die Zuwanderung geschickter griechischer Arbeiter und den Bedarf des Hofes einen kräftigen Schub. In Wien gibt es einen prachtvollen Seidenumhang mit einer eingestickten arabischen Inschrift, die verrät, daß er 1133 in der königlichen Manufaktur zu Palermo für Roger gefertigt wurde. Diese Werkstatt war im Schloß untergebracht; zu ihr gehörten Goldschmiede, die auch mit Juwelen arbeiteten, und eben die Seidenspinner **(Farbtafel 29)**. Die Gewinnung von Eisen, Salz und Schwefel wurde ebenso wie das Korallenfischen, das bereits eine bedeutende sizilische Industrie war, fortgeführt. Der Fischfang trug zu den königlichen Einnahmen in erheblichem Umfang bei; eingesalzener Thunfisch aus Sizilien und Schiffszwieback aus sizilischem Weizen wurden von den Seeleuten im gesamten Mittelmeerraum oft und gern verspeist. Es gab besondere Vorschriften, an welchen Stellen der Küste der Thunfisch gejagt werden durfte, wenn im Mai die Schwärme eintrafen. Die Anzahl der Boote und Fischer und der Anteil, den der König erhielt, alles war genau festgelegt. Auf dem Festland wurden zur gleichen Zeit, in Rogers Streitigkeiten mit dem Papst und im Kampf gegen die Empörung in Apulien, von beiden Seiten Städte geplündert, Ernten verbrannt, Weinstöcke und Olivenbäume umgehauen. Nichts dergleichen in Sizilien: Besucher aus dem Ausland hielten fest, daß kein Fürst ein so friedvolles und blühendes Reich wie dieses Eiland hatte.

Siziliens Wandlung läßt sich auch vor dem Hintergrund der wirtschaftlichen Beziehungen zu seinen mittelmeerischen Nachbarn und der Wirkung erkennen, die diese Verbindungen auf die Gestaltung und die wirtschaftliche Leistung seiner Städte hatten. So wie die Insel nun selbst der lateinischen Welt angehörte, so verliefen auch ihre Handelswege. Vom frühen 12. Jahrhundert an errichteten Genua, Pisa und Venedig Handelsniederlassungen in Palermo und Messina, teils, um ihre Wege nach Syrien und Afrika zu verkürzen, teils, um Zugang zu Getreide, Baumwolle und Rohstoffen Siziliens zu gewinnen. Im Vertrag zwischen Sizilien und Genua von 1156 wurde der christlichen Seefahrt, die an Messina vorbei in östlicher Richtung in die Levante unterwegs war, Sicherheit gewährleistet; ihr wurde zudem der Zugang zu Weizen, Häuten und auf der Insel gewonnener Rohbaumwolle garantiert. Nach und nach wurden die normannischen Italiener auf der Insel so zu einer Wirtschaftsmacht, die es sich angelegen sein ließ, die Hauptwirtschaftsbeziehungen weg von Afrika und der Welt der Moslems nach Norditalien und in das Gebiet der

82b *Alte Karte von Cefalu, die den schachbrettartigen Aufbau der Stadt im 12. Jahrhundert zeigt*

westlichen Christenheit zu lenken. Der Handel zwischen Sizilien und Nordafrika, anfangs in den Händen der Moslems und Juden, ging in die Hände von Kaufleuten lateinischer Herkunft über, von denen viele sogar nicht einmal auf Sizilien lebten. Im 13. Jahrhundert versorgten Weinhändler aus der Toskana Tunis mit Alkoholika, und Palermo stand mit der Champagne und Flandern in enger Verbindung. Im späten 12. Jahrhundert bestand die Mehrzahl der Kaufleute in Palermo noch aus Moslems; hundert Jahre später gab es unter ihnen fast nur noch Lateiner. Um 1160 wird berichtet, daß ein Kaufmann aus dem Westen den Arabern Siziliens Anleihen verschaffte. Ibn Dschubair sagt über die Moslems Palermos: „Sie leben getrennt von den Christen in eigenen Vorstädten, sie füllen die Märkte und sind die Kaufleute am Platze.“ Dschubair erwähnt auch, daß die Moslems von Palermo eigene Moscheen unterhalten dürfen, aber einige Moscheen wie die Freitagsmoschee sind in Dome umgewandelt worden, und der Kern von San Giovanni delle Arimeti ist eine ehemalige Moschee.

Nicht nur die großen Handelsstädte Italiens waren vertreten. Bologna, Piemont und Ligurien beförderten Ende des 11. Jahrhunderts eine bedeutende Zahl Siedler in Teile des mittleren und östlichen Sizilien. Zwischen Ligurien und der Familie von Roger II. Mutter Adelheid bestanden besondere Bande, die diesen Umstand erklären mögen. In verschiedenen Kleinstädten haben Ortsnamen und örtliche Dialekte augenscheinlich nordwestitalienischen Ursprungs überlebt; Beispiele sind Adonis Nicosia und Novarra de Sicilia.

Al Edrisi nannte Palermo um 1150 „die größte und großartigste Hauptstadt der Welt“. Palermo war in der Tat eine wohlhabende, geschäftige Stadt, weit reicher und größer als das Rom gewesen war, was die Normannen wenige Jahre zuvor durch Feuer zerstört hatten. Am anderen Ende der Insel entwickelte sich Messina von einem winzigen Fischerhafen zu einem bedeutenden

Handelszentrum. Messina hatte einen der größten, tiefsten und am leichtesten zu verteidigenden Häfen des Mittelmeers, und ganz in der Nähe wuchsen Hölzer für den Schiffbau im Überfluß. Durch die enge Straße von Messina lief die Hauptverbindung zwischen Westeuropa und dem Osten, und nach dem Fall Jerusalems 1099 blühte die Stadt auf als Sammelpunkt und Versorgungsstelle für die Lieferung von Lebensmitteln und Pferden an die Kreuzfahrer. Besonders für Schiffe aus Spanien und Frankreich, die für die Levante bestimmt waren, lag Messina auf halbem Wege. Es gab hier eine ansehnliche jüdische Gemeinde, und eine Anzahl oberitalienischer Städte begann im Hafen Kais und Kontore zu eröffnen.

Moslems, Juden, Griechen und Lateiner

Der sizilischen Kultur des 11. Jahrhunderts war ein gewisser orientalischer Charakter zu eigen, der dafür sorgte, daß Siziliens Beherrscher gebührend bewundert wurden. Es muß aber auch gesagt werden, daß er sie in den Augen der Besucher aus dem Norden und Osten mehr als nur ein wenig verdächtig erscheinen ließ. Der arabische Schriftsteller Ibn Dschubair, der 1184 Palermo besuchte, erwähnte die hohe Zahl der Moslems, die in der Regierung und am Hofe hohe Ämter innehatten, und er verschwieg auch nicht, daß sie offenbar frei nach ihrem Glauben leben durften.

Wenn Christen und Moslems in Orten wie Toledo und Sizilien zusammenlebten, dann waren immer Gelehrte da, die aus dem Arabischen ins Griechische und Lateinische sowie aus dem Griechischen ins Lateinische übersetzen konnten. Einer der ersten in Sizilien war Heinrich Aristipp, Erzdiakon von Catania, der einiges nach 1150 für die Übersetzung von Platos *Phaidon* und *Menon* aus dem Griechischen verantwortlich zeichnete. Ungefähr zur gleichen Zeit übersetzte Heinrich Aristipp von Catania auch das vierte Buch der *Meteorologica* des Aristoteles. Im weiteren Verlauf des 12. Jahrhunderts wurde in Sizilien noch eine Auswahl anderer Werke aus dem Griechischen ins Lateinische übertragen, darunter Handschriften von Ptolemäus, Euklid und Proklos. Dieser gelehrte Brauch wurde im 13. Jahrhundert nach dem Ende der normannischen Herrschaft fortgeführt, als in Anknüpfung an frühere Übertragungen aus dem Griechischen Arbeiten wie Rhazes' *Liber Continens*, eine mittelalterliche Enzyklopädie, aus dem Arabischen ins Lateinische übersetzt wurden.

Der Fleiß der Übersetzerschulen in Spanien, Sizilien und Konstantinopel war so groß, daß in der Mitte des 12. Jahrhunderts nahezu alle bedeutenden Schriften der griechischen Wissenschaft in lateinischer Übersetzung zur Verfügung standen. Verschiedene Werke wurden auch in die Volkssprachen übertragen, besonders ins Italienische, Kastilische, Französische und später auch ins Englische. Von allen diesen Schriften übten die des Aristoteles, die die Grundlage der Naturphilosophie bei den Griechen und Arabern gewesen waren und dies nun auch für die westliche Christenheit werden sollten, den größten Einfluß aus. Der Übersetzung seiner Schriften war es hauptsächlich zu verdanken, daß sich das akademische Interesse ab 1200 in Richtung Philosophie und Wissenschaft verlagerte. Johannes von Salisbury (etwa 1115–1180), der gefeierte englische Gelehrte, der in Apulien die griechische Philosophie studierte, hatte schon beklagt, daß die neu übersetzten klassischen Texte bereits zu seinen Lebzeiten der Dichtung und Geschichtschreibung seiner Jugend vorgezogen würden.

Al Edrisi, ein Fürst, der aus Marokko geflüchtet war, wurde von Roger beauftragt, die Erzeugnisse und Naturschätze jeder Weltgegend zu beschreiben und eine große Erdkarte aus Silber anzufertigen. Die Karte wurde 1161 bei der Plünderung des Königspalastes durch Aufrührer zerstört, aber sein *Book of Roger*, eine Mischung aus Reiseerzählungen, arabischer Geographie und persönlichen Beobachtungen, blieb unversehrt. Ein anderer großer Gelehrter war der Grieche Neilos Droxpatrio, der seine Laufbahn am kaiserlichen Hof zu Konstantinopel begann, obwohl er vermutlich sizilischer Abstammung war. Roger II. verwandte seine Geschichte von den fünf Patriarchen in seinen andauernden Kämpfen mit dem Papsttum. Der griechische Gelehrte

Eugenios übersetzte die *Optik* des Ptolemäus aus dem Arabischen ins Lateinische. Diese Männer wirkten am Hof König Wilhelm I. (1154–1166), während es andere an die führende europäische medizinische Hochschule in Palermo zog. Insgesamt sorgte die normannische Übernahme aber dafür, daß sich auf Sizilien eine romanische Sprache bildete, ein frischer Ableger, der aus der italienischen Mundart des Festlands entstand.

Unter anderem war Rogers Hof ein Mittelpunkt der Wissenschaften. Der König hing besonders eifrig der Astronomie und der Astrologie an; seine Wasseruhr hatte ein arabischer Handwerker angefertigt. Einem englischen Mönch zufolge, der den normannischen Hof besuchte, hatte er einen Taucher gedungen, der die Straße von Messina mit ihren heimtückischen Strömungen untersuchte, die zu den Sagen um Scylla und Charybdis geführt hatten. Roger verwandte zudem einige Mühe darauf, die medizinische Ausbildung zu regeln und nötigte die Ärzte, sich in Gegenwart eines königlichen Beamten einer Prüfung durch Fachleute zu unterziehen.

Die Araber Siziliens schufen auf dem Gebiet der Literatur und der Wissenschaften nichts wirklich Eindrucksvolles. Es lagen einige wissenschaftliche, medizinische und juristische Abhandlungen und Koranstudien vor, und eine Aufstellung von etwa 1150 umfaßte die Namen von 100 Dichtern aus sizilisch-arabischen Familien. Ibn Hamdis, der bekannteste dieser Dichter, wurde um 1056 in Syrakus geboren und lebte später in Spanien und Afrika. Seine Poesie sehnt sich nach dem „Paradies der Freuden" zurück und den sinnlichen Vergnügungen, die der sizilische Wein und die Gärten in ihrer Blütenpracht geboten haben. Von dieser Dichtkunst ist nur weniges auf uns überkommen, und wir wissen auch nicht viel über die französischen Gaukler, die mit Erzählungen von Roland und anderen Paladinen Karl des Großen an Rogers Hof kamen. Das normannische Französisch überlebte in Sizilien als Sprache oder in schriftlichen Zeugnissen ebensowenig wie in England, aber die französische und arabische Dichtung wirkten als Ansporn für die neue muttersprachliche sizilische Literatur, die im späten 12. Jahrhundert zu entstehen begann.

Zur Zeit der Eroberung durch die Normannen lebte auf der Insel vielleicht eine Viertelmillion Moslems, was ungefähr die Hälfte der Bevölkerung ausmachte. Die andere Hälfte bestand größtenteils aus Griechen, dazu kamen einige Juden. Das Königreich Sizilien ist lange Zeit als eine Insel der Duldsamkeit beschrieben worden, auf der Griechen, Lateiner, Juden und Moslems unter normannischer Oberherrschaft einträchtig miteinander lebten. Diese Harmonie erstreckte sich jedoch weitgehend auf den königlichen Hof. Wiederholte Gewaltausbrüche Mitte des 12. Jahrhunderts in Palermo verdeutlichen, wie zerbrechlich der Frieden zwischen den Parteien auch unter den Normannenkönigen war. Im 12. Jahrhundert wurden moslemische Bauern im Osten der Insel durch Italiener, hauptsächlich Oberitaliener, verdrängt. Diese Kolonisten fanden ein verhältnismäßig dünnbesiedeltes Land vor, und obwohl sich viele von ihnen in den Städten niederließen, wurden andere ermuntert, unbebaute oder verlassene Grundstücke unter den Pflug zu nehmen. Ein Ergebnis der Anwesenheit dieser „Lombardi" war die Zerstörung der benachbarten ländlichen Gemeinden. In den 1160ern begannen die Lombarden unter ihrem Anführer Roger Sclarvus eine Reihe von Pogromen unter den Moslems und zwangen sie, nach Westen in sichere Gefilde zu fliehen, wo die Bevölkerung noch überwiegend aus Arabern bestand. Es trifft zu, daß es in Sizilien auch eine Neubesiedlung durch Moslems gab, besonders in der Mitte des 12. Jahrhunderts, als Nordafrika von Hungersnöten geschüttelt wurde; viele dieser Einwanderer wurden jedoch bewogen, in ihre Heimat zurückzukehren. Um 1200 waren die Moslems bereits auf den Westen und die Höhenlagen im Süden und Osten von Palermo beschränkt. Wie ihre Zahl zurückging, so nahmen auch die landwirtschaftlichen Fertigkeiten ab, die sie aus Afrika mit- und unter anderem auf den Monrealer Gütern in Gang gebracht hatten, und so wurde besonderes Geschick im Landbau von der Beschränkung auf die Weizenerzeugung verdrängt.

83a *Eugenios und weitere Hofschranzen, die nach dem Ende der normannischen Herrschaft von Kaiser Heinrich VI. in den Kerker geworfen werden*

Teilweise ging die Verkleinerung des moslemischen Bevölkerungsteils auch auf freiwillige Übertritte zum Christentum zurück. Auf den Monrealer Gütern in Westsizilien bildete sich eine neue Generation christlicher Bauern, die Phillippos oder ähnlich heißen mochten, aber Väter mit offensichtlich moslemischen Namen wie Achmed oder Mohammed hatten. Ähnliche Übertritte scheint es auch unter der moslemischen Elite Palermos gegeben zu haben. Ibn Dschubair betont nachdrücklich, daß Wilhelm II. an seinem Hof ausgiebigen Gebrauch von Moslems gemacht habe, „die alle, oder fast alle, ihren wahren Glauben verheimlichen, doch am göttlichen Gesetz des Islam festhalten". Umgekehrt gaben ab der Mitte des 13. Jahrhundert manche lateinische Grundbesitzer ihren Kindern griechische oder arabische Namen, wenn sie unter Leuten lebten, die Griechisch oder Arabisch sprachen.

In abgelegenen Teilen des Königreiches überlebte die arabische Sprache, besonders in den küstennahen Gebieten von Malta und Pantelleria, wo Araber ein ungewöhnliches Maß an kultureller Unabhängigkeit besaßen. Auf der Insel Pantelleria konnte die moslemische Bevölkerung vergleichsweise ungestört überleben. Auf Sizilien selbst wurde das Arabische weiterhin gebraucht, merkwürdig genug dank der Juden. Bis zu ihrer Vertreibung am Ende des 15. Jahrhunderts blieb Arabisch bei den Juden Siziliens eine Alltagssprache. Die Juden gaben ihren Kindern ebensogut arabische wie hebräische Namen, auch als sie von ihren christlichen Nachbarn noch nicht in wirtschaftlicher und gesellschaftlicher Beziehung getrennt waren. Bis ins späte 13. Jahrhundert lebten die Juden Seite an Seite mit den Christen. Wie überall in der mittelalterlichen Welt des Judentums üblich, hatten auch die Juden Siziliens eine Lehnsprache für ihren eigenen Gebrauch, die sie judaisierten. Die Verteilung der Berufe unter den Juden beispielsweise von Erice in West-

83b *Tankred, der letzte Normannenkönig Siziliens, und Heinrich VI. auf einer zeitgenössischen Handschrift*

sizilien scheint mit der unter den Christen vergleichbar. Es gab natürlich mehrere jüdische Ärzte, wie in anderen Teilen Siziliens auch. Auch die Gold- und Silberverarbeitung scheint eine jüdische Spezialität gewesen zu sein. Juden waren Schreiner und Zimmerleute, ihnen gehörten Weinberge, und sie machten, genau wie ihre christlichen Nachbarn, Schulden, um ihre Lebensumstände zu verbessern. Es gibt sogar Hinweise auf eine jüdische Wanderung von Nordafrika nach Sizilien. Die Abnahme der arabischen Bevölkerung bewog die Neuankömmlinge, den Anbau von Datteln und der Indigopflanze wieder aufleben zu lassen.

Anders als im normannischen England war die Sklaverei im normannischen Sizilien eine feste Größe. Dabei handelte es sich entweder um Haussklaven, wozu auch die Konkubinen gehörten, oder sie warteten auf den Sklavenmärkten in Palermo und anderswo auf einen neuen Besitzer, bevor sie die Insel zum Weiterverkauf, vielleicht in die Länder der Moslems, wieder verließen. Die katalanischen Zwischenhändler nutzten die günstige Lage Siziliens nahe bei den nordafrikanischen Quellen weidlich aus.

Im späten 12. Jahrhundert waren Hof und Land latinisiert. Nach der Regierung Roger II. herrschte eine Strömung vor, die die lateinische Kultur betonte, was Hugo Falcandus, der Geschichtsschreiber, an der neuen Klassik festmacht, die sich am Ende des Jahrhunderts ausbreitete. In dieser Zeit wuchs auch der politische Einfluß der Lateiner bei Hofe **(83)**. Die normannischen und italienischen Barone gewannen in der Regierung des Königreiches an Einfluß, den sie nutzten, um die übriggebliebenen Griechen und Araber aus dem Zivildienst zu verdrängen. Diese Griechen und Araber waren große Förderer ihrer Kulturen gewesen, und als sie von der Bildfläche verschwanden, da schrumpfte der Umfang der kulturellen Verbindungen des Hofes beträchtlich. Zur gleichen Zeit aber schlossen die Höfe Siziliens und Englands enge politische und kulturelle Bande, und alle beide legten Wert auf ihre gemeinsame normannische Abstammung.

Kunst und Baustil

Die normannischen Beherrscher Siziliens, die mit den Byzantinern im Wettstreit um die Beherrschung des Mittelmeers lagen, richteten ihre gegenständlichen Kunstformen am Vorbild der großen Macht im Osten aus. Normannisch-sizilische Machthaber trugen byzantinische Prunkgewänder, die mit arabischen Buchstaben bestickt waren. Basiliken wurden im lateinischen Stil errichtet, aber mit griechischen Kuppeln gekrönt und innen mit Mosaiken ausgelegt, während arabische Handwerker sich Verzierungen für christliche Kirchen ausdachten, die Motive aus der persischen Mythologie zum Inhalt hatten. Als die arabische Kulturschicht die Insel verlassen hatte und die Griechen allmählich im Strom der Zeit verschwanden, da stellte sich heraus, daß die verschiedenen kulturellen Gewohnheiten sich zwar vermengt hatten, aber nicht zu einer neuen Einheit geworden waren. Bis zu einem gewissen Grade hingen sie ja auch von Leuten ab, die nicht auf der Insel geboren waren. Im Verlauf der 1150er Jahre wurde deutlich, daß die religiöse Duldsamkeit, die diese Stilmixtur ermöglicht hatte, sich allmählich abnutzte.

Die normannisch-arabische Kunst war eine virtuelle Schöpfung des aufgeklärten Despotismus, keine echte gegenseitige Durchdringung, die aus sich heraus Bestand hatte. Die arabische Dichtung erfuhr von der lateinischen keinerlei Anregung; so fuhr sie fort, die altüberlieferten Gegenstände zu behandeln, die sie schon in Afrika und Spanien beschäftigt hatten. In ähnlicher Weise widmeten sich griechische Gelehrte Gestalten und Themen, die in Reinkultur aus Konstantinopel stammten. Das Fehlen jeglicher wirklichen Gemeinsamkeit machte diese Kultur anfällig und flüchtig, so daß nach und nach der französische und der römische Einfluß in der Kunst, der Religion und der Sprache überwogen. Roger brachte die Zisterzienser, Augustiner, Templer und Hospitaliter ins Land, und mit ihnen kamen die Architekturvorstellungen, die jenseits der Alpen galten. Im Norden waren Barone und Kleriker es gewohnt, zum Zeichen und zur Bewahrung ihrer Macht prächtige Burgen zu bauen. Die Bischöfe von Girgenti verwendeten zu diesem Zweck schon Steine, die sie aus den alten griechischen Tempeln brachen. So herrschte der Feudalismus im Baustil vor, genau wie in der Gesellschaft und der Politik.

Doch für die meisten Jahrzehnte des 12. Jahrhunderts gilt, daß es die normannisch-arabische Kunst und Architektur als eine lebenskräftige kulturelle Erscheinung gab. Holzbearbeitung und Mosaiken, Münzen und Ornate, Bildhauerei und Kalligraphie zeigen, wie aus einer heterogenen Stilmischung um ein Haar ein eigenständiger Stil geworden wäre. Die frühen byzantinischen Mosaiken und Fresken in Osteuropa und Kleinasien waren zur Zeit des Bildersturms großenteils zerstört worden, und die meisten späteren Arbeiten hatten das gleiche Schicksal während der nachfolgenden Einfälle der Osmanen erlitten. Somit gehört das, was in Sizilien erhalten ist, zu den schönsten und exklusivsten Beispielen der byzantinischen Kunst des 12. Jahrhunderts. Während man die besterhaltenen frühen byzantinischen Mosaiken in Ravenna bewundern kann, sind die besterhaltenen Mosaiken aus der byzantinischen Spätzeit in Palermo zu sehen **(84)**.

84 *Christos Pantokrator, Mosaik in der Schloßkapelle von Palermo*

Die Kirche Hl. Johannes von den Einsiedlern, mit ihren fünf roten Kuppeln von Roger in den 1130ern erbaut, scheint ebensosehr eine Moschee wie eine Kirche zu sein **(85)**. Aus der gleichen Zeit stammt die Kirche, die die Martorana genannt wird, die Georg von Antiochien, der Emir, für

85 *Die Klosterkirche des Hl. Johannes von den Einsiedlern, Palermo. Obwohl die Kirche Kuppeln nach östlichem Muster hat, ist der Kreuzgang westeuropäischen Ursprungs*

86 *Mosaikdarstellung vom Bau der Arche, Schloßkapelle, Palermo*

einen griechischen Nonnenkonvent errichten ließ und mit einer wertvollen Bibliothek ausstattete. Diese außergewöhnliche Kirche ist in Anlehnung an die griechische Klassik ausgeschmückt und ein ausnehmend wichtiges Zeugnis für ihren Einfluß. In anderen sizilischen Kirchen aus dem 12. Jahrhundert sieht man byzantinische Elemente gleichberechtigt neben solchen aus Westeuropa. Die Martorana hat ein griechisches Kreuz als Grundriß, und ringsherum an den Wänden ist über dem Boden in arabischer Schrift der Text einer griechischen christlichen Hymne zu lesen. Darüber hinaus besitzt sie zwei der großartigsten sizilisch-normannischen Bildermosaiken, eines von Roger und eines von Georg, das diesen vor der Jungfrau Maria kniend zeigt **(vgl. 71 und 75)**.

Rogers prächtigstes Bauwerk ist die Palastkapelle in Palermo, die von 1143 an erbaut wurde. Sie ist die gelungene Synthese einer zentralisierten mittelbyzantinischen Kirche und einer römischen Basilika, was sich naturgemäß auch in der Anordnung der Mosaiken ausdrückt. Die Mosaiken der Basilika geben Erzählzyklen wieder, Szenen aus dem Alten Testament und Lebensbilder der Heiligen Petrus und Paulus **(86)**. Im Mittelteil der Kirche finden sich die meisten klassischen Merkmale wieder. In der Kuppel prangt ein Brustbild von Christos Pantokrator, von Engeln umgeben, und um die Längsachse abzuschließen, erscheint der Pantokrator in der Apsis noch einmal. Ein Westschiff wird durch arabische Spitzbögen auf einer byzantinischen Kuppel abgeschlossen, das Innere ist verschwenderisch mit Mosaikarbeiten und farbigem Marmor ausgelegt. Die Mosaiken scheinen von griechischen Handwerkern entworfen zu sein, die sowohl griechische als auch lateinische Ikonographien benutzt haben. Gegenüber dem hl. Petrus, dem Bischof von Rom, stand der hl. Jakobus, Bischof von Jerusalem. Inmitten der Holzschnitzereien der durchbrochenen Decke tummeln sich geflügelte Genien, verschleierte Huris, Schachspieler mit

Turban, Damen auf Elefanten und Krieger hoch zu Roß – manche von ihnen indische oder persische Sagengestalten.

Zwei große Basiliken stellen weitere Höhepunkte der sizilo-byzantinischen Architektur dar: Die Kathedrale von Cefalu (um 1148) und die Kirche von Monreale, die letzte auf Sizilien mit großflächigen Mosaiken (um 1180–1190). Roger errichtete die große Kathedrale von Cefalu als eine Augustinerkirche, die zum neuen römischen Bistum gehörte, welches er während des Streites mit Papst Innozenz gegründet hatte. Sie wurde von Papst Anaklet geweiht und mit Franzosen besetzt. Ungleich den meisten anderen Kirchen auf Sizilien handelte es sich hier um eine romanische Basilika mit einem Querschiff, wie es im lateinischen Westen häufig vorkam. Die beiden Türme, die die Vorderseite umgeben, zeigen den Einfluß des nördlichen oder zumindest apulischen Baustils **(Farbtafel 31 und 32)**.

Monreale besteht aus einem riesigen Gebäudekomplex, darunter ein neuzeitliches Benediktinerkloster und ein königliches Schloß, das auf einer Anhöhe saß, die die Conca d' Oro und Palermo überschaute. Daraus leitete sich der Name Monreale ab, das ursprünglich *Mons Regalis*, königlicher Berg, geheißen hat. Aus dem Abt wurde ein Bischof, und 1183 wurde das Ganze der Sitz eines Erzbischofs. Der König stattete seine Gründung mit Vorrechten und ausgedehnten Ländereien aus, so daß das Erzbistum Monreale reicher als das von Palermo war. Darüber hinaus verfügte er, daß jene Kathedrale zur Begräbnisstätte seines Geschlechtes werden sollte. Der Umstand, daß Papst Lucius II. Monreale 1183 trotz aller Kämpfe zwischen dem König und dem Papsttum den Status einer Erzdiözese verlieh, zeigt, daß Wilhelm II. „in kurzer Zeit dem Herrn einen Tempel errichtet hat, der einer solchen Bewunderung wert ist, daß seit undenklichen Zeiten niemals ein anderer König ein ähnliches Werk vollbracht hat". Wilhelm brachte 100 Benediktiner vom Festland herüber, um in diesem Kloster zu wirken. In einer königlichen Trireme erreichten sie im März 1176 die Insel. Der König empfing die Mönche, geleitete sie zu ihrem neuen Heim und gab sie in die Obhut von Theobald, dem ersten Abt und Bischof von Monreale. Die Verantwortung der Benediktiner für den religiösen Betrieb der Kathedrale erlosch erst im Jahre 1867 **(87)**.

Die Kathedrale hat die Gestalt einer römischen Basilika mit drei Seitenschiffen in Form eines Kreuzes. Sie ist 335 Fuß lang, 130 breit und 115 hoch. Die nach Westen hin gelegene, zweitürmige Vorderseite verkörpert einen normannischen Baustil, der sich in Europa immer wieder findet. Gegenüber dem linken Turm, der unvollendet geblieben ist, war ein Vorhof angelegt. Während indes die Westfront der Kathedrale im herkömmlichen westlichen Stil erbaut ist, kam am entgegengesetzten Ende im wesentlichen die italienische Romanik mit überschneidenden Blendbogen und Verzierungen aus Kreidestein und schwarzer Lava zum Tragen. Die beiden Bronzeportale sind ebenfalls erwähnenswert; das westliche, eine Arbeit von Bonnano Pisano aus dem Jahre 1186, ist das größte Bronzetor seiner Zeit und setzt sich aus nicht weniger als 42 Feldern zusammen, deren jedes eine biblische Szene beschreibt. Seinen Sockel überziehen vier Reliefs mit Tieren, die für die menschliche Dummheit stehen. Das kleinere Nordportal von Barazano von Trani stammt aus der gleichen Zeit und besteht aus 28 Tafeln mit den vier Evangelisten und anderen Heiligen.

Innen befindet sich das Hauptschiff mit 3 Seitenschiffen, die meist durch antike Säulen unbekannter Herkunft mit korinthischen Kapitellen abgetrennt sind. Das mittlere Seitenschiff hat ein reichbemaltes offenes Dachgespärre, das 1811 nach einem Brand wiederhergestellt wurde. Über dem Schnittpunkt der Schiffe war, wie man annimmt, eine achteckige Kuppel vorgesehen, die aber niemals gebaut wurde. Der Fußboden aus Marmor stammt noch aus der Zeit der Erbauung. Gegenüber den Säulen, die den Schnittpunkt tragen, stand im Hauptschiff unter einem Mosaikbildnis von Wilhelm I. zur Linken der Königs- und zur Rechten der Bischofsthron. Im

87 *Der reichverzierte Kreuzgang in Monreale*

Seitenschiff rechter Hand vom Allerheiligsten im Altarraum stehen der weiße Porphyrsarkophag von Wilhelm I. (1154–1166) und jener ganz aus Marmor, in dem Wilhelm II. (1166–1189) ruht. In der linken Mauer befindet sich die Urne mit dem Herzen des heiliggesprochenen Ludwig IX., König von Frankreich, der auf dem Kreuzzug in Nordafrika 1270 in Karthago gestorben ist.

Die Mosaiken in diesem Gebäude hinterlassen jedoch den größten Eindruck. Sie atmen den Geist der Kultur von Byzanz und bedecken auf einer Fläche von nicht weniger als 6500 Quadratmetern sämtliche Wände. Ausgeführt wurden sie in gerade einmal drei Jahren von Künstlern aus Konstantinopel in Zusammenarbeit mit örtlichen Mosaikmalern. Der Mittelgang gibt Szenen aus dem Alten Testament wieder, die Mosaiken zweier Seitenschiffe handeln von den Wundern, die Jesus gewirkt hat. Das Querschiff ist dem Leben und Leiden Jesu, seiner Auferstehung sowie den Aposteln Petrus und Paulus gewidmet. Der Chor wird dem Brauch entsprechend von einem Bild beherrscht, das Christos Pantokrator, den Weltenherrscher, zeigt, der seinen Platz über seiner Mutter Maria hat. Von besonderem Interesse ist eine Darstellung von Thomas Becket, die sich in der Apsis finden läßt. Thomas, ein Normanne, hatte gerade erst 1170 den Märtyrertod erlitten und war 1173 heiliggesprochen worden: die Mosaiken wurden tatsächlich zusammengesetzt, als die Nachricht von Thomas' Ermordung von der Sommerresidenz des Papstes in Anagni, wo eine Darstellung des Mordes auf einer Emailschatulle in der Sakristei erscheint, Palermo erreichte. Die Momentaufnahme in Anagni mag dem Mosaik in Monreale als Muster gedient haben. Es ist einigermaßen schwierig, der Logik dieser Wiedergabe zu folgen, denn man hätte eigentlich erwarten können, daß Wilhelm seinem Schwiegervater Heinrich II. in dessen Kampf mit dem Papst zur Seite stand, von seinem eigenen zwiespältigen Verhältnis zum Papsttum ganz zu schweigen. Doch war Sizilien ein beliebtes Reiseziel für Freunde und Verwandte Beckets geworden, als dieser sich in der Verbannung befand, und, ebenso überraschend, sizilische Geistliche spielten bei der Suche nach einer Ehefrau für Heinrich II. eine wichtige Rolle.

88a *Die Bögen im Kreuzgang in Monreale*

88b *Einzelheiten der Zeichnung der Säulen und Bögen im Kreuzgang zu Monreale*

Das wichtigste Überbleibsel der ehemaligen Benediktinerabtei in Monreale ist der Kreuzgang. Die 26 Bogen auf jeder der vier Seiten öffnen den Blick zum Garten, eine Eigenheit des normannisch-sizilischen Baustils **(88a und b)**. Sie werden von Doppelsäulen mit Doppelkapitellen getragen. Die Säulen sind entweder glatt oder mit farbigen Steinen ausgelegt; kein Säulenpaar ist wie das andere.In den Ecken sehen wir vier kleinere Säulen mit Reliefarbeiten. In der Südostecke befindet sich eine Kapelle nebst einer Fontäne mit Ziersäulen. In deren Mitte erhebt sich ein maurischer Pfeiler mit Zickzackmuster und Bildhauerarbeiten an der Spitze, aus der das Wasser austritt. Die Kapitelle sind gleichermaßen einfallsreich gestaltet und zeigen Pflanzen, Tiere, Menschenwesen, Akrobaten, Bogenschützen, Vögel aus der Sage und weitere Fabeltiere, aber auch biblische Themen – mit anderen Worten, die gesamte Auswahl menschlicher Einbildungskraft, die man in der normannischen Architektur Westeuropas nur finden kann. Eine der Kapitelle auf der Westseite zeigt Wilhelm II., wie er der Jungfrau Maria eine Nachbildung der Kirche darbietet. Die Fachwelt ist sich über die Herkunft des Baustils dieser Anlage nicht einig; einige Wissenschaftler behaupten, er zeige Einflüsse aus der französischen Provinz, andere wollen eine Verbindung zu Kampanien entdeckt haben, und eine dritte Schule unterstützt die Ansicht, dies sei sizilisch-normannischer Stil reinsten Wassers, obwohl er

89 *La Ziza, ein Jagdschloß im damaligen Park außerhalb Palermos*

klar ersichtlich irgendwoher aus dem Westen stammt. Zur linken Seite der Kathedrale hin erhebt sich das Rathaus, der übriggebliebene Trakt des königlichen Sommerpalastes.

Die Normannenkönige schufen sich in Gestalt eines ausgedehnten Parks draußen vor den westlichen Stadtmauern ein kostspieliges Vergnügen. Dieser königliche Park war mit Fontänen, Brunnen und verschiedenartigen Bauwerken wie der Ziza, der Cuba und der Cubula verschönt **(89)**. Ein zeitgenössischer Chronist, Erzbischof Romuald von Salerno, beschreibt Rogers Park wie folgt:

> *Und die sicheren Hügel und Waldungen um Palermo umschloß er gleichfalls mit einer Mauer, und dort legte er den Parco an – ein angenehmer und entzückender Ort, von verschiedenen Bäumen beschattet und reich an Rotwild, Ziegen und Wildschweinen. Hier baute er auch ein Lustschloß, zu dem das Wasser aus Brunnen, die immer süß und klar flossen, in unterirdischen Röhren gelangte. Und so zog der König, ein kluger und weiser Mann, je nach der Jahreszeit sein Vergnügen aus dieser Stätte. Im Winter und in der Fastenzeit hielt er in der Favara hof, der großen Menge an Fischen wegen, die man hier fangen konnte; in der Hitze des Sommers hingegen fand er im Parco Erquickung, wo er mit ein wenig Waidwerk sein Gemüt von den Sorgen und Mühen der Staatsgeschäfte ablenkte* **(90)**.

Man hat vermutet, daß dieser Park mit seinen kunstvollen Becken und Fontänen das Vorbild für Rosamund's Bower war, das Heinrich II. in der Nähe des königlichen Schlosses in Woodstock anlegen ließ, möglicherweise das früheste Beispiel der ästhetischen Landschaftsgestaltung in England **(vgl. 50)**.

90 *Jagdszene auf einem Mosaik in der Schloßkapelle, Palermo*

Die kulturelle Leistung der Normannen

Wie sollen wir denn nun die Wirkung der Normannen auf Süditalien und Sizilien, die schwerlich geringer als die auf England war, beurteilen? Zumindest sorgten sie für Einheit, und das Königreich, das Roger II. 1130 aus der Taufe hob, hatte rechtskräftig bis ins 19. Jahrhundert Bestand. In anderer Hinsicht änderte das Unternehmen der Normannen im Süden den Lauf der Geschichte. Mit ihren Großtaten hatten sie Anteil am verhängnisvollen Schisma, das zwischen der römischen und der griechischen Kirche und in der Folge zwischen Ost und West eintrat. Gleichzeitig war es ihnen zu verdanken, daß sie Süditalien und Sizilien der westlichen Christenheit sicherten. Indem sie das vollbrachten, erzielten sie den ersten wesentlichen Erfolg des Westens über den Islam, der ihn einstmals zu überwältigen gedroht hatte. Weiterhin trugen sie auf direktem Wege dazu bei, daß das Papsttum seine Macht wiedererlangte und der Einfluß des mittelalterlichen deutschen Kaiserreiches im 13. Jahrhundert praktisch zerstört wurde, indem sie in England wie in Sizilien und Italien als Verbündete Roms das päpstliche Banner vor sich hertrugen. Aber ihre außergewöhnlichste Schöpfung war wohl doch die glänzende Kultur und Zivilisation ihres Königreichs im 12. Jahrhundert: Die Verschmelzung normannischer Kraft mit dem Wohlstand und den unterschiedlichen philosophischen Systemen vierer Welten, der lateinischen, jüdischen, griechischen und moslemischen. Gelehrte streiten sich über den Gebrauch des Begriffes „Normanne", der die daraus hervorgegangene Mischung beschreibt, aber da sind, ungeachtet der jeweiligen Fächerzuständigkeiten, nur wenige, die bestreiten würden, daß das Ergebnis eine der außerordentlichsten und glänzendsten künstlerischen Leistungen der gesamten mittelalterlichen Christenheit war.

Abbildungen im Text

Farbabbildungen